U0657143

金融市场信用风险传染的
复杂性建模与分析

陈庭强　著

科 学 出 版 社

北 京

内 容 简 介

本书主要从金融系统的复杂性和非线性本质出发，运用行为金融理论、信息经济学、复杂网络理论、空间结构理论、非线性系统理论等理论思想和分析方法，针对金融市场中信用风险传染及其演化进行复杂性建模和分析，通过定性与定量相结合，借助计算实验与仿真对信用风险传染机制及演化的复杂性及其规律特征进行深度剖析，挖掘金融市场中信用风险传染的形成要素、影响机制及演化特征。

本书可供从事金融学科领域研究的科研机构研究人员、高校教师和研究生、金融监管人员及各类金融机构的决策者参考。

图书在版编目（CIP）数据

金融市场信用风险传染的复杂性建模与分析/陈庭强著. —北京：科学出版社，2017.12

ISBN 978-7-03-056072-8

Ⅰ. ①金…　Ⅱ. ①陈…　Ⅲ. ①信用–金融风险–研究　Ⅳ. ①F830.5

中国版本图书馆 CIP 数据核字（2017）第 314712 号

责任编辑：陶　璇/责任校对：孙婷婷
责任印制：吴兆东/封面设计：无极书装

科 学 出 版 社 出版
北京东黄城根北街 16 号
邮政编码：100717
http://www.sciencep.com

北京虎彩文化传播有限公司 印刷
科学出版社发行　各地新华书店经销

*

2017 年 12 月第　一　版　开本：720×1000　B5
2017 年 12 月第一次印刷　印张：15
字数：303 000

定价：108.00 元
（如有印装质量问题，我社负责调换）

作者简介

陈庭强，男，1983 年 11 月生，南京工业大学教授、南京工业大学校学术委员会委员、南京工业大学经济与管理学院院长助理、南京大学博士后、东南大学管理学博士、美国明尼苏达大学双城校区（University of Minnesota Twin Cities）访问学者（2015 年 9 月～2016 年 9 月）、硕士生导师。曾获江苏高校"青蓝工程"优秀青年骨干教师（2016 年）、江苏省高校优秀中青年教师和校长境外研修计划（2015 年）、2016 年度江苏省社科应用研究精品工程一等奖、第四届江苏省生产力理论与实践优秀成果二等奖、南京市第十一届自然科学优秀学术论文三等奖等。

长期专注于金融工程与风险管理、行为金融、金融系统复杂性、社会安全风险管理等问题研究。主持了国家自然科学基金项目（项目编号：71501094）、江苏省自然科学基金青年项目（项目编号：BK20150961）、江苏高校哲学社会科学重点项目（项目编号：2017ZDIXM074）、江苏省高校自然科学研究面上资助经费项目（项目编号：15KJB120003）、中国博士后科学基金面上资助项目（项目编号：2014M561626）等国家及省部级课题 10 余项，参加了国家及省部级科研项目 7 项。

在 Technological and Economic Development of Economy（SSCI）、Complexity（SSCI/SCI）、International Journal of Bifurcation and Chaos（SSCI/SCI）、Computational Economics（SSCI/SCI）、《系统工程理论与实践》和《中国管理科学》等国内外重要期刊发表学术论文 40 余篇，其中 SSCI 论文 14 篇、国家自然科学基金委员会管理科学 A 级重要学术期刊论文 8 篇。

序　言

　　风险管理是一项浩繁复杂的系统工程，长期以来备受社会各界关注。信用风险是一种古老的非系统性风险，长期以来人们积极探寻多样化的投资来分散、转移和规避信用风险，以期减少损失。由此而兴起了一些著名的信用风险度量模型，如 KMV 公司的 KMV（Kealhofer，McQuown and Vasicek）模型、J. P. 摩根的信用度量术模型（creditmetrics model）、麦肯锡公司的信用组合观点模型（credit portfolio view model）、瑞士信贷银行的信用风险附加模型（creditrisk+model）和死亡率模型（mortality rate model）等。然而，在经济全球化和金融自由化的不断深入和发展中，以信用为中心的金融活动在全球范围内得到扩展和深化，各类金融产品及金融工具的创新得到了快速发展，信用衍生品成为有效分散、转移及对冲信用风险的重要工具，其管理成本低、灵活性高等优点对有效管理信用风险起了重要作用，极大地丰富了金融机构回避风险、保证收益的手段，但也大大增加了交易对手之间信用风险的传染性。随着信用衍生品市场的出现和快速发展，信用风险的内容和形式日趋复杂，各国金融市场之间、金融部门之间、金融与经济之间、金融市场参与主体之间的联系变得更为紧密而且更加复杂，这使信用风险传染呈现多重复杂性，如非线性耦合、时滞效应、多重反馈效应、网络关联效应、地理区位效应、参与主体异质性等，在多重复杂形态下信用风险传染的隐蔽性和溢出效应更强，其度量和揭示难度也日益加大，严重时会致使金融市场功能丧失，甚至引发金融或经济危机。2008 年的美国次贷危机及其后的欧洲主权债务危机（简称欧债危机）就是典型案例。

　　该书作者是一位从事风险管理理论研究的学者，长期专注于金融市场参与主体行为和信用风险传染问题的理论探索，具有金融工程领域的数据建模、行为决策分析、风险控制与计量检验方面的研究背景。该书采用了大量文献推演、金融复杂性建模、计算实验与仿真等研究手段和方法，较为系统深入地揭示了金融市场信用风险传染的复杂性及其演化规律，研究逻辑性强，技术手段先进，结论科学可信，一系列研究成果被国内外顶尖杂志刊发，反映了作者扎实的理论功底和求真务实的研究风格。该书从金融市场信用风险传染的复杂性和非线性本质出发，综合考虑其内在因素和外部随机扰动因素的影响，系统深入地探索了金融市场信用风险传染的非线性机制及其演化，具有很强的理论意义和实践应用参考价值。

李心丹

2017 年 10 月于南京大学

前　言

在经济全球化和金融自由化的不断深入和发展中，以信用为中心的金融活动在全球范围内得到扩展和深化，并不断促进了信用风险转移[①]（credit risk transfer，CRT）市场的快速发展，带来了 CDS（credit default swap，信用违约互换）、CDO（collateralized debt obligation，担保债务凭证）等 CRT 业务的快速发展。这些交易不仅为各类投资者、交易对手带来了较高的流动性和投资效益，还使其面临较大的交易对手信用风险（counterparty credit risk），增加了金融市场信用风险的相依性和传染性。随着信息技术、信用衍生品创新的快速发展，信用风险在内在结构、外在形式、违约环境及传染行为上呈现出多重复杂性，并不断得到加强。在 2008 年的金融危机中，大量复杂信用衍生品的交易对手违约，造成了信用衍生品大规模强制处置，而大规模信用衍生品的集中处置在其交互关联传导和杠杆机制作用下带来其市场价值的大幅度下跌，并导致其保证金需求的大幅度增加，从而引发了资产价格下跌、资本减少、资产价格进一步下跌的非线性传染效应。在此次金融危机中，信用风险逐步成为金融市场波动的放大器，给整个国际金融体系带来了巨大的冲击和影响，导致整个金融市场的剧烈动荡（巴曙松等，2014）。2008 年的美国次贷危机以后，金融市场信用风险的传染效应研究备受国内外学者的关注，其中一个主要的原因是信誉卓著的 CRT 市场交易者雷曼兄弟公司倒闭和 AIG（American International Group，美国国际集团）信用危机引发了金融市场上大批交易对手信用等级下降、信用违约甚至大批实体企业破产。这对信用是完美的、违约可以忽略不计等传统假设提出了巨大挑战。

金融市场信用风险传染所涉经济行为主体的区域金融差异、网络结构性与层次性、参与要素、内外部关系等具有多重复杂性和非线性。此外，由于金融市场交易对手兼有"经济人"和"社会人"的双重属性特征，在持有和交易信用衍生品过程中存在复杂的非线性耦合和信息延迟效应。这些既增加了金融市场信用风险的复杂性和传染性，也加剧了金融市场信用风险传染的非线性效应，如跳跃、时滞、多重延迟反馈与非线性耦合等。2008 年的美国次贷危机及其后的欧债危机就是一个鲜明的实例。

[①] 信用风险转移是指金融机构（一般是指商业银行）通过使用各种金融工具把信用风险转移到其他银行或其他金融机构。

因此，全书立足于发掘金融市场信用风险传染的构成要素、成因及其非线性作用机理、非线性演化规律特征，通过定性分析、理论建模、计算实验与仿真，深入挖掘金融市场信用风险传染的复杂性机制及其演化规律，探索金融市场信用风险非线性传染效应的监控策略，以期利用相关参数的修正降低信用风险非线性传染的负面影响，以维护我国金融市场的稳定和健康发展。当然，由于金融风险管理本身就是一项复杂的巨系统工程，现有的研究仍然会存在一些疏漏和不足，在后续研究中会继续拓展和完善。

本书的主要内容来源于国家自然科学基金项目"信用衍生品创新扩散下 CRT 市场交易对手信用风险传染的非线性演化研究"（项目编号：71501094）、江苏省自然科学基金青年项目"CRT 市场交易对手信用风险传染的非线性演化模型研究"（项目编号：BK20150961）和江苏省高校自然科学研究面上资助经费项目"金融市场信用风险传染的非线性、演化和监控研究"（项目编号：15KJB120003）的阶段研究成果。本书主要内容所形成的主要研究成果发表在 *Technological and Economic Development of Economy*（SSCI）、*Computational Economics*（SSCI）、*Abstract and Applied Analysis*（SSCI）、*International Journal of Bifurcation and Chaos*（SSCI）、*Discrete Dynamics in Nature and Society*（SSCI）、《系统工程理论与实践》、《中国管理科学》、《软科学》、《金融理论与实践》、《金融发展研究》和《系统科学学报》等国内外一流学术期刊上。本书由陈庭强教授组织撰稿和负责执笔，马百超、王杰朋、王磊、贺燕、曹冬生、康梓桐、王帅斌等同学参与了部分章节的修编和校对工作，在此表示感谢。

在本书的研究和写作过程中，得到了许多国内外专家及朋友的帮助与支持，他们是美国明尼苏达大学的张树中教授，南京大学的李心丹教授，东南大学的何建敏教授、刘晓星教授、李守伟教授，南京工业大学的王冀宁教授等，他们在本书撰写和前期准备过程中提供了大量的指导和咨询。此外，在本书撰写过程中，参考了国内外诸多专家学者的文献资料，在此一并表示衷心的感谢。本书是作者多年来对金融市场信用风险传染及其监管理论与方法的一些思考和探索，虽得到了国内外许多专家学者的指导和帮助，但由于作者水平有限，书中难免存在一些疏漏和不足之处，恳请读者批评指正。

本书得到了国家自然科学基金项目"信用衍生品创新扩散下 CRT 市场交易对手信用风险传染的非线性演化研究"（项目编号：71501094）、江苏省自然科学基金青年项目"CRT 市场交易对手信用风险传染的非线性演化模型研究"（项目编号：BK20150961）和江苏省高校自然科学研究面上资助经费项目"金融市场信用风险传染的非线性、演化和监控研究"（项目编号：15KJB120003）的联合资助和支持，在此表示衷心的感谢。

谨以本书献给关心、支持和帮助我的恩师李心丹教授、何建敏教授、王冀宁教授和赵旻教授，献给支持我的国家自然科学基金委员会管理科学部、江苏省科学技术厅、江苏省教育厅及我敬爱的家人。

陈庭强

2017 年 10 月于南京

目　　录

1 绪　　论

1.1　研究背景与意义

在金融市场上，信用风险（credit risk）产生的途径多种多样：从信用贷款发放，到信用衍生品交易及信用风险转移（credit risk transfer，CRT）过程，再到各类信用契约与合同制定都有其存在的可能。信用风险也正因为存在这些直接与间接、显在与潜在、形式与结构、相依性与一致性等复杂关系，以及金融系统内在结构固有的不稳定性、经济行为主体的行为认知偏差和情绪、外部随机扰动等内生性与外生性因素影响而具备较强的传染性。其传染行为不仅取决于银行同客户之间订立的合同，也取决于信用风险的转移能力、信用衍生品的交易方式与数量、行业法规政策变化及经济发展状况，而且对信用产品的外在形式与信用市场的内部结构具有较强的敏感性，更容易受市场主体的心理与行为偏差等内生性因素的影响。它一直是困扰整个金融市场的主要问题，更是影响金融系统稳定性的关键因素，特别是银行系统、债券市场和 CRT 市场。在现实中，信用风险固有的投资性和投机性、各类投资主体的有限理性、信用产品和 CRT 市场的外部形式和内在结构固有的不稳定性、信用风险所涉经济行为主体之间关系的易变性与非线性等，决定了金融市场信用风险传染经常处于非均衡和非线性的动态演化之中，严重影响了金融市场管理层的决策和信用风险管理。

经济一体化与金融全球化的深入推进和快速发展，推动了各类金融产品及金融工具创新的快速发展，使各国金融市场之间、金融部门之间、金融与经济之间的联系变得更为紧密而且更加复杂，信用风险在各国金融市场内部及各国金融市场之间的转移和扩散能力进一步加强。同时，随着信息技术的快速发展，金融市场中的信息能通过各种渠道在短时间内迅速传递到世界各个角落，并对其产生直接或间接的影响。金融市场上存在各类噪声的扰动和催化作用，加剧了金融市场各类信息的传播及其交互影响。这些都可能导致金融市场信用风险的传染效应，引发一国（地区）甚至多国（地区）的金融危机，影响全球金融市场的正常运行。21 世纪以来，金融市场信用风险的传染效应频繁发生。例如，2008 年美国的次贷危机很快在全球范围内引起连锁反应，造成了全球金融市场的剧烈震荡，致使包括雷曼兄弟公司等在内的多家大型金融机构倒闭；2009 年 12 月全球三大评级公司下调希腊主权信用评级，随后"希腊主权债务危机"开始在欧元区相互传染，最终形成了"欧债危机"，造成了国际金融市场发生剧烈震荡，致使包括全球曼氏金融控股公司在内的多家金融机构破产或严重亏损。21 世纪接连发生的世界性信用风险传染效应，给几乎所有市场经济国家的金融市场和经济发展造成了严重的冲击。信用风险传染正日益成为整个金融市场的核心，是威胁全球金融市场稳定的关键因素。事实上，信用风险传染过程并不是简单的信用违约相依传染，从信用风险产生，到信用风险转移，以及信用风险产品的交易等过程中所涉及的经济行为主体不仅范围广，而且经济行为主体之间的关系错综复杂，成为信用风险传染的载体和放大器，小则影响金融市场信用资产价格的波动，大则可能引发信用危机或金融危机，威胁实体经济的发展。

　　长期以来，信用风险管理理论将信用风险发生及传染归咎于外部随机扰动因素，忽略了信用风险本身、信用风险所涉经济行为主体的心理与行为偏差、信用风险所涉经济行为主体之间的关联机制、信用产品和 CRT 市场的内在结构等内在因素对金融市场信用风险传染的关键作用。而且，在随机理论基础上构建的信用风险传染模型无法充分刻画金融市场信用风险传染和演化的非线性行为和演化特性。但理论研究和实践表明，金融市场信用风险传染具有典型的"多米诺"式市场效应、时间延迟效应、多重反馈效应、因果时空分离效应等非线性特征，而这些非线性效应往往是传染演化的外在体现。同时，这些非线性行为也是信用风险的外生性和内生性的非线性交互作用的结果。由非线性理论可知，金融市场信用风险传染也一定是外部随机扰动因素和内在结构固有的不稳定性的一种非线性反应，是一个高度复杂的非线性系统。根据复杂网络理论，对于这类高度复杂的非线性系统可以将其抽象成一个复杂性网络，进而对金融市场信用风险传染的非线性行为及其动力学演化进行科学分析和刻画。在现实金融市场中，信用风险所涉经济行为主体之间具有非常明显的错综复杂的网络关系，这种复杂网络关系的变化不仅会影响信用风险所涉经济行为主体构成的复杂网络结构，更会影响金融市场信用风险传染过程的复杂非线性行为及其演化动态，以及金融市场信用风险传染的速度和影响力度。此外，在金融市场信用风险传染过程中，信用风险所涉经济行为主体构成的关系网络的结构性和层次性、参与要素纷繁复杂、所涉变量多且关系复杂、内部因果关系复杂多变等也一定会导致金融市场信用风险传染具有非线性特征。另外，市场信息的不对称性和信用风险所涉行为主体之间的异质性等还会导致风险传染过程中的时滞性、反馈性、强耦合性等非线性行为，并在演化过程中产生一系列非线性动力学行为，而这些非线性动力学行为不仅在很大程度上会加剧金融市场信用风险的传染效应，而且会严重影响信用风险管理的操作性，致使对金融市场信用风险传染的预测、预警与控制效果欠佳。同时，这种受内外因素交互影响的非线性动力学系统具有内在的不可预测性。事实上，对于金融市场监管者来说，对金融市场信用风险传染产生与演化过程的监管要比对最终结果的预测更有意义。对金融市场信用风险传染产生与演变过程的监管，有助于其发掘金融市场信用风险传染过程中无规则状态隐含的有序结构，找出金融市场信用风险传染演化路径的影响因素及其影响机制，进而有助于通过控制参数的改变降低其传染的负面影响，以达到维护金融市场健康有序发展的目的。因此，如何引入金融市场信用风险传染的内生因素，界定金融市场信用风险传染的内涵和外延？如何挖掘金融市场信用风险传染中非线性效应产生的原因，分析金融市场信用风险传染的非线性机制及其经济学解释？如何借助复杂网络理论，深入分析经济行为主体行为、网络结构特性及市场流动性等因素对金融市场信用风险传染非线性演化动态的影响机制？如何借助非线性动力学理论，深入分析金融市场信用风险传染的内在固有非线性因素和外部随机扰动因素对其非线性动力学演化的影响机制？这些问题关系到各类投资者的资产安全，金融市场的有序稳定运行，金融系统的安全可持续发展，以及我国经济的长远健康发展。为此，本书从金融市场信用风险传染的非线性本质出发，综合考虑其内在固有的非线性因素和外部随机扰动因素，对系统深入地研究金融市场信用风险传染的非线性机制及其演化模型具有很强的理论意义和实践应用参考价值。

1.2　相关研究现状

1.2.1　信用风险传染内涵与外延的研究现状

在金融风险中，信用风险是最重要和最基本的风险之一，其传染具有典型的"多米诺"式市场效应和时间延迟效应等复杂的非线性特征，一直是影响金融系统稳定性的关键因素，特别是银行系统、债券市场及 CRT 市场。20 世纪 90 年代以来，随着经济全球化和金融自由化进程的加快，以及网络经济的迅速发展，金融市场的波动日趋剧烈，信用风险传染机制越来越复杂，信用风险传染的影响作用越来越明显，已经严重地影响了各个国家的金融安全。从 1997 年爆发的亚洲金融危机到 2008 年爆发的全球性金融危机，再到 2009 年的欧债危机，把理论界和实务界对信用风险传染的关注程度推到了当前热点，理论界和实务界已经发现信用风险传染行为不仅影响了银行系统的稳定，更影响了整个经济系统的稳定性，以及宏观经济的健康运行，甚至会引发严重的社会危机。现代意义上的信用风险，既包括交易对手违约造成的直接损失，也包括交易对手违约导致违约概率的变化造成的信用资产损失（Jorion and Zhang，2009；Arora et al.，2012）。然而，理论界对现代意义上的信用风险传染概念的界定最早可追溯到 2001 年 Davis 和 Lo 在 *Quantitive Finance* 上的研究 *Infectious Defaults*，此后信用风险传染逐步引起了学术界、金融机构及金融监管者的广泛关注。2008 年的美国次贷危机及其后的欧债危机进一步加强了理论界对信用风险传染的关注，但目前对信用风险传染仍尚未形成统一、严谨的定义。国内外学者主要从违约转换、违约关联、市场信息冲击及信用主体债务行为等角度对信用风险传染的内涵和外延进行了界定（Davis and Lo，2001；Jarrow and Yu，2001；Schönbucher，2003；Allen and Carletti，2006；Giesecke and Weber，2006；韩立岩和陈文丽，2006；王倩和 Hartmann-Wendels，2008；郑玉华和张涤新，2009；陈林和周宗放，2009；李国荣等，2010；熊正德和冷梅，2010；Yang and Zhou，2013；Ang and Longstaff，2013；Loon and Zhong，2014；Bo and Capponi，2015）。例如，Davis 和 Lo 是最早研究信用风险传染的学者，Davis 和 Lo（2000，2001）的研究认为，一个债务人的违约发生，产生了风险向高等级转换的过程，致使其他债务人的违约强度也随之上升，这个过程就是信用风险传染。Jarrow 和 Yu（2001）在存活公司的违约强度中直接引入其他公司违约的影响，他们认为信用风险传染源自于公司之间的直接经济联系。Schönbucher（2003）基于市场参与者的不完全信息给出了信用风险传染的另一种解释，即在现实中，投资者甚至债务人自己只能获取任何债务人真正违约风险大小的不完全信息。这种信用风险依赖于一系列的变量，而这些变量是市场参与者不能直接观测到的。Giesecke 和 Weber（2006）认为，信用风险传染的本质是交易对手间的违约关联相依。韩立岩和陈文丽（2006）认为，信用风险传染是指因为债务的违约事件彼此间的相互作用而导致它们共同违约的可能。王倩和 Hartmann-Wendels（2008）认为，造成企业违约关联性的原因产生于企业之间的直接关系链，如生产厂商同供货商、销售商之间的关系，银行之间的相互借贷关系，等等。这种直接关系链的存在，导致一个企业的财务状况不景气传染给另一个企业，这种传染便是信用风险传染。郑玉华和张涤新（2009）认为，信用风险传染是指借款企业（或个人）之间存在商业合伙人的关系或是债务之间存在关联或是信息传递的影响而导致的信用违约之间的关联。王倩（2009）认为，信用风险传染指的是企业间财务状况的相互传染。陈林和周宗放（2009）认为，信用风险传染是指一个企业的违约引起另一个企业违约的过程和可能性大小。他们通过分析母子公司价值之间的相关性与母公司持有子公司的股权比重之间的联系，得到了母子公司之间信用风险传染强度与股权比重的关系。李国荣等（2010）从信息角度阐述了信用风险传染的内涵和外延，他认为，传染通常是用来描述一个大公司的违约对其他公司的影响。一般包括两类典型：首先是即时的市场影响，其主要表现为其他负债人的信用价差立即出现显著增大，甚至是跳跃性的变化；其次是延时的市场影响，其主要表现为其他负债人在接下来的时间里发生违约。在现实生活中，我们可能同时观测到上述两种违约传染的影响。这种违约传染是基于市场信息的违约传染，而非任何负债人信用度的本质转变。Yang 和 Zhou（2013）认为，信用风险传染主要是由杠杆比率和短期债务比率所导致的信用风险传递与放大效应。Bo 和 Capponi（2015）认为，信用风险传染是 CDS 交易对手违约时双方信用估值的调整幅度和方向出现较大差异而导致的。

1.2.2 信用风险传染机制的研究现状

近年来，各大银行和金融机构为增强自身的市场竞争力，设计了大量的信用衍生品以满足不同客户的投融资需求，如 CDS、CDO 等。随着 CRT 市场及其业务范围的快速发展，信用风险传染的影响也逐渐增强，而且更加错综复杂（Alavian et al.，2008；Pykhtin et al.，2009），这也是导致历次金融危机中信用风险事件在不同金融机构、个体投资者及经济体之间相互传染的重要原因。在金融危机中，大型金融机构的倒闭使得与它们相关的成千上万的交易对手遭受巨额亏损，进而使得信用风险事件在不同金融机构、个体投资者及经济体之间互相传染（Brigo and Pallavicini，2008；Jorion and Zhang，2009；Arora et al.，2012；Dong and Wang，2014；Bo and Capponi，2015）。因此，金融危机中交易对手间信用风险的相互传染，既包括交易对手违约造成直接损失的相互传染，也包括交易对手违约导致违约概率变化造成信用资产损失可能性的相互传染（Jorion and Zhang，2009；Bo and Capponi，2015）。

目前，国内外学者对于信用风险传染机制的研究，主要从信用违约联动的外部扰动因果关系和市场信息变化冲击两个方面，对金融市场信用风险传染的形成机制和传染路径进行分析研究，并形成了以下两种主要观点：一种观点认为信用风险传染源于因果效应；另一种观点认为信用风险传染源于信息效应。

1）因果效应（Jarrow and Yu，2001；Allen and Carletti，2006）。其中，有学者认为导致信用风险传染的原因是企业的财务状况受宏观经济因素的影响，如能源价格、经济增长率、利率等，这些因素会同步影响经济运行中的企业，通常称为间接因果传染（Bluhm，2003；Wang，2006；Hatchett and Kühn，2009），这也是信用风险传染的主要渠道之一（Bluhm et al.，2002；郭晨和宋清华，2010；谢尚宇等，2011）；也有学者认为企业间信用风险传染的原因是交易对手间的直接业务关联，如借贷关系、供应链关系、贸易关系、控股关系等，通常称为直接因果关系传染（Jarrow and Yu，2001；Giesecke，2002；Giesecke and Weber，2006；Allen and Carletti，2006；Santos，2006；Duffie et al.，2007），与此对应产生的传染渠道是信用链，如银企关系（韩平和席酉民，2001）、信用贸易关系（Burkart and Ellingsen，2004；Loon and Zhong；2014）、行业间业务关系（Duffie et al.，2007）、信用等级关系（Horst，2007；Basso and Gusso，2008；Acharya，2011）、股权关系（李丽和周宗放，2015）、交易关系（Jorion and Zhang，2009；Loon and Zhong，2014；Bo and Capponi，2015）等。在因果效应观点中，一般认为，一方的违约会导致其他业务关联方出现财务困境，即发生了交易方风险（Li，2000；Jarrow and Yu，2001；Barro and Basso，2010；陈庭强等，2011a），而且这种因果效应是一种不能逆转的单向因果关系，通常称为单向传染性（Jarrow and Yu，2001）。这种单向传染机制就是信用风险传染直接因果关系的典型代表。Giesecke（2002）的研究发现，一个公司违约会引发相关公司的违约，信用风险在公司间的传染和连串违约性质，并不能完全由公司共同依赖的某些宏观经济因素的相关性来解释，进而他在公司间直接联系（如商业和金融关系）的背景下提出了传染性相关。Giesecke 和 Weber（2006）认为，信用风险传染效应主要源于企业违约的周期性相依和传染性相依。Allen 和 Carletti（2006）认为，信用风险转移会导致信用风险在银行和保险业之间相互传染，这种传染机制具有互为因果的关系。

2）信息效应。现实诸多证据表明，因果效应并不能完全解释信用风险传染。在衍生品交易过程中，信用价差的变化并不依赖于内在事实的变化，而源于可觉察的市场信息变化反应（王小丁，2010），与此对应产生的传染渠道是信息效应。Schönbucher（2003）认为，信用风险传染不是由债务人违约所导致的直接因果关系，而是由投资者拥有的影响债务人信用质量的信息不完全所导致的。研究结果表明：若一个债务人违约，则其他债务人的违约强度呈现出跳跃性，且跳跃程度与相应脆弱变量的方差成正比。李国荣等（2010）认为，Schönbucher 模型是基于市场信息的违约传染，而非任何负债人信用度的本质转变。他们还发现，传染模型中误差项的变化越大，违约传递的信息也越多，传染的影响也越大。同时，部分学者认为信用风险传染是由因果效应和信息效应的相互作用而形成的（Duffie and Lando，2001；Giesecke and Weber，2006；Acharya and Bisin，2014）。

1.2.3　信用风险传染模型的研究现状

20 世纪 90 年代以后，随着全球性或区域性金融危机的频繁发生，信用风险传染问题逐渐引起了理论界和实务界的广泛关注。目前对于信用风险传染模型的研究，主要是由传统的信用风险测度模型扩展而得到的，既包括违约造成的传染效应分析，也包括违约导致违约概率变化而造成信用传染的相关性分析，其研究成果主要可分为以下几个方面。

1）简约模型（Davis and Lo，2001；Jarrow and Yu，2001；Giesecke and Weber，2004，2006；Duffie et al.，2007；Martin and Marrison，2007；白云芬等，2007；Brigo and Pallavicini，2008；Hatchett and Kühn，2009；Brigo and Capponi，2010；田军和周勇，2012；Dong and Wang，2014；赵微等，2014）。最早研究信用风险传染的是 Davis 和 Lo（2000，2001），他们构建了两类纯概率型模型研究相关违约的交互传染效应。Jarrow 和 Yu（2001）首次在强度模型下考虑了相关企业信用风险传染，他们在存活公司的违约强度中直接引入其他公司违约的影响，构建了违约强度传染模型，也称 JY 模型。但 JY 模型只适用于单向传染，而将很有趣的

交互传染排除在外。Frey 和 Backhaus（2003）延伸了 Jarrow 和 Yu（2001）的研究思路，认为公司间的违约强度依赖于整个经济的平均等级，将违约过程构造为一个条件有限状态马尔科夫链，并在此基础上建立了组合中违约相关性模型。白云芬等（2007）在 Jarrow 和 Yu（2001）研究的基础上，引入一个双曲类型的衰减函数来描述双方违约的相关性，构建了双曲衰减的违约传染模型。Schönbucher（2003a）首次建立了一个基于信息的强度违约传染模型，从市场投资者的角度提供了违约传染机制的信息效应解释。Giesecke 和 Weber（2004）构建了公司大型投资组合的财务状况受制于周期违约相关性和直接违约传染的模型，研究了信用风险传染强度与公司商业伙伴的局部相互作用及其商业网络复杂性的关系。他们发现，局部的相互作用引起了投资组合损失的额外波动，而传染诱导损失依赖于商业网络的复杂性。Giesecke 和 Weber（2006）提出了一个信用风险传染的简约模型，他们假设传染是由企业的业务合作伙伴网络的局部交互作用引起的。他们发现，信用风险传染过程对投资组合的损失是一个典型的二阶效应。Brigo 和 Pallavicini（2008）用简约模型对考虑违约风险的权益信用违约互换进行了研究，将其违约强度扩展到跳跃扩散过程。Brigo 和 Capponi（2010）在简约模型的基础上，将信用风险传染模型从单边扩展到双边。

随着理论研究的不断深入，跨学科知识和方法的不断引入，众多学者开始在简约模型的基础上考虑时变变量、公司间的异质性、违约的序列性等因素，对简约模型进行了扩展。Duffie 等（2007）构建了一个具有不被观察到的潜在时变变量简约模型，主要通过对公司违约对同行业现金流的冲击进行分析，局部地解释了信用风险传染。Martin 和 Marrison（2007）将公司之间的异质性关系增加到现有投资组合模型中构建了信用风险传染模型，在该模型中，如果一个公司被信用事件感染，将会在关联公司之间引起连锁反应，而且与关系强度呈正比关系。Egloff 等（2007）提出一个简单的信用风险传染模型，模型包含了债务人信用投资组合之间宏观和微观结构的相互依赖性。Hatchett 和 Kühn（2009）构建了一个简单、可解的信用风险传染模型，研究了单个公司的违约概率、公司投资组合及经济规模对信用风险的传染效应。李国荣等（2010）在假定违约时间服从 Γ 分布下构建了信用风险传染模型，分别就某一时刻没有负债人违约与有一个负债人违约两种信息条件下的生存概率及违约风险率进行探讨。他们发现，误差项的不确定性完全决定了基于信息的违约传染影响的大小。Kchia 和 Larsson（2011）在假定违约时间的条件密度存在的情况下，构建了具有多重无序违约的信用风险传染模型。

2）结构模型（Schönbucher，2003；Neu and Kühn，2012；Barro and Basso，2010；Egloff et al.，2007；王倩和 Hartmann-Wendels，2008；陈晓红等，2008；熊正德和冷梅，2010；Lipton and Sepp，2009）。例如，Barro 和 Basso（2006）、Egloff 等（2007）从债务人违约过程，以 KMV 模型为基础，建立了信用风险传染的相关资产价值模

型。Wang（2006）沿袭了 Jarrow 和 Yu（2001）模型中的方案，在结构模型框架下，将企业的资产价值过程用几何布朗运动表示，建立了含有宏观经济因素的信用风险传染模型。王倩和 Hartmann-Wendels（2008）在结构模型框架下，将企业资产过程描述为一个跳跃过程，建立了信用风险传染的相关资产跳跃模型。这些模型也属于相关资产价值模型，应用也很普遍，但违约阈值很难合理确定。熊正德和冷梅（2010）将 KMV 模型计算上市公司违约距离作为度量上市公司信用风险的指标，并运用 Apriori 算法找出上市公司信用风险相互影响的规律。

3）基于马尔科夫链的信用风险传染模型（Frey and Backhaus，2003，2004；Walker，2006；陈正声和秦学志，2011；Arora et al.，2012；Dong and Wang，2014）。例如，Frey 和 Backhaus（2004）基于平均场（mean-field）理论，将信用违约过程构造为一个条件马尔科夫链，并在此基础上建立了信用风险传染模型，对信用风险循环传染效应进行了研究，通过马尔科夫链描述某个交易对手的违约强度跳跃对其他交易对手违约强度的影响，在此基础上对信用风险传染效应建模。陈正声和秦学志（2011）构建了具有似扩散行为的共同因素与特定评级因素及其驱动下，时变马尔科夫链的信用风险互换期权定价模型，分析了交易对手信用风险传播机制及其对互换期权定价的影响。Dong 和 Wang（2014）构建了马尔科夫环境下信用风险传染的简约模型。在传染模型中，投资者、保护卖方和参考实体的违约传染均被连续时间马尔科夫链描述的宏观经济条件来驱动。

除上述研究之外，近几年随着复杂性科学等交叉学科及理论的快速发展和广泛应用，有学者将交叉学科的理论方法应用到信用风险传染研究中，提出了信用风险传染的久期模型（Focardi and Fabozzi，2005；郑玉华和张涤新，2009；谢尚宇等，2011）、传染病模型（韩立岩和陈文丽，2006）、网络模型（Barro and Basso，2010；Chen and He，2012；Chen et al.，2017）及非线性动力学模型（Chen et al.，2013a，2013b）等。例如，郑玉华和张涤新（2009）利用相邻违约之间的时间间隔数据，对违约传染现象建立条件自回归持续期模型，并借助模拟方法对违约之间时间间隔的统计特性，以及一段时期内违约数量的分布状况进行分析。韩立岩和陈文丽（2006）基于违约相依，用机理分析方法建立了由简单到复杂的各级抽象的微分方程模型，以期描述信用风险在给定的贷款组合内的传染过程，分析了受信用风险传染而造成违约的贷款数目的变化规律。Barro 和 Basso（2010）提出了公司网络相互依存条件下的信用风险传染模型，描述银行信贷组合中信用风险传染效应。Chen 等（2013a）考虑交易对手信用风险传染的时滞性和外部噪声的随机扰动性，基于非线性动力学建立了信用风险传染的 FHN（FitzHugh-Nagumo）模型，分析了内在固有的时滞因素与外部噪声的协作效应对交易对手信用风险传染演化动态的影响机制。

1.2.4　复杂性理论在金融研究中应用的研究现状

现实的金融市场不是简单和有序的，而是混乱和非线性的。不仅市场行为主体表现出有限理性，出现反应过度或反应不足，而且市场本身也经常处于不稳定状态（非均衡），实际价格分布呈现出尖峰、厚尾、跳跃性、非连续性。同时，相关物理学家或数学家已经对金融市场的收益进行混沌和分形检验，证明了金融市场中普遍存在李亚普诺夫指数大于零和分数维的情况。于是，在 20 世纪 90 年代便产生了非线性金融理论的雏形，经济学家已逐渐开始运用非线性理论对社会经济系统的复杂性、不确定性和非线性等进行了探索，一些具有远见卓识的经济学家开始把混沌理论的成果应用于经济学（Gomes，2006；Petrov，2009；Kim et al.，2010；Wu et al.，2010；Serrano et al.，2012），产生了非线性经济学（也称混沌经济学）。复杂性理论近年来的研究表明，经济系统、金融系统及风险传播等社会现象都具有复杂的非线性特征（Reitz and Taylor，2006；Liu et al.，2012；Chen et al.，2013b）。

随着复杂性理论的快速发展，许多经济学家开始将非线性动力学理论、复杂网络等工具和方法引入风险管理研究中，力图借助复杂性理论中的方法、手段和工具分析金融市场中风险的复杂性和非线性问题。

首先，在非线性动力学方面，Tony（1994）认为混沌的因果关系揭示传统上认为的风险根源问题是不全面的，风险发生的根源在于事件发生的奇怪吸引子，风险管理的关键在于对混沌吸引力的驾驭。他提出了将混沌控制思想用于金融风险管理的设想。Peters 的著作 *Chaos and Order in the Capital Markets* 全面论述了混沌理论在金融领域的作用与应用，被美国《商业周刊》誉为"市场混沌学家的圣经"。Block 和 Hommes（1997，1998）认为金融市场是一个自适应性的动态演进系统，其研究结果表明金融市场价格行为呈现出复杂多变的特征，随着交易者选择行为集中度的增大，市场开始出现分岔与混沌行为。李红权和马超群（2005）基于金融市场显著的非线性特征，提出了风险度向量方法的理论分析框架以对非线性风险进行有效监控。实证研究表明，该方法能够科学地反映金融市场的波动性风险状况与非线性本质。梅小华等（2008）研究了一类金融系统的混沌同步问题。他们首先利用非线性反馈控制实现了该金融系统的自同步，其次利用线性耦合的方法探讨了该系统的耦合自同步，得到了两种使该金融系统渐进同步的控制方法，最后通过数值仿真证明了所给方法的有效性。Gao 和 Ma（2009）对金融系统的复杂动力学行为进行了研究。研究认为，系统从稳定均衡状态到混沌、倍周期稳定、准周期稳定是一个复杂的非线性动力学转化过程。辛宝贵等（2011）分析了一类分数阶混沌金融系统的均衡解的稳定性及 Hopf 分岔发生的条件，并运用亚当斯-巴什福斯-莫尔顿预估-校正的有限差分法，通过分岔图、相图和时间序列图对该系统的非线性演化行为进行仿真研究。Park 和 Son（2011）研究了含有时滞反馈的多变量投资模型，证实了 Hopf 分岔的存在性。Zhang（2012）研究了一类含有时滞反馈的非线性金融系统，通过大量的数值分析发现了 Hopf 分岔和混沌存在的条件。研究发现，通过改变延迟变量能够让系统的混沌振荡转变为一个稳定状态或周期稳定状态。

其次，随着复杂网络理论的快速发展和广泛应用，相关学者对复杂网络的应用研究已经从信息学科等领域迅速扩展到社会经济管理领域，主要集中在金融市场、社会经济网络等方面（马英红等，2010）。在金融领域，国内外学者将复杂网络理论引入金融风险传染的研究领域，将高度复杂的非线性系统抽象成一个复杂网络进行风险传染研究（Iori and Jafarey，2001；Thurenr et al.，2003；Nier et al.，2008；Degryse and Nguyen，2007；Gai and Kapadia，2009；Li，2011；李守伟等，2011；Li and He，2012）。Allen 和 Gale（2000）认为，金融风险的传染主要依赖于金融系统内部的相互关联关系，如债权结构。Nier 等（2008）研究发现，银行的网络结构对风险传染的影响是非线性的，最初网络连通性的很小一部分增加都会增加传染效应，当连通性达到一个特定阈值后，网络的连通性却增加了银行系统对冲击的吸收能力。Degryse 和 Nguyen（2007）研究发现，银行同业拆放市场的网络结构也会影响风险传染，当网络由全连通结构转向部分连通结构时，降低了风险及其传染效应。Gai 和 Kapadia（2010）研究认为，金融网络的高连通性既能降低传染的概率，也会在问题发生时加大风险传染。Li（2011）研究认为，银行之间连通性的增加虽然有利于降低风险传染效应，但是会导致流动性问题而引起风险传染的发生。同时，银行的风险偏好行为对银行系统的稳定性至关重要。在信用风险传染研究领域中，也有部分学者开始考虑网络结构及其连接关系对信用风险传染的影响。Giesecke 和 Weber（2004）构建了公司大型投资组合的财务状况受制于周期违约相关性和直接违约传染的模型，研究了信用风险传染强度与公司商业伙伴的局部相互作用及其商业网络复杂性的关系。研究发现，局部的相互作用引起了投资组合损失的额外波动，而传染诱导损失依赖于商业网络复杂性。Giesecke 和 Weber（2006）提出的信用风险传染模型，就是建立在假设信用风险传染是由企业的业务合作伙伴网络的局部交互作用引起的基础之上。研究发现，商业伙伴关系是信用风险传染的渠道，流动性冲击也正是通过债务网络进行传播并实现信用风险传染的。Martin 和 Marrison（2007）将公司之间的异质性关系增加到信用风险传染模型，研究发现，如果一个公司被信用事件感染，将会在关联公司之间引起连锁反应，而且与关系强度呈正比关系。Barro 和 Basso（2010）提出了公司网络相互依存条件下，银行投资组合的信用风险传染的熵空间交互模型，用于描述银行信贷组合中的信用风险传染效应。

1.3　现有研究的不足

综上所述，目前国内外相关研究主要存在以下几个方面的不足或需要改进之处：

1）从信用风险传染的内涵和外延来看，目前对其概念的界定主要是基于新古典金融理论的信用违约的外生性假设，而过分忽略了信用违约的内生性，如经济行为主体的行为心理偏差、金融网络结构特性，以及其内在结构固有的不稳定性等，这与现有的金融市场信用风险传染的实际情况相背离。因此，有待从信用违约的内生性和外生性的综合角度对金融市场信用风险传染的内涵和外延进行分析。

2）从信用风险的传染机制角度来看，现有关于信用风险的传染机制研究主要局限于因果效应和信息效应，而在信用风险传染的实际过程中除了因果效应和信息效应以外，更表现出了显著的非线性，如时间延迟效应、多重反馈效应、时空分离效应、蝴蝶效应等。但目前尚未发现有文献针对金融市场信用风险传染复杂的非线性机制进行研究。而且，对 CRT 市场信用风险传染的影响因素及其作用机制的理论研究仍停留在定性分析上，缺乏对 CRT 交易对手空间因素、交易对手行为因素、债务人历史违约信息及债权人行为特征的考虑，并对 CRT 市场信用风险传染系统不确定性的影响因素及其作用机制刻画得不够全面或充分。

3）从信用风险传染模型方面来看，目前在信用风险简约模型和结构模型基础上构建的信用风险传染模型多数是违约强度模型，该类模型主要通过可计算的结果来反映信用风险传染的最终影响结果，虽然该类模型形式上也是非线性的，但该类模型既不能有效反映信用风险传染的非线性演化特征，也不能有效反映金融市场信用风险传染诸多内生因素和外生因素的非线性交互机制和影响关系，对经济主体的风险偏好和异质性、地理区位的异质性等要素均没有给予充分考虑和结合。

4）从信用风险传染的研究方法和工具来看，目前针对信用风险传染的研究主要局限于随机理论，对于复杂性理论中的方法和工具的引入和应用，仍然还处于初步探索阶段，而该学科中方法和工具的引入能够较好地反映金融市场信用风险传染的复杂性与非线性本质。首先，在现实金融市场上，信用风险所涉经济行为主体之间具有错综复杂的网络关系，这种复杂的网络关系及其结构变化也是影响金融市场信用风险传染的关键要素。而复杂性理论中的复杂网络理论能够通过网络的拓扑结构、信息传播机制等方面，阐述金融市场信用风险传染构成要素之间的非线性关系和演化机制。其次，金融市场信用风险传染是对经济行为主体有限理性行为、金融市场内在结构固有的不稳定性及外部随机扰动因素的综合反映。而复杂性理论中的非线性动力学不仅能体现金融市场经济行为主体的有限理性本质，也能从系统的非平衡性角度把握金融市场内在结构固有的不稳定性和外部随机扰动因素，对金融市场信用风险传染的非线性动力学演化行为及影响机制，使研究结果更加符合客观实际。此外，金融市场信用风险传染也是一个高度复杂的非线性动态系统，现有的研究方法很难从系统论与复杂性的角度来分析和解释信用风险传染的空间行为和多重空间因素的交互作用机制，而熵空间交互理论作为分析复杂系统不确定性和地域间物质交互流动与分配的一种有效工具，成为金融市场交易对手空间经济行为一个有效的分析工具。同时，金融市场信用风险传染控制和监管过程非常复杂且易变，监管和控制难度非常大，而复杂性理论中的混沌理论却为该类非线性系统动态演化的控制和监管提供了新思路。

1.4　本书的研究内容、方法、框架体系与创新点

1.4.1　主要研究内容

针对 1.3 节中所指出的现有研究中存在的问题，本书拟采用非线性理论、行为金融理论、信息经济学理论、复杂网络理论、熵空间理论、混沌经济学理论等，从金融市场信用风险转移的视角界定金融市场信用风险传染的内涵与外延，分析金融市场信用风险传染的非线性机制及其经济学内涵；运用熵空间理论方法，在空间因素、地理区位的异质性、经济主体的行为特征和异质性等因素作用下，对 CRT 市场信用风险传染熵空间模型进行构建和仿真分析，并对 CRT 市场信用风险传染的影响因素及其作用机制进行分析和刻画，揭示 CRT 市场上空间因素与违约概率之间的显性联系；运用复杂动力网络理论和方法，对经济行为主体行为因素、市场流动性因素及金融网络结构因素等影响下，金融市场信用风险传染可能的非线性演化动态进行模型构建及模拟仿真，探析经济行为主体行为因素、市场流动性因素及金融网络结构因素等影响下，金融市场信用风险传染的非线性动态演化路径；运用时滞微分方程与非线性动力学理论与方法，对金融市场信用风险传染内在固有的非线性因素与外部随机扰动因素影响下，金融市场信用风险传染的非线性动力学演化进行模型构建及模拟仿真，探析金融市场信用风险传染内在固有的非线性因素及外部随机扰动因素影响下，金融市场信用风险传染的非线性动态演化路径。总体研究内容主要包括以下五个方面。

（1）金融市场信用风险传染的非线性机制及其经济学解释

针对金融市场信用风险传染中出现的非线性行为，考虑金融市场信用风险传染的多主体性、交互性、复杂性、动态性、有限时空性、涌现性等，综合运用非线性理论、行为金融、信息经济学及混沌经济学等最新研究成果，深入剖析金融市场信用风险传染的非线性机制及其经济学解释，提出金融市场信用风险传染的非线性分析框架和基本原理。

（2）金融市场信用风险传染的影响因素分析

以 CDS 为研究媒介，剖析 CDS 交易对手信用风险传染特征和传染影响因素。在此基础上，从 CDS 交易对手的信息不对称性、CDS 创新扩散、CDS 交易等角度深入探究 CDS 交易对手信用风险的传染机制。借助博弈分析方法，构建 CDS 交易对手信用风险传染影响机制的博弈模型，针对 CDS 交易对手信用风险形成过程中交易对手双方的博弈行为进行建模和传染分析。

（3）金融市场信用风险传染的熵空间交互模型研究

考虑 CRT 网络中银行和投资者之间的空间距离与非线性耦合、投资者的风险偏好、地理区位的异质性及投资者有限理性，运用熵空间理论方法，构建 CRT 市场信用风险传染熵空间模型；通过数值仿真分析，探究经济主体的风险偏好和异质性、地理区位的异质性等要素对 CRT 市场信用风险传染效应的影响和作用机制。

（4）金融市场信用风险传染的网络演化模型研究

通过对金融市场上信用风险传染的内生因素和外生因素的理论分析和提炼，运用非线性理论中的复杂网络理论，将高度复杂的信用风险传染系统抽象成一个复杂的社会网络，构建金融市场信用风险传染的网络演化模型，通过理论推导和数值模拟仿真深入分析金融市场信用风险传染的内生因素和外生因素对金融市场信用风险传染的非线性作用机制及其演化动态。

（5）金融市场信用风险传染的非线性动力学演化模型研究

考虑复杂的信用风险传染系统中存在的时间延迟、非线性耦合、噪声、延迟反馈、弱周期信号等内在固有的非线性因素和外部随机扰动因素的协同效应，利用非线性动力学理论，构建信用风险传染的非线性动力学模型，通过理论推导和数值仿真深入分析信用风险传染的非线性动力学行为及其演化机制。

1.4.2　主要研究方法

针对上述总体研究内容的阐述，本书采用的研究方法主要如下：

1）采用文献分析方法，深入分析信用风险传染相关的影响因素及传统模型的优劣，为本研究奠定基础。

2）采用熵空间建模方法，考虑 CRT 网络中银行和投资者之间的空间距离与非线性耦合、投资者的风险偏好、地理区位的异质性及投资者有限理性等因素，构建 CRT 市场信用风险传染熵空间模型。

3）采用复杂网络建模方法，考虑信用风险所涉经济行为主体的心理与行为因素、信用风险所涉经济行为主体之间的关联性、信用风险所涉经济行为主体所构成的金融网络结构特性等，构建金融市场信用风险传染的网络演化模型。

4）采用非线性动力学建模方法，考虑社会网络上信用风险传染的时间延迟、非线性耦合、多重反馈、噪声及弱周期信号等内外因素的非线性交互作用，构建内外因素非线性协作下金融市场信用风险传染的非线性动力学演化模型。

5）采用数值仿真模拟方法，分析经济行为主体的行为、网络结构、各类非线性因素及外部随机扰动因素对金融市场信用风险传染演化动态的影响。

1.4.3　本书的框架体系

基于上述的研究思路，本书的篇章结构安排如下：

第1章　绪论。主要介绍本书的研究背景、研究意义、研究现状、研究目标、主要研究内容、拟采用的研究方法、全文的结构安排和本书可能存在的创新之处与不足等。

第2章　相关理论与方法基础。本章主要对本书中所采用的相关理论与方法进行系统性回顾和梳理，包括行为金融学中的前景理论和投资者情绪与态度，非线性理论中的复杂网络、平均场理论、时滞微分方程及非线性动力学、随机占优理论、熵空间理论等，旨在为后续章节中相关研究内容提供理论和方法基础。

第3章　金融市场信用风险传染的非线性及其经济学解释。在目前信用风险传染的因果效应和信息效应基础上，根据金融市场信用风险传染的实际情况，从信用风险发生原因、传染途径、传染过程等视角，对金融市场信用风险的传染渠道、传染机制进行深入系统的分析，并综合运用行为金融、信息经济学、复杂网络、非线性动力学、网络传播学及混沌经济学等理论，深入分析信用风险传染的内外因素的非线性交互作用如何产生，以及加剧金融市场信用风险传染的非线性行为及其经济学解释，提出金融市场信用风险传染的非线性分析框架和原理。

第4章　金融市场信用风险传染影响因素分析——以CDS为例。首先，从CDS交易对手信用风险传染的内涵及外延方面对CDS交易对手信用风险传染的特征进行简要分析。其次，从道德风险、财务风险、交易对手情绪、CDS产品的复杂性等方面对CDS交易对手信用风险传染的影响因素及其作用机制进行剖析。再次，从CDS交易对手的信息不对称性、CDS创新扩散、CDS交易等角度深入分析和探讨CDS交易对手信用风险的传染机制。最后，借助博弈分析方法，针对CDS交易对手信用风险形成过程中交易对手双方的博弈行为，构建CDS交易对手信用风险传染的博弈模型，分析CDS交易对手信用风险传染形成过程中交易对手双方的博弈行为。

第5章　金融市场信用风险传染的熵空间交互模型研究。①考虑CRT网络中银行和投资者之间的空间距离与非线性耦合、银行的信用风险转移能力与投资者的风险偏好等因素的影响，建立CRT网络信用风险传染的熵空间模型，研究债务人信贷违约对CRT市场投资者违约率的影响。②考虑CRT市场上经济行为主体的空间距离因素、地理区位的异质性及投资者有限理性，构建CRT市场上交易对手信用风险传染熵空间模型，研究银行节点与投资者节点之间的空间距离和传输能力、银行的资产质量、银行的信用风险转移能力、投资者的资产规模、投资者的风险偏好程度、投资者所处区域的金融发展水平，以及银行和投资者所处区域之间金融发展的趋同性等因素对 CRT 市场信用风险传染效应的影响和作用机制。

第 6 章 金融市场信用风险传染的网络演化模型研究。①考虑金融市场信用风险传染所涉经济行为主体的行为因素及其网络结构特性的影响，构建含有经济行为主体行为因素及金融网络结构特性的金融市场信用风险传染的网络演化模型，研究金融市场信用风险传染所涉经济行为主体的行为因素、个体关联机制和金融市场监管行为及网络结构特性等对金融市场信用风险传染演化动态的影响机制。②在上述研究的基础上，进一步考虑市场流动性的影响，构建含有经济行为主体行为和市场流动性交互驱动的金融市场信用风险传染的网络演化模型，通过数值仿真模拟进一步深入分析在流动性冲击下，经济行为主体行为及金融网络结构特性对金融市场信用风险传染演化动态的影响机制。③考虑金融市场信用风险传染的适应度、投资者风险规避情绪及金融网络节点的择优删除行为，设计具有择优删除机制的信用网络风险传染算法，构建具有节点择优删除机制的信用风险传染的网络演化模型，研究金融市场信用风险的传染效应及其网络演化行为。

第 7 章 金融市场信用风险传染的非线性动力学演化模型研究。①考虑金融市场信用风险传染内在固有的非线性因素——时间延迟和非线性阻力的影响，利用非线性动力学理论中的时滞微分方程，构建含有时间延迟和非线性阻力等变量的金融市场信用风险传染的非线性动力学演化模型，并通过理论推导和数值仿真模拟，深入研究上述因素协同作用下金融市场信用风险传染的非线性动力学行为及其演化动态。②在上述研究的基础上，进一步考虑金融市场信用风险传染中延迟反馈、噪声与弱周期信号等因素的影响，利用非线性动力学理论中的 FitzHugh-Nagumo 模型构建含有上述因素协同作用的金融市场信用风险传染的非线性动力学演化模型，通过理论推导和数值仿真模拟，深入研究时间延迟、非线性耦合、多重延迟反馈、噪声及弱周期信号等内在固有的非线性因素和外部随机扰动因素的协同交互作用下，金融市场信用风险传染的非线性动力学行为及其演化动态。③在上述研究的基础上，进一步考虑信用风险传染延迟效应及关联噪声的相互影响，构建关联高斯白噪声驱动的信用风险传染随机时滞模型，运用诺维科夫定理、时滞近似法、路径积分法及一阶摄动理论，分析金融市场中信用风险传染的 Fokker-Planck 模型及其稳态概率分布函数，并运用数值模拟方法，探讨信用风险传染的时间延迟、非线性阻力、高斯白噪声强度和关联程度等因素对信用风险传染稳态概率分布的影响及其非线性行为的演化动态。

第 8 章 总结与研究展望。总结研究路线、基本结论、创新与不足，对存在的问题思考进一步解决的方案。

1.4.4　本书的创新点

基于上述关于本书研究方法、研究内容及结构体系的基本描述，本书创新点主要体现在以下五个方面：

1) 金融市场信用风险传染的内涵界定及其非线性机制分析。根据现实金融市场的真实情况和行为金融的前沿成果，从信用风险转移视角将金融市场信用风险传染的内涵和外延将依赖于信用违约是完全外生的理论假设，扩展到涵盖诸多内生性因素，使界定的金融市场信用风险传染的内涵和外延涵盖内生性和外生性因素，以更加符合现实金融市场的实际情况。在此基础上，综合利用行为金融、非线性理论、信息经济学、混沌经济学等多学科知识，通过理论分析和案例分析相结合的方法，深入分析金融市场信用风险传染的时间延迟效应、多重反馈效应、蝴蝶效应、惯性效应、时空分离效应等非线性机制及其经济学解释。

2) 基于有限理性人假设，将金融市场经济行为主体的心理和行为因素及经济行为主体所构成网络的结构特性引入金融市场信用风险传染的网络非线性演化模型中，利用复杂网络、行为金融和随机占优理论深入分析金融市场信用风险传染所涉经济行为主体的心理行为因素及金融网络结构特性对金融市场信用风险传染动态演化的非线性作用机制，并通过数值模拟仿真对理论分析进行进一步验证。

3) 结合金融市场的实际情况，考虑信用风险所涉经济行为主体的行为因素和市场流动性因素的交互作用对金融市场信用风险传染的影响，构建金融市场信用风险传染的网络非线性演化模型，并通过理论推导和数值模拟仿真深入分析流动性冲击下，金融市场信用风险所涉经济行为主体心理行为因素及金融网络结构特性，对金融市场信用风险传染动态演化的非线性作用机制。

4) 基于金融市场信用风险传染的内在固有的非线性本质特性，利用时滞微分方程理论与方法构建含有时间延迟和非线性阻力的金融市场信用风险传染的非线性动力学演化模型，并通过理论推导和数值模拟仿真深入探析金融市场信用风险传染系统内在固有的非线性因素，对金融市场信用风险传染的非线性动态演化路径的影响和作用机制。

5) 考虑金融市场信用风险传染过程中内在固有的非线性因素与外部随机扰动因素的协作影响，利用非线性动力学理论与方法构建含有时间延迟、非线性耦合、延迟反馈、噪声及弱周期信号等内外因素协同作用的金融市场信用风险传染的非线性动力学演化模型，并通过理论推导和数值模拟仿真深入分析金融市场信用风险传染系统内在固有的非线性因素与外部随机扰动因素，对金融市场信用风险传染非线性动力学行为及其动态演化的影响和作用机制。

2 相关理论与方法基础

金融市场信用风险传染是一个高度复杂的非线性巨系统，其整个信用风险转移与扩散中所涉经济行为主体的行为心理偏差、金融市场内在结构固有的不稳定性、信用衍生品结构与形式的多样性与虚拟性，以及在经济行为主体之间以信用活动为基础所形成的金融网络的复杂性等，都是影响金融市场信用风险传染动态演化过程的关键因素。针对现实金融市场信用风险传染复杂的非线性特性，考虑研究对象的上述内外多重因素影响，运用非线性理论的方法和工具进行系统性的研究正逐步成为国内外研究的前沿，对促进人们更加系统、科学地认识金融市场信用风险传染的非线性本质，更加清晰、有效地刻画金融市场信用风险传染的动态演化规律及其影响机制具有重要作用。为了第 3～7 章研究的顺利进行，本章主要对第 3～7 章所用到的理论和方法进行简要梳理和回顾，主要包括行为金融理论、非线性理论、随机占优理论等理论与方法，为第 3～7 章的金融市场信用风险传染的非线性机制分析及其演化模型构建提供相应的理论背景和方法支持。

2.1　行为金融理论与方法

2.1.1　前景理论

前景理论是心理学及行为科学的研究成果，由 Kahneman 和 Tversky 于 1979 年最早提出，通过修正最大主观期望效用理论发展而来，是描述性范式的一个决策模型。行为心理学家通过大量实验研究发现，人们在决策过程中不仅仅存在上述直觉性偏差，其风险态度和行为模式还经常会偏离传统经济金融理论的最优行为模式假设。Kahneman 和 Tversky（1979）指出传统的预期效用理论[①]无法完全描述个人在不确定情况下的决策行为。他们通过大量实验和问卷调查发现：许多偏好违反传统预期效用理论的现象。Kahneman 和 Tversky 将这些违反传统预期效

[①] 在传统预期理论中，将效用发生的概率 $u(x_i)$ 和结果发生的概率（p_i）相乘再加总构造预期效用函数：$U(X) = \sum u(x_i) p_i$。因此，就结果而言，效用是加性可分的；就概率而言，效用是线性的。

用理论的部分归纳为确定性效应[①]、反射效应[②]和分离效应[③]。Kahneman 和 Tversky 认为，如果说预期效用理论定义了人类的理性行为，前景理论则描述了人的真实行为——有限理性。预期效用理论可以对某些简单清楚的决策问题中的选择作清楚的描述，但现实生活中更多的决策问题却复杂繁乱，需要更复杂的行为模型。

因此，在风险决策的行为心理过程分析中，前景理论基于现实金融市场上投资者受到外部环境的变迁、投资者的知识水平、信息占有的不对称、分析判断工具的先进性及自身心理素质等种种因素的制约，对传统主流金融理论假设下投资者的决策进行了修正，它认为风险决策过程为编辑和评价两个阶段：第一阶段是编辑阶段，是投资者对事件的发生、事件结果及相关信息的收集和整理，在这一阶段投资者往往会依据个人决策偏好而对各种备选方案进行编码；第二阶段是评价阶段，对收集的信息进行评估和决策，在这一阶段投资者依赖价值函数和主观概率的权重函数对信息予以判断，并基于对收益和风险的预期制订最终决策方案，如图 2-1 所示。

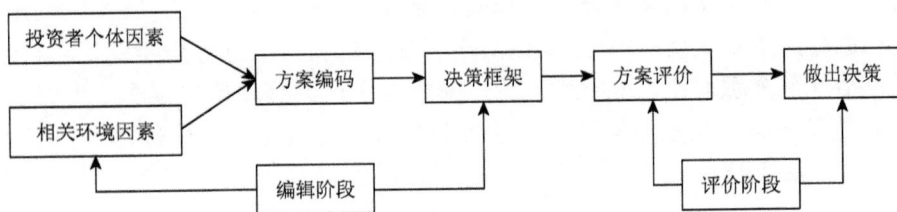

图 2-1　前景理论下的投资者决策过程

资料来源：李心丹，2004

编辑阶段的作用主要是收集和整理信息，并进行相应的预处理，包括数据的简化（如整数化和相同因子的剔除）、重新编码及整合等。该阶段主要包含四个部分：编码、合并、分解、删除。而评价阶段主要是对编辑阶段的信息进行评估和

---

① 确定性效应（certainty effect）是指相对于不确定的结局（outcome）来说，个人对于结果确定的结局会过度重视。它认为在特定情况下，人们的效用函数会低估一些只是可能性的结果而相对高估确定性的结果，它直接导致人们面临条件相当的盈利前景时更倾向于接受确定性的盈利。

② 如果我们在赌局中考虑负的结局，也就是损失（loss），可发现个人对利得和损失的偏好刚好相反，这种现象称为反射效应（reflection effect）。它认为，当个人在面对损失时有风险偏好的倾向，而对于利得则有风险规避的倾向。

③ 人们在分析评估不同的"待选择前景"（prospects）时，经常暂时剔除掉各种前景中的相同因子。但是通常情况下，一组待选择前景可以用不止一种方法分解成相同和不同的因子，这种分解方式的多样性会导致人的偏好和选择的不一致性，这就是分离效应（isolation effect）。分离效应表明，个人会因为问题描述方式的不同而有不同的分解方式和选择，它推翻了预期效用理论中效应仅仅与事件的最后状态（概率分布和时间结果）有关的结论。

判断。在这一阶段中，Kahneman 和 Tversky 改变了传统理论评估总效用的做法，用价值函数和主观概率的权重函数对信息予以评估和判断。

在现实金融市场中，无论是投资者的偏好，还是对收益和风险的预期，甚至在初始的信息收集、整理、简化、分析等阶段都会受到投资者个人情绪情感、认知结构、心理素质、心理情境、外界情境等诸多因素的影响与制约，特别是投资者个人的情绪情感、认知等心理因素。因此，在整个行为决策的形成中，确立目标、收集信息、制订计划、构建决策四个环节在投资者认知环境的制约和调控下相互影响、相互作用于最终的选择，如图 2-2 所示。

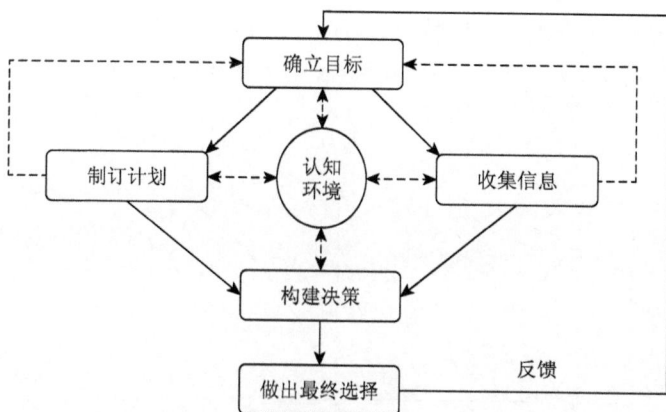

图 2-2　前景理论下的行为决策模型

资料来源：陈庭强和王冀宁，2011

因此，在投资者的风险决策中，投资者自身的认知、情绪和情感、风险态度等因素都会影响其信息的收集、分析、处理、评估和判断，最终在风险决策中会形成一定程度上的偏差或错误。

大量心理学证据也表明，人们在风险决策中的行为心理偏差既受到个体自身各种能力及外部环境的约束，同时也受到个体对风险损失的恐惧的影响。心理学证据表明，人们通常考虑的不是财富的最终状况，而是财富的变化状况。而前景理论一个非常巨大的突破就是用价值函数替换了传统的效用函数，从而将价值的载体落实在财富的改变而非最终状态上。在前景理论中，价值函数具有以下重要特性：

1）对于个人来说，任何情况下收益总是比损失要好，而且收益越大，价值越高（或者损失越小，价值越高）。因此毫无疑问，价值函数应该是一个单调递增的曲线。

2）价值函数是定义在相对于某个参考点的收益和损失，而不是一般传统理论所重视的期末财富。因此，在以参考点为原点，以收益（正轴为收益，负轴为损失）为自变量的坐标图上，价值函数是一条通过原点且单调递增的曲线。

3）根据"反射效应"，价值函数应该是以原点为中心，向收益和损失两个方向偏离的反射形状，也就是呈"S"形。

4）价值函数在损失部分（负轴）上的斜率比收益部分（正轴）上的斜率要大。也就是说，投资者在相对应的收益与损失下，其边际损失比边际收益要敏感，在图形上就表现为损失部分的曲线要陡于收益部分的曲线。心理学证据表明，对财富变化态度的另一个重要特征就是损失的影响要大于收益，损失一单位的边际痛苦大于获取一单位的边际利润，也就是个人有损失趋避（loss aversion）的倾向。

因此，根据价值函数的上述特性，可以得到前景理论下价值函数的"S"形曲线，如图 2-3 所示。

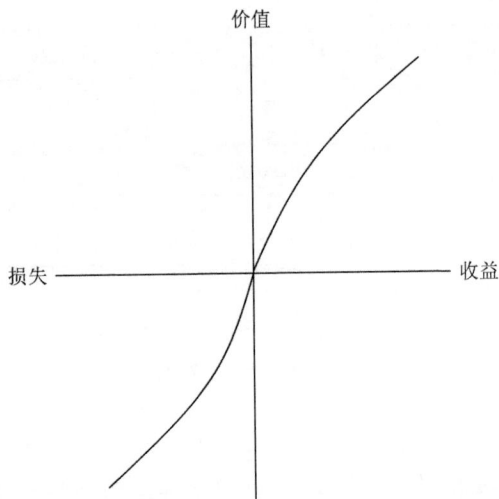

图 2-3　前景理论下行为决策的价值函数曲线

资料来源：Kahneman and Tversky，1979

价值函数中一个非常重要的特点就是参考点（reference point）的存在。图 2-3 中横坐标和纵坐标的交点位置就是参考点，在交点右方是凹函数，左方是凸函数，因此，参考点也就是数学意义上的拐点。人们在评价一个事物或做出一个选择时，总会有意无意地将其与一定的参照物做对比，当对比的参照物不同时，即使相同的事物也会得到不同的结果。因此，参考点作为一种评价标准，它是个人主观确定的，而且会因评价主体、环境、时间等的不同而发生变化。因此，Kahneman 和 Tversky 就指出过，"我们可以通过改变参考点的方法来操纵人们的决策"。参考点的选择有很多，Kahneman 和 Tversky（1979）认为参考点可能会因为投资人对未来财富预期的不同，而有不同的考虑。Barber 和 Odean（2000）也认为除了证券的买价之外，价格的未来走势也会影响参考点的确定。

2.1.2 情绪与态度

投资者情绪理论是由 Lee、Shleifor 和 Thaler 提出的，他们认为，在金融市场中，金融资产的持有者中有一些是噪声交易者，噪声交易者对未来收益的预期很容易受到不可预测的变动的影响。当噪声交易者对收益持乐观态度时，金融资产的交易价格就会上涨，出现相对于金融资产净值的溢价；当噪声交易者对收益持悲观态度时，金融资产的交易价格就会下跌，出现折价。因此，持有金融资产存在两部分风险：金融资产价值的波动风险和噪声交易者情绪的波动风险，投资者持有金融资产比持有金融资产投资组合的风险更大。

投资者情绪是一个内涵复杂且弹性较大的概念，Shleifor 的一系列研究认为行为模型为了做出准确的预测，经常需要详细描述交易者的非理性形式，即人们如何错误地应用贝叶斯法则或违背主观预期效用理论，这个确定交易者如何形成信念和价值的过程被称为投资者情绪。在市场利好消息的作用下，投资个体往往会出现投资者情绪的高涨表现，容易忽略了利空消息。在印花税下调、利率下调等宏观金融政策的利多消息影响下，投资个体往往表现更高涨的投资情绪，而这些情绪通过不同的媒介传播，使高涨情绪向外扩散，使金融市场产生正反馈效应，甚至出现羊群效应，促使投资者追逐的金融资产价格继续上升，在投资者预期增加的情况下，凯恩斯所说的投机性需求进一步增强，这一循环式的刺激使整个市场中的投资达到高潮。当市场中充斥大量的看跌消息时，市场中的一些风险规避型投资者将携带资金撤出市场，这种利空消息再通过媒介扩散，以及正反馈机制，使投资者的低落情绪在市场中蔓延，进而使投机性需求产生萎缩，而且随着投资市场中产生恐慌投资情绪，随后很可能出现大量抛售与市场整体恐慌的局面，使整个资本市场变得不景气，造成投资资产的价格下跌，进而危及实体经济。

2.2 非线性理论与方法

2.2.1 复杂网络理论与方法

2.2.1.1 复杂网络的基本特性

网络是由节点和边构成的集合。复杂网络是由诸多节点和节点之间的连边构成的网络，其复杂性主要体现在节点和连边的数量及属性的复杂性上，它通常是对各类复杂系统和复杂现象的高度概括和抽象。相对于一般网络而言，其复杂性主要体现在以下几个方面（石建军，2009；李守伟等，2011）：①结构复杂，表现在节点数目巨大，网络结构呈现多种不同特征；②网络进化，表现在节点或连接的产生与消失；③连接多样性，节点之间的连接权重存在差异，且有可能存在方向性；④动力学复杂性，节点集可能属于非线性动力学系统；⑤节点多样性，复杂网络中的节点可以代表任何事物；⑥多重复杂性融合，即以上多重复杂性相互影响，导致更为难以预料的结果。

除了上述复杂网络自身所具有的复杂特性以外，复杂网络在时间、空间上还具有动态复杂性，网络行为也具有复杂性。现实生活中的诸多复杂系统都可以通过复杂网络的形式加以抽象、描述、刻画和分析，如交通网络、互联网、投资网络、疾病传播网络等，这些现实中普遍存在的复杂网络现象及其动态演化行为，促使不同学科领域的科研工作者共同致力于复杂网络的描述、分析、模型及算法构建等方面的理论和实证研究。20 世纪末，Watts 和 Strogatz（1998）提出的"小世界网络"及 Barabási 和 Albert（1999）提出的 BA 无标度网络，是复杂网络研究开创新纪元的标志。目前，复杂网络作为研究现实世界中的各种复杂系统及其复杂现象分析的一般方法，已经渗透到统计物理、生物科学乃至人文社会科学等众多领域的研究中，复杂网络的思想和研究方法已经成为整个科学界关注的热点之一。

2.2.1.2　复杂网络的相关概念

近几年，随着复杂网络理论的快速发展及其应用研究在各个领域的逐步渗透和深入，理论界在描述和刻画复杂网络结构统计特征上提出了许多概念和方法，主要如下：

1）度和度分布（degree and degree distribution）。度分布是描述节点属性的一个简单而又重要的概念，也是复杂网络的一个重要统计特征。根据汪小帆等（2006），节点的度指的是与该节点连接的边数。在有向网络中一个节点的度分为出度和入度，节点的出度是指从该节点出发连向其他节点边的数目；节点的入度是指从其他节点出发连向该节点边的数目。度在不同网络中所代表的含义也不同，在社会网络中，度可以表示个体的影响力和重要程度，度越大的个体，其影响力就越大，在整个组织中的作用也就越大，反之亦然。度分布则表示节点度的概率分布函数 $P(k)$，为了减少统计误差和提高拟合精度，对网络度分布一般采用的表达方式是累积分布函数，即 $P(k) = \sum_{k' \geq k} p(k')$。现有研究中，常见的度分布包括：①指数度分布，表现形式为 $P(k) \sim e^{\frac{-k}{\gamma}}$（Watts and Strogatz，1998），即 $P(k)$ 随着 k 的增大以指数形式衰减；②幂率分布，表现形式为 $P(k) \sim k^{-\gamma}$（Barabási and Bonabeau，2003），其中 γ 为度指数，γ

不同的网络，其动力学性质也不同；③幂律加指数截断的度分布的网络，表现形式为 $P(k) \sim k^{-\gamma} \mathrm{e}^{\frac{-k}{\kappa}}$，$\kappa$ 为一个常数（Barabási and Albert，1999），如电影演员合作网络。

2）聚类系数（clustering coefficient）。聚类系数是衡量网络集团化程度的另一个重要参数，即考察连接在一起的集团各自的近邻中有多少是共同的近邻。节点 i 的聚类系数 C_i 描述的是网络中与该节点直接相连的节点间的关联性，即与该节点直接相连的节点间实际存在的边数与最大可能存在边数的比例，其数学形式为 $C_i = \dfrac{E_i}{k_i(k_i-1)/2} = \dfrac{2E_i}{k_i(k_i-1)}$，其中 k_i 表示节点 i 的度，E_i 表示节点 i 的邻居节点之间实际存在的边数。这是由 Watts 和 Strogatz（1998）提出的。由此，网络的聚类系数 C 即为所有节点聚类系数的算术平均，可以表示为 $C = \dfrac{1}{N}\sum_i C_i$。

3）平均路径长度（average path length，APL）。平均路径长度是衡量网络特征的又一个重要变量，它是指网络中任意两个节点之间的平均最短距离。节点间的距离（distance）指的是从一节点到另一节点所要经历的边的最小数目，其中任意两个节点之间距离的最大值称为网络的直径（diameter），记为 D，即 $D = \max\limits_{i,j}(d_{ij})$。在此基础上，对网络中任意两节点之间的最短路径长度进行平均，即可得到整个网络的平均最短路径长度 L，可表示为 $L = \dfrac{2}{N(N-1)}\sum_{i>j} d_{ij}$，其中 d_{ij} 为节点 i 和 j 之间的最短距离，N 为网络的节点数。然而，如果网络是非连通网络（即包含互不连通的子图），那么上述对网络平均最短路径长度 L 的定义是有问题的，因为在这种情况下，有些节点对之间根本就没有通路存在。此时可以采取另一种方法对网络的平均最短距离进行定义，即定义为所有节点对之间的"调和平均"距离 $L = \left(\dfrac{2}{N(N-1)}\sum_{i>j} d_{ij}^{-1}\right)^{-1}$（Newman，2003）。

上述介绍的度分布、聚类系数和平均路径长度是分析网络结构特征的最基本指标。除上述三种基本网络结构特征的统计指标外，还有其他描述网络拓扑结构的特征度量，如介数及其分布、连通分支分布、混合模式、度相关性、簇度相关性等。

2.2.1.3 复杂网络的基本分类[①]

复杂网络模型是现实各类复杂系统与复杂现象的概括、抽象和模拟，为了使模型能够更加真实地反映复杂系统及复杂现象的真实特性，有学者提出了一系列

① 引自汪小帆等于 2006 年出版的《复杂网络理论及其应用》一书。

的理论模型，促使人们从理论上构造复杂网络模型来解释现实复杂系统的统计特性，揭示网络形成的微观动力学机制。其中，具有代表性的复杂网络模型包括规则网络、随机网络、小世界网络、BA 无标度网络、演化网络等。

（1）规则网络

在过去很长一段时间里，人们都认为真实系统各因素之间的关系可以用一些规则网络表示，在规则网络（regular network）中节点之间的边是完全按照确定性的连接规则而生成，如全局耦合网络（global coupled network）、最近邻耦合网络（nearest-neighbor coupled network）、星形耦合网络（star-shaped coupled network）等，如图 2-4 所示。在规则网络中，每个节点具有相同的度和聚类系数，节点的度分布为 δ 函数，即 $P(k)=\delta(k-K)$，K 为某个节点最邻近的节点数；节点聚类系数为 $C=\dfrac{3(K-2d)}{4(K-d)}$（$d$ 为网络维数）。而且，一维规则网络的平均路径长度 L 较大，与节点数呈线性比例关系，即 $L\sim\dfrac{N}{2K}$（N 为网络节点个数）。

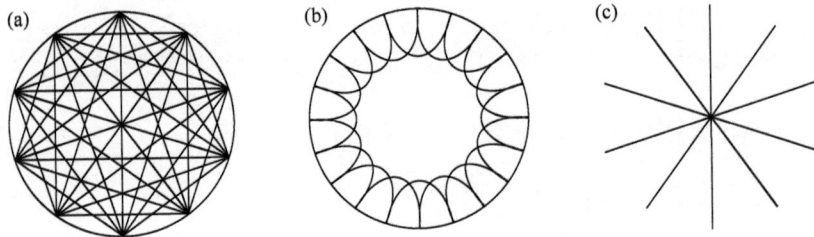

图 2-4　三种常见的规则网络

（a）全局耦合网络；（b）最近邻耦合网络；（c）星形耦合网络
资料来源：汪小帆等，2006

（2）随机网络

随机网络由匈牙利数学家 Erdös 和 Rényi 于 1960 年提出，其经典模型称为 Erdös-Rényi（ER）随机图模型。ER 模型的定义如下：在由 N 个顶点、$C_N^2=\dfrac{N(N-1)}{2}$ 条边构成的图中，随机连接 g 条边形成一随机网络，记为 $G_{N,g}$，由这样的 N 个节点、g 条边组成的网络共有 $C_{\frac{N(N-1)}{2}}^{g}$ 种，构成一个概率空间，每一个网络出现的概率是相等的。

与 ER 模型等价的另一种随机网络模型是二项式模型，其定义如下：给定的节点数目 N 不变，假定任意节点之间有 g 条边连接的概率为 p，形成的网络记为 $G_{N,p}$。这样，整个网络中边的数目是一个随机变量，其期望值为 $p\dfrac{N(N-1)}{2}$。设 G_0

是由节点为 $V_1, V_2, \cdots, V_N$ 且有 g 条边连接组成的一个随机网络，则按上述构造过程，得到 G_0 的概率为 $P(G_0) = p^g(1-p)^{\frac{N(N-1)}{2}-g}$。如果令 $g = pC_N^2$，则两个模型 $G_{N,g}$ 和 $G_{N,p}$ 互相等价，由任一模型得出的结果可以非常容易地推广到另一模型。人们往往根据方便，将两种形式替换使用。

ER 随机图的节点度服从泊松分布，它具有较小的平均路径长度和较小的聚类系数。ER 模型提出后，从 20 世纪 50 年代末到 90 年代末，无明确设计原则的大规模网络主要用这种简单而易于被多数人接受的随机图的拓扑结构进行描述，即认为大规模网络的形成过程中，节点间的连接是完全随机的。在这期间，一些数学家对随机图进行了深入研究，通过严格的数学证明，得到了许多近似和精确的结果。ER 模型的思想支配人们研究复杂网络长达 40 年，直到 20 世纪末计算机数据处理和运算能力的飞速发展，科学家发现大量的现实网络不是完全随机的网络，而是具有其他统计特征的网络。

（3）小世界网络

最早的小世界网络模型是 Watts 和 Strogatz（WS）提出的 WS 网络模型（Watts and Strogatz, 1998），其构建方法如下：

1）首先构造一个一维的，具有 N 个节点，每个节点具有 k 个近邻的最近邻耦合网络。为了使网络连接具有稀疏性，要满足 $N \gg k$。其次，令这条直线首尾相连形成一个环。这样构造的图就具备了高聚类系数的特征。

2）以概率 p 重新随机连接每条边的其中一端节点，重连时保证没有自环和重边产生。重连是指断开某一条边，使边的一端节点与网络中的其他节点连接。这些重连的边称为"长程连接"，长程连接大大减小了网络的平均最短距离，而对网络的聚类系数影响较小。

Watts 和 Strogatz（1998）开创性论文的发表掀起了小世界网络和 WS 模型的研究高潮。在 WS 模型提出不久，Newman 和 Watts（1999）对 WS 模型作了改进，提出了 WS 模型的一个变体模型，通过在随机选择的节点之间增加边作为长程连接，而原始格上的边保持不动。这一模型比 WS 模型容易分析，因为它在形成过程中不会出现孤立的簇，但在 WS 模型中却可能发生这种情况。为进一步研究小世界网络特性，Kleinberg（2000）在二维方格的基础上提出了 WS 网络的一般化模型，其模型的平均路径长度是可调的。虽然许多现实网络都表现出小世界网络特性，但它们的形成机制不尽相同。Ozik 等（2004）提出了地理位置择优连接机制，说明小世界网络的形成是系统增长和局部作用的共同结果；刘强等（2005）通过交叉边的方式探索了一种产生小世界网络特性的新方法。

（4）BA 无标度网络

ER 模型和 WS 模型的度分布与许多现实网络都不相符，用它们描述现实网络，具有很大的局限性，因此科学家只好寻求另一种模型，来更好地描述这些现实网络。Barabási 和 Albert（1999）通过追踪万维网的动态演化过程，发现了许多复杂网络具有大规模的高度自组织特性，即多数复杂网络的节点度服从幂律分布，并把具有幂律度分布的网络称为无标度网络。Barabási 和 Albert 认为，增长和择优连接是无标度网络形成的两种必不可少的机制，这一观点已被学术界普遍接受。BA 无标度网络构建算法如下：

1）增长。从一个具有 m_0 个节点的网络开始，每次引入一个新的节点，并且连接到 m 个已经存在的节点上，其中 $m \geqslant m_0$。

2）优先连接。一个新节点与一个已经存在的节点 i 相连的概率 p_i 与节点 i 的度 k_i 具有如下关系：

$$p_i = \frac{k_i}{\sum_j k_j}$$

因为每个新节点都有 m 个连接，经过 t 步之后，就生成了一个具有 $N = t + m_0$ 个节点和 mt 条边的网络。相应地，网络平均度 $\langle k \rangle = 2m$。同时，数值模拟仿真发现，BA 无标度网络最终演化成标度不变的状态，即节点度服从度指数 $\gamma = 3$ 的幂律分布。

最原始的无标度网络模型称为 BA 模型，它是第一个随机的无标度网络模型。在 BA 模型生成的初始时刻，假定系统中已有少量节点，在以后的每一个时间间隔中，新增一个节点，并与网络中已经存在一定数目的不同节点进行连接。当在网络中选择节点与新增节点连接时，假设被选择的节点与新增节点连接的概率和被选节点的度成正比，人们将这种连接称为择优连接。BA 无标度网络最终演化成标度不变状态，即节点度服从度指数 $\gamma = 3$ 的幂律分布。BA 模型的平均路径长度很小，聚类系数也很小，但比同规模随机图的聚类系数要大，不过当网络趋于无穷大时，这两种网络的聚类系数均近似为零。

（5）演化网络

BA 模型的提出，为人们研究复杂系统提供了新的视角，开创了复杂网络研究的新局面。但与现实网络比较起来，BA 模型仍有明显的缺陷，因为现实网络大都具有很大的聚类系数，而且度分布指数并非只等于 3，而是在 2～3。另外，现实网络在演化过程中，各种精微的变化都有可能影响网络的拓扑，而且不同的现实网络受到如老化、成本、竞争等因素的影响，演化差异很大。因此，对现实网络建立具体的网络模型成为近年来复杂网络研究的热点之一。近年来，人们提出了大量的模型来描述现实网络。通过提出并使用主方程方法，Dorogovtsev 等（2000）给出了一类增长网络模型的精确解。同时，Krapivsky 和 Majumdar（2000）提出了率方程方法，并利用这一方法研究了非线性择优连接对网络动态性及拓扑结构的影响。Amaral 等（2000）通过考虑老化、成本、容量约束等因素，建立了模型来解释一些现实网络偏离幂律分布的行为。Dorogovtsev 等（2000）也讨论了节点老化对网络的影响。此外，其他学者也提出了众多演化机制来分析网络演化。Albert 和 Barabási（2000）提出了扩展的 BA 模型，研究了加边及边的重连对网络拓扑的影响。在 BA 模型中，老节点总是以较大的概率获取新边。然而在许多复杂网络中，节点获得新连接的能力除了与节点度相关外，还与其固有的竞争能力（适应度）有关。适应能力强的节点，可能比那些连接度高但适应度低的节点获得更多的边，从而变成连接度大的节点，这就是所谓的"适者变富"。Yook 等（2001）首次对加权的演化网络理论进行了探讨，他们提出了一个初步的加权网络理论模型，该模型是在无权网络的基础上，按照节点度之间的关系给边赋权值而形成的加权网络。郑大舫等于 2003 年考虑了节点的适应度，给边赋权值时带有一定的随机性。目前，加权网络的研究也受到高度重视。Barrat、Barthélemy 和 Vespignani（BBV）于 2004 年根据国际航空网的统计性质，提出了著名的 BBV 模型，掀起了加权网络的研究热潮。实际上，在复杂的现实世界中，权值的影响因素很多，而且权值在网络的演化过程中可能会改变，其动态演化过程甚至与网络拓扑演化一样复杂，其研究还处在萌芽阶段。

2.2.2 平均场理论与方法

在网络演化的研究中，统计物理学方法被广泛引入，而其中的平均场理论对研究复杂网络系统的演变起到了重要作用。平均场理论是一种研究系统热力学性质的近似的数学处理方法，其基本思想是在空间涨落可以忽略的情况下，对于系统的序参量，可以用它相应的平均值来近似表示，将序参量看成在空间上没有涨落的常数，基于这种假设的前提来突出和分析系统动力学的行为性质，从宏观层次上发现影响系统整体行为的关键因素。本节主要对连续相变的平均场理论与方法和流行病传播的平均场理论与方法进行简要介绍和梳理。

（1）连续相变的平均场理论与方法

平均场理论是伴随连续相变的研究发展起来的，常见的一级相变的一个特征是具有两相共存的临界变化阶段，另一个特征是相变时有一些物理量会发生突变；而二级相变或"连续相变"则不可能有两相共存，任何物理量也不会发生突变。相变在驱动参量达到一个临界值时，在物质各处同时突然发生，所以也称为"临界现象"。在连续相变的研究中，平均场理论是比较早地被运用来解释连续相变序参量标度律的统计物理学工具，其中影响最大的是苏联科学家朗道于 1937 年建立的连续相变理论。

以广义的序参量随驱动量变化的幂律为标志的临界现象涉及更为广泛的领域，广义的序参量随驱动量变化的幂律具有跨越平衡-非平衡边界的普遍规律。为了从理论上导出序参量规律，首先要选择一个描述系统状态的热力学函数，它能够体现"分子之间的相互作用的总体效果"，被称为"热力学势"。朗道理论的核心假设是选择"系统自由能 $F(T,\mu)$"作为热力学势,且其在相变临界点附近可以展开为序参量 μ 的幂级数,即

$$F(T,\mu) = F_0(T_c) + \frac{1}{2}a(T_c)\mu^2 + \frac{1}{4}b(T_c)\mu^4 + \cdots \qquad (2-1)$$

式中,T 为气体绝对温度;T_c 为相变的临界参量值;a 和 b 为参数。

如果不区别 μ 的正负取值,式(2-1)中所有的奇次幂的系数应该为零。只是自由能可能变化为其他形式的热力学势。因此,取热力学势,并且假设它在相变临界点附近可以展开为序参量 μ 的幂级数,然后在解析讨论中舍去小量做近似,即平均场思想的集中体现。因此,应用连续相变平均场方法的步骤如下:

1)引入一个标志"相对无序"向"相对有序"变化的(从零值向非零值变化的)序参量;

2)把复杂的微观基本单元之间的相互作用和外界作用简化为一个"平均后的场(热力学势)";

3)讨论这个平均后的场(热力学势)对热力学相变驱动参量的光滑性、对称性、可展开性;

4)把这个平均后的场(热力学势)对热力学相变驱动参量展开,取近似,由此讨论相变的序参量对热力学相变驱动参量的关系式,特别是标度因子。

(2)流行病传播的平均场理论与方法

虽然早在 19 世纪 40 年代就有学者尝试运用简单的数学模型来建立流行病传播的模型,并进行流行病传播预测,然而直到 20 世纪 40 年代以后以微分方程为主的流行病传播模型才开始受到重视,其中最有影响的为 SIR 模型(susceptible infected removal model)和 SIS 模型(susceptible infected susceptible model)。其中,SIR 模型将人群分为 3 组:未患病但可感染(susceptible)、已患病且可传染别人(infected)、治愈且终生免疫(recovered)(Bailey,1975)。

虽然连续相变是一个理想的平衡过程,但是大多数广义相变是远离平衡的,如流行病的全局传播、生物体集群运动等。因此,广义的序参量随驱动量变化的幂律具有跨越平衡−非平衡边界的普遍规律。例如,在流行病停止流行的状态时,患者的"密度" $\rho = 0$,系统相对无序;而在流行病正在流行状态时 $\rho > 0$,系统相对有序,所以可以把 ρ 定义为广义的序参量。对于流行病的传播,大量的实验和理论结果都证明存在一个传播速率 λ 的阈值 λ_c,只有在 $\lambda - \lambda_c > 0$ 时,流行病才能全局传播,因此可以把 $\lambda - \lambda_c$ 定义为热力学驱动量。由此可见,上述关于传播问题的描述主要是运用平均场近似方法来构建平均场方程,然后在一定条件下求解获得。

由于平均场方法的核心思想是把相互作用的总体效果等价于一个"平均场",不去计算局部的、处处不同的相互作用情况。流行病的传播过程中显然充满了基本单元周围局部信息的影响。平均场方法的思想就是抛开这些具体细节,仅仅考虑全

局的、平均的传播可能性，也就是仅考虑被看作常参量的传播概率或者传播速率 λ 及康复概率 γ。可见，传统 SIR 和 SIS 模型就是流行病传播的平均场方程。

2.2.3 时滞微分方程

20 世纪以来，自然科学与社会科学研究提出了大量的时滞问题。大量的研究表明，系统的演化动态不仅依赖于系统当前的状态，还依赖于系统历史的状态。在现实世界中的各类系统中时滞是不可避免的，即使是以光速传递的信息系统也依然存在大量的时滞问题。

2.2.3.1 时滞微分方程的数学形式

在数学中，时滞微分方程（delay differential equations）也称差分微分方程，是泛函微分方程的一种特殊形式，也是一类微分方程，其未知函数的确定时刻的导数由先前时刻函数所决定。时滞微分方程的一般形式为

$$y'(t) = f(t, x_1(t, y(t)), \cdots, x_m(t, y(t))), \quad t \geqslant t_0 \tag{2-2}$$

式中，y 和 f 是 n 维向量函数；时滞函数 $x_k(t, y(t))$ 满足 $x_k(t, y(t)) \equiv t - \tau_k(t, y(t)) \leqslant t$，$1 \leqslant k \leqslant m$，非负函数 $\tau_k(t, y(t))$ 为与时间和状态相关的滞量。在现有关于时滞微分方程的研究中，时滞微分方程通常以下面的形式出现，即

$$x'(t) = f(t, x(t), x(t - \tau_1), \cdots, x(t - \tau_k)) \tag{2-3}$$

式中，$x(t) \in R^n$ 表示系统状态；$\tau_1, \cdots, \tau_k$ 表示系统的时滞。系统在初始时刻 t_0 的初始状态为

$$x(t) = \phi(t), \quad t \in [t_0 - \overline{\tau}, t_0] \tag{2-4}$$

式中，$\overline{\tau} = \max\{\tau_i, 1 \leqslant i \leqslant k\}$；$\phi(t)$ 是区间 $[-\overline{\tau}, 0]$ 上的连续函数。

2.2.3.2 时滞微分方程的 Hopf 分岔及其周期解

时滞常常会导致系统失稳，产生各种形式的分岔及混沌现象，其中 Hopf 分岔是最普遍的，它是定常态通向动力学的门槛，随着参数的变化，会有一族周期解在 Hopf 分岔点处从平衡解分岔出来，它提供了系统周期解的初始值信息。因此，一般的周期解研究离不开 Hopf 分岔点的研究。周期解是时滞动力系统中的重要组成部分，周期现象在自然界中是普遍存在的（郭谦，2003）。考虑单参数的时滞微分方程：

$$x'(t) = A(\theta)x(t) + B(\theta)x(t - 1) + f(x(t), x(t - 1), \theta), \quad t > 0 \tag{2-5}$$

式中，A 和 B 为参数 θ 的矩阵；$f(t, x, \theta): R^n \times R^n \times R \to R^n$，存在 θ^* 及其邻域 $\delta(\theta^*)$，

满足 $f(0,0,\theta)=0$，$D_t f(0,0,\theta)=0$，$D_x f(0,0,\theta)=0$，$\forall \theta \in \delta(\theta^*)$，式（2-5）可以改写为

$$x'(t)=L_\theta x_t + f(x_t,\theta) \tag{2-6}$$

式中，$L_\theta : G([-1,0],R^n) \to R^n$。

根据 Riesz 定理，存在分量均为有界变差函数的 $n \times n$ 矩阵：

$$\psi(\cdot,\theta):[-1,0] \to R^n \tag{2-7}$$

使得对所有的 $\phi \in G([-1,0],R^n)$，都有

$$L_\theta \phi = \int_{-1}^{0} \mathrm{d}\psi(\varphi,\theta)\phi(\theta) \tag{2-8}$$

则时滞微分方程（2-5）的特征方程为

$$\det(\lambda I - A(\theta) - B(\theta)\mathrm{e}^{-\lambda})=0 \tag{2-9}$$

如果时滞微分方程（2-5）的解满足下列条件：

1）存在 θ^* 及其邻域 $\delta(\theta^*)$，使得方程（2-9）有一对简单的共轭复根，记为

$$\lambda(\theta)=\varphi(\theta)\pm\mathrm{i}\omega(\theta)，\forall \theta \in \delta(\theta^*) \tag{2-10}$$

并且所有其他根都有严格的负实部；

2）$\varphi(0)=0$，$\omega(0)=\omega_0 > 0$；

3）$\varphi'(0) \neq 0$。

则称当参数 θ 历经 θ^* 时，时滞微分方程（2-5）在 0 处产生一个 Hopf 分岔。

根据分岔理论可知，如果时滞微分方程（2-5）发生 Hopf 分岔，那么参数 θ 在分岔点 θ^* 的邻域 $\delta(\theta^*)$ 内时，时滞系统平衡点的稳定性会发生改变，并在平衡点的小邻域内产生周期解。

2.2.3.3　时滞微分方程的数值计算

时滞的存在带来了微分方程的特殊性质，Hopf 分岔与周期解不能用现有的解析方法进行求解与分析。目前主要通过数值计算方式来分析时滞微分方程的 Hopf 分岔及其周期解，相应的方法主要包括：①转化为相应的庞加莱映射不动点问题再利用打靶法求解（Luzyanina et al., 1997；Engelborghs et al., 1999）；②分段多项式配点法（Engelborghs et al., 2000）；③Runge-Kutta 方法（Hairer et al., 1990；Iserles and Nϕrsett, 1990；Stuart and Peplow, 1991；Bountis, 1998；Jackiewicz et al., 1997；Hout and Lubich, 1998）和 θ- 方法（Torelli, 1989；Liu and Spijker, 1990）。

2.2.4　非线性动力学

非线性科学以非平衡、不规则、不可逆、不确定等复杂现象和系统为对象，

使真实的世界图景成为实际的研究目标（昌忠泽，2006）。随着非线性科学的快速发展，非线性科学的概念、思想及研究方法已逐步渗透到包括人文社会科学在内的众多领域，成为分析和研究各种复杂系统的一种基本工具。非线性动力学以处于极小和极大之间的复杂系统为研究对象（陈平，2004），以非线性思维研究系统的复杂性：若干子系统作为要素结合到一起时，对整个系统的作用不是简单地线性相加，而是相互间存在复杂的相干与耦合作用，从而使系统产生质变，表现出单个子系统不具有的性质和特点。它旨在分析和解释复杂系统的非线性动态现象，发现非线性机制的若干普遍特点，从而大大加深了人们对现实世界的了解（陈平，2004）。

近 20 年来，非线性动力学在理论和应用方面取得了很大进展，越来越多的学者借助非线性动力学的观点和思想来思考、分析各类复杂问题，采用非线性动力学的理论和方法对包括人文社会科学在内的诸多领域中的复杂系统进行非线性建模，预测其长期的动力学行为，深入分析非线性系统呈现出的分岔、混沌、分形、孤立子等复杂非线性动力学现象，揭示其内在的规律性，提出改善系统品质的控制策略（杨绍普等，2011）。下面将对本书用到的非线性动力学理论、方法及相关概念进行梳理。

2.2.4.1　非线性动力系统的一般模型

（1）一维动力学系统

设 $\phi(t)$ 为下面微分方程的初始值问题：

$$\begin{cases} \dot{x} = f(x(t)) \\ x(0) = x_0 \end{cases} \quad t \in R，\ x \in R^n \tag{2-11}$$

式中，$f(x(t))$ 是 x 和 t 的一个非线性函数。则微分方程（2-11）的解不仅是时间的函数，而且也是初始值的函数，即微分方程（2-11）的解随着初始值的改变而改变。因此，可以将其解记为 $\phi(t, x_0)$。

当 x_0 是 R^n 中的某一点，则 $\phi(t, x_0)$ 代表微分方程（2-11）的一条解轨线，而 $\{\phi(t, x_0) | x_0 \in D, D \in R^n\}$ 则代表微分方程（2-11）的一族解轨线。若将 ϕ 看成是一个映射，即

$$\phi:\ R \times R^n \to R^n$$
$$(t, x_0) \mapsto \phi(t, x_0)$$

若映射 ϕ 满足：

$$\begin{cases} \phi(0, x_0) = x_0 \\ \phi(s + t, x_0) = \phi(s, \phi(t, x_0)) \end{cases}$$

则称 ϕ 是 R^n 上的一个动态系统。直观地说，ϕ 是 R^n 上的一族轨线。换句话说，微分方程（2-11）就是一个一维非线性动力学系统。

（2）二维动力学系统

对于一个平面上的微分方程组：

$$\begin{cases} \dot{x} = f(x(t), y(t)) \\ \dot{y} = g(x(t), y(t)) \end{cases} \tag{2-12}$$

式中，$\{f(x,y)$、$g(x,y) \in C^o(D)$，$D \subset R^n$ 为平面区域。因此，微分方程组（2-12）也称二维非线性动力学系统。

对于非线性动力学系统的维数，一般是由一阶非线性微分方程的个数来决定的。对于上述非线性动力学系统，如果自变量函数中同时含有 t 和 $t-\tau$ 的某种形式，则上述非线性动力学系统就转变为非线性时滞动力学系统。

2.2.4.2　向量场

考虑定义在 n 维欧几里得空间 R^n 中的区域 D 上的一阶微分方程组：

$$\dot{x} = f(x), \quad x \in D \subset R^n, \quad t \in R$$

其中，f 不显含时间变量 t，这种系统称为自治系统。

显然，当 $x \in R^n$ 时，$f(x) \in R^n$ 是一个向量，代表了动点在平面上 (x_1, x_2) 点处沿着方程解轨线的方向。因此，可以在平面上的每一点画出 f 的矢量方向。从而，对于给定的初始值，从初始点沿着矢量方向画出满足微分方程初始值问题的解轨线。因为 $f(x_1, x_2)$ 在整个平面上有定义，所以称 $f(x_1, x_2)$ 是向量场。

2.2.4.3　庞加莱映射

如果在相空间中作一个平面 S，则轨线与平面 S 相交时的时间及交点构成一个序列：

$$(t_0, P_0), (t_1, P_1), (t_2, P_2), \cdots, (t_n, P_n), \cdots$$

构成一映射，使得

$$P_{n+1} = \phi(t_n, P_n)$$

这是一个离散映射，也称为庞加莱（Poincaré）映射，平面 S 称为庞加莱截面。如果满足群的条件，则称其是一个离散动态系统。离散动态系统是对连续动态系统进行离散化而得到的。

2.2.4.4 动态系统解的形态

对于动态系统解的状态或趋势的研究主要是为了分析当 $t \to \pm\infty$ 时动态系统的运动行为。动态系统解的最终形态通常有：①平衡点；②周期解；③拟周期解；④混沌解。

（1）平衡点

对于微分方程：

$$\dot{x} = f(x), \quad x \in R \tag{2-13}$$

如果存在 $\bar{x}$，使得 $f(\bar{x}) = 0$ 成立，则 $x = \bar{x}$ 是微分方程的一个平凡解，也称系统的一个平衡点。在相空间中，平衡点是一个不动点。当方程的初始值在平衡点时，则解的初始值在平衡点的位置上，而当初始值在平衡点附近时，由初始值问题解的存在性与唯一性可知，相空间中的解轨线或者远离平衡点，或者逼近平衡点，但不会通过平衡点。

（2）周期解

对于微分方程（2-13），如果存在解 $x = \phi(t)$，并存在一个常数 T 使得 $\phi(t + T) = \phi(t)$ 成立，则称 $x = \phi(t)$ 是周期的。显然，周期解在相空间中是一个封闭曲线。

（3）拟周期解

当动态系统具有如下形式时：

$$\begin{cases} x_1 = (K + k\cos 10\sqrt{2}t)\cos t \\ x_2 = (K + k\cos 10\sqrt{2}t)\sin t \\ x_3 = k\sin 10\sqrt{2}t \end{cases} \tag{2-14}$$

则动态系统解轨线在三维相空间中的圆环上，并且不是封闭曲线，即不是周期解。但解轨线几乎处处遍历圆环上的任一点，如果对圆环横截一个庞加莱截面，则截面上的解轨线是一条封闭轨线。在微分方程中称这类解为拟周期解。

（4）混沌解

设 (X, f) 是一个离散动力系统，其中 X 是一个完备的尺度空间，f 是 X 到自身的同胚：$x_{n+1} = f(x_n)$，即 X 与 $f(X)$ 是一一对应的。对于混沌，现有的定义主要包括：①在 Bernouilli 意义下的混沌定义；②在投硬币意义下的混沌定义；③在 Devaney 意义下的混沌定义；④在 Li-Yorke 意义下的混沌定义。下面主要介绍在 Li-Yorke 意义下的混沌定义。

设系统 (X, f) 有一个不可数的子集 $M \subset X$，使得

1）M 是一个不变子集，$M = f^k(M)$，$k = 1, 2, 3, \cdots$；

2）对于每一对点 $x, y \in M$，有极限 $\liminf\limits_{n \to \infty} d(f^n(x) - f^n(y)) = 0$，其中 $d(f^n(x) - f^n(y))$ 表示两条轨道之间的距离，极限为零表示两条轨道可以充分接近；

3）存在 $\delta > 0$，使得对每一对点 $x, y \in M$，$x \neq y$ 有极限 $\limsup\limits_{n \to \infty} d(f^n(x) - f^n(y)) > \delta$。该极限表示两条轨道不能一直保持接近，经常要分离。

满足以上三个条件的轨道序列 $\{x^n\}$ 称为混沌轨道序列，对应的系统也称为 Li-Yorke 系统。

2.2.4.5　Logistic 映射

对于一个实函数 $f(x)$ 的自身迭代：

$$x, f(x), f(f(x)), f(f(f(x))), \cdots \tag{2-15}$$

是一个实数序列。一维空间的点的连续映射就是这个实数序列，通常记为

$$x_{n+1} = f(x_n, \lambda), \quad n = 1, 2, 3, \cdots \tag{2-16}$$

式中，λ 是系统的控制参数。假设这个离散系统的轨道的点集序列为 $\{x_1, x_2, x_3, \cdots, x_n\}$，如果这个点集序列具有以 N 为周期的循环特征，即 $x_{N+k} = x_k$，则称此轨道为周期轨道。在控制参数 λ 的影响下，平衡点与不动点都是不稳定的，会出现周期 2 解，周期 4 解，$\cdots$，周期 n 解。由周期 2 解变为周期 4 解的 λ 值称为分岔值，而一系列倍周期变化称为倍周期分岔（period-doubling bifurcation）。根据 Li-Yorke 的混沌定义及 Wilson 和 Rugh（1981）、Wiggins（1990）、Seydel（1998）等的研究，如果动态系统存在一系列的倍周期分岔现象，那么倍周期分岔将会走向混沌。

2.3　随机占优理论与方法[①]

2.3.1　随机占优理论

随机占优（stochastic dominance，SD）的概念最早是由 Quirk 和 Saposnik 于 1962 年明确提出的，他们将其与传统期望效用原理联系起来。从此，随机占优理论成为继期望效用理论之后的又一种风险决策方法，是一种被普遍认可的决策分析工具，通常被用来分析不确定性情况下经济行为主体如何进行行为决策。随机占优是一种非参数决策分析方法，通过对各种可选择的结果及与这些结果对应的客观概率的研究来筛选那些不占优的方案，进行风险决策选择。随机占优的相关研究最早可追溯到 Karamata（1932），然而直到 20 世纪 60 年代末 70 年代初经过

---

① 引自何建敏等于 2012 年出版的《金融市场中传染风险建模与分析》一书。

Hadar 和 Russel（1969）、Hanoch 和 Levy（1969）、Rothschild 和 Stiglitz（1970）三篇文献的深入研究，这一理论才引起人们的重视。特别是在 70 年代，涌现出大量针对随机占优理论及其应用的研究文献，提出了三阶随机占优准则、展望随机占优准则等决策方法，其中最有代表性的是 Fishburn（1976）将随机占优的概念推广到任意高阶。下面，本书将分别对传统随机占优准则和展望随机占优准则（prospect stochastic dominance，PSD）进行简要归纳和阐述。

（1）传统随机占优准则

假定以随机变量 X 代表组合的收益或损失（正值代表收益，负值代表损失），其分布函数为 $F_X(x) = P\{X \leqslant x\}$，密度函数为 $f_x(x)$。记 $F_X^{(1)}(x) = F_X(x)$，Yamai 和 Yoshiba（2002）给出了 n 阶（分布）函数的定义：

$$F_X^{(n)}(x) = \int_{-\infty}^{x} F_X^{(n-1)}(u)\mathrm{d}u , \quad n = 2,3,4,\cdots$$

n 阶分布函数 $F_X^{(n)}(x)$ 与下偏矩（Lower partial moment，LPM）关系密切，证明如下所示：

$$F_X^{(n)}(x) = \frac{1}{(n-1)!} \int_{-\infty}^{x} (x-u)^{u-1} f_X(u)\mathrm{d}u$$

即为

$$F_X^{(n)}(x) = \frac{1}{(n-1)!} \rho_X(n-1,x)$$

式中，$\rho_X(n-1,x)$ 表示目标收益率为 x，阶数为 $n-1$ 的 LPM。

定义 2.1：如果对任意 $u \in R$，有

$$F_{X_1}(u) \leqslant F_{X_2}(u) \tag{2-17}$$

则称随机变量 X_1 一阶随机占优于随机变量 X_2，记为 $X_1 \succeq_{\mathrm{FSD}} X_2$。

在定义 2.1 的基础上，如果至少存在一个 $u \in R$，使得不等式（2-17）严格成立，则称 X_1 严格一阶随机占优于 X_2，记为 $X_1 \succ_{\mathrm{FSD}} X_2$。显然

$$X_1 \succ_{\mathrm{FSD}} X_2 \Leftrightarrow X_1 \succeq_{\mathrm{FSD}} X_2 \text{ 且 } X_2 \npreceq_{\mathrm{FSD}} X_1$$

如果 X_1 一阶随机占优于 X_2，则非满足的投资者将选择 X_1。显然，一阶随机占优仅考虑了投资者的非满足性，但未考虑投资者对高风险的态度。

定义 2.2：如果对任意 $u \in R$，有

$$F_{X_1}^{(2)}(u) \leqslant F_{X_2}^{(2)}(u) \tag{2-18}$$

则称随机变量 X_1 二阶随机占优于随机变量 X_2，记为 $X_1 \succeq_{\mathrm{SSD}} X_2$。

同样，可以定义严格的二阶随机占优关系。$X_1 \succ_{\mathrm{SSD}} X_2$ 的充要条件是 $X_1 \succeq_{\mathrm{SSD}} X_2$ 且 $X_2 \npreceq_{\mathrm{SSD}} X_1$。

二阶随机占优为那些非满足的风险厌恶者提供了不确定条件下的决策准则。

如果 X_1 二阶随机占优于 X_2，则非满足的风险厌恶者将选择组合 X_1。可见，与一阶随机占优相比，二阶随机占优考虑了风险因素。

一阶随机占优和二阶随机占优给出的排序是一种半序，因此不能对所有的资产组合进行排序。当组合不能根据一阶或二阶随机占优排序时，可以考虑更高阶的随机占优关系。

定义 2.3：如果对任意 $u \in R$，有

$$F_{X_1}^{(n)}(u) \leqslant F_{X_2}^{(n)}(u)，\quad n \geqslant 3 \tag{2-19}$$

则称随机变量 X_1 为 n 阶随机占优于随机变量 X_2，记为 $X_1 \succeq_{\mathrm{SD}(n)} X_2$。

同样，可以定义严格的 n 阶随机占优关系。$X_1 \succeq_{\mathrm{SD}(n)} X_2$ 的充要条件是

$$X_1 \succeq_{\mathrm{SSD}(n)} X_2 \text{且} X_2 \not\succeq_{\mathrm{SSD}(n)} X_1$$

需要指出的是，三阶及三阶以上的随机占优给出的排序依然是半序，不能对所有的组合排序。

基于上述对随机占优给出的基本定义，下面以定理的形式给出两个重要结论。

定理 2.1：如果 $X_1 \succeq_{\mathrm{SD}(n)} X_2$，则 $X_1 \succeq_{\mathrm{SD}(n+1)} X_2$。

定理 2.1 表明，X_1 若 n 阶随机占优于 X_2，则在更高阶数上都有 X_1 随机占优于 X_2。

定理 2.2[①]：$X_1 \succeq_{\mathrm{SD}(n)} X_2$ 的充要条件是对所有满足 $(-1)^k U^{(k)}(x) \leqslant 0$ 的效用函数 $U(x)$（其中，$k = 1, 2, \cdots, n$，且对任一 x，至少存在一个效用函数使得不等式关系严格成立），有 $E(U(X_1)) \geqslant E(U(X_2))$。

定理 2.2 表明，随机占优关系与期望效用理论关系密切。在以上定义的随机占优准则中，一阶随机占优和二阶随机占优是最常见的随机占优关系，三阶随机占优关系也比较常见。但是，随着阶数的增加，随机占优关系的经济函数含义将不断下降。在现有大多数研究中所采用的随机占优准则主要有三种：一阶随机占优（first order stochastic dominance，FOSD）、二阶随机占优（second order stochastic dominance，SOSD）和三阶随机占优（third order stochastic dominance，TOSD），而且二阶随机占优准则和三阶随机占优准则在一定程度上缓解了一阶随机占优准则条件的严格性。因此，三种随机占优准则之间的联系为

$$\text{FOSD} \subseteq \text{SOSD} \subseteq \text{TOSD}$$

因而，如果证明了一阶随机占优的存在性，就说明存在二阶随机占优和三阶随机占优。随机占优的成立只需对投资者的效用函数做以下假设：一阶随机占优要求经济行为主体的目标是效用最大化，而且经济行为主体是理性的；二阶随机

---

① 引自 Levy 和 Wiener 于 1998 年发表的 *Stochastic dominance and prospect dominance with subjective weighting functions* 一文。

占优要求经济行为主体不仅是理性的，而且是风险厌恶的；三阶随机占优要求经济行为主体不仅是理性的和风险厌恶的，而且这类经济行为主体的绝对风险厌恶系数是递减的。

如果行为决策方案中存在随机占优，经济行为主体持有占优资产预期效用要求会更高，因此理性经济行为主体不会持有不占优的资产。此外，直接从效用函数分析，如果资产 X 对资产 Y 是一阶随机占优的，则说明无论在什么情况下，经济行为主体投资 X 的收益都不低于投资 Y 的收益，此时会有无风险的投资利益机会存在。

（2）展望随机占优准则

Tversky 和 Kahneman 于 1992 年提出的累积展望理论的主要内容是对于赢得大多数人是风险厌恶的，对于损失大多数人是风险追求的，因而具有 S-型价值函数。

$$\begin{cases} U'>0, U''\leqslant 0 & x>0 \\ U'>0, U''\geqslant 0 & x<0 \end{cases}$$

式中，x 为财富的变化量；U' 为期望效用的一阶导数；U'' 为期望效用的二阶导数。

由此可见，二阶随机占优准则不适用于累积展望理论。因此，Levy 和 Wiener（1998）提出了展望随机占优准则。

定理 2.3：如果 F 和 G 是两个不确定选择的累积分布函数，对于满足 $U'>0$，$U''\geqslant 0$ 的所有效用函数 F 优于 G 的充要条件是

$$\int_x^\infty [G(t)-F(t)]\mathrm{d}t \geqslant 0$$

这就是理论研究中经常采用的二阶随机占优准则。

定理 2.4：如果 F 和 G 分别是两个不确定选择的累积分布函数，对于满足 S-型价值函数的所有效用函数 F 优于 G 的充要条件是

$$\int_y^x [G(t)-F(t)]\mathrm{d}t \geqslant 0$$

定理 2.4 所对应的就是展望随机占优准则。

2.3.2　随机占优准则的基本性质[①]

上面给出了随机占优准则的基本内涵，为进一步了解随机占优准则的内在特征，下面不加证明地给出随机占优准则 $F_X(u)$ 和 $F_X^{(2)}(u)$ 的基本性质。假设 $E|X|<\infty$，则 $F_X^{(2)}(u)$ 服从以下几条基本性质。

---

① 引自 Ogryczak 和 Ruszczyfiski 于 1999 年发表的 *From stochastic dominance to mean-risk models：Semideviations as risk measures* 一文。

性质 2.1：$F_X^{(2)}(u)$ 是 u 的非负、非递减、连续及凸的函数；

性质 2.2：如果 $F_X(u^0) > 0$，则对于所有 $u \geqslant u^0$，$F_X^{(2)}(u)$ 是严格递增的；

性质 2.3：$F_X^{(2)}(u) = \int_{-\infty}^{u} (u-v) f_X(v) \mathrm{d}v = P\{X \leqslant u\} \cdot E(u-X \mid X \leqslant u)$；

性质 2.4：$\lim\limits_{n \to -\infty} F_X(u) = 0$；

性质 2.5：$F_X^{(2)}(u) - (u - \mu_X) = P\{X \geqslant u\} \cdot E(X - u \mid X \geqslant u)$；

性质 2.6：$F_X^{(2)}(u) - (u - \mu_X)$ 是 u 的非负、非递减、连续及凸的函数；

性质 2.7：$\lim\limits_{n \to \infty}[F_X(u) - (u - \mu_X)] = 0$；

性质 2.8：若 $E(X^2) < \infty$，则有 $\int_{-\infty}^{u} F_X^{(2)}(v) \mathrm{d}v = \frac{1}{2} P\{X \leqslant u\} \cdot E[(u-X)^2 \mid X \leqslant u]$ 和

$\int_{u}^{\infty}[F_X^{(2)}(v) - (v - \mu_X)]\mathrm{d}v = \frac{1}{2} P\{X \geqslant u\} \cdot E[(u-X)^2 \mid X \geqslant u]$ 两式同时成立。

根据性质 2.1、性质 2.3 及性质 2.5，$F_X^{(2)}(u)$ 以 $g(u) = 0$ 和 $g(u) = u - \mu_X$ 为渐近线，如图 2-5 所示。Ogryczak 和 Ruszczyfiski（1999）把描述 $F_X^{(2)}(u)$ 的图形称为 O-R 图（outcome-risk diagram）。如果 X 是确定性收益 μ_X，则 $F_X^{(2)}(u)$ 与其渐近线重合。如果 X 是期望收益为 μ_X 的随机变量，则 $F_X^{(2)}(u)$ 位于其渐近线的上方，并且 $F_X^{(2)}(u)$ 与其渐近线所围空间的大小代表了 X 的离散程度。Ogryczak 和 Ruszczyfiski（1999）将 $F_X^{(2)}(u)$ 与其渐近线所围成的空间称为离散空间（dispersion space），也称主离散空间（primal dispersion space），其垂直方向的直径可定义为

$$d_X^{\mathrm{OR}}(u) = \min\{F_X^{(2)}(u), F_X^{(2)}(u) - (u - \mu_X)\}$$

$d_X^{\mathrm{OR}}(u)$ 值越大，随机变量 X 的离散程度就越高。

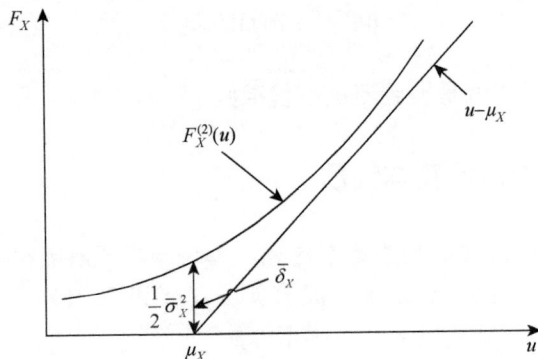

图 2-5　随机占优准则示意图 I

资料来源：Ogryczak and Ruszczyfiski，1999

当 $u = \mu_X$ 时，有 $F_X^{(2)}(\mu_X) = E[\max(\mu_X - X, 0)] = \bar{\delta}_X$。因此，绝对半离差可作为离散空间的一种度量。根据性质2.8，X 的方差可表示为

$$\sigma_X^2 = 2\int_{-\infty}^{\mu_X} F_X^{(2)}(v)\mathrm{d}v + 2\int_u^\infty [F_X^{(2)}(v) - (v - \mu_X)]\mathrm{d}v$$

因此，X 的方差 σ_X^2 是 $F_X^{(2)}(u)$ 与其渐近线所围面积（图2-6中的区域 A 和区域 B）的两倍，从而再次验证了方差是对 X 的离散程度的一种度量，并且充分度量了 X 相对于均值的离散程度。因此，X 的半方差可表示为

$$\bar{\sigma}_X^2 = 2\int_{-\infty}^{\mu_X} F_X^{(2)}(v)\mathrm{d}v$$

可见，半方差 $\bar{\sigma}_X^2$ 是区域 A 所包含面积的两倍，区域 A 被称为下行离散空间（downside dispersion space），因此，$\bar{\sigma}_X^2$ 充分度量了随机变量 X 相对于均值的下偏离程度。

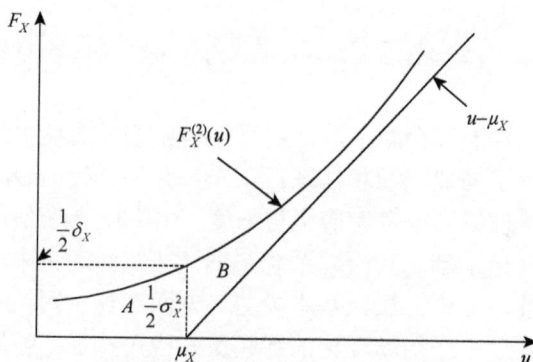

图2-6 随机占优准则示意图 II

资料来源：Ogryczak and Ruszczyfiski，1999

2.4 熵空间理论与方法[①]

信息熵作为系统中不确定性的度量，在空间交互理论研究中得到了广泛应用，形成了熵空间交互理论，并成为分析复杂系统不确定性和地域间物质交互流动与分配的一种有效工具（Clarke et al.，1998；Celik and Guldmann，2007；O'Kelly，2010）。目前已被广泛应用到经济主体的空间位置和信息流动对经济系统影响的理论研究中，成为空间经济理论中一个有效的分析工具。基于熵空间交互理论，

[①] 具体方法引自 Wilson 于 2010 年发表的 *Entropy in urban and regional modelling*：*Retrospect and prospect* 一文和 Gordon 于 2010 年发表的 *Entropy，variety，economics，and spatial interaction*。

Gordon（2010）提出了经济原则和随机效用最大化的熵空间交互模型，Wilson（2010a）提出了一个新的框架来构建空间交互作用和多区域相关位置的熵空间交互模型。熵空间交互理论的内在机理与信用风险传染的交互作用和扩散机制具有内在的相似性，因而也被引入信用风险传染的理论分析。例如，Barro 和 Basso（2010）提出了公司网络相互依存条件下银行投资组合的熵空间交互模型，描述银行信贷组合中的违约风险传染效应。在上述研究中，熵空间模型主要被用来刻画和分析地域间，以及经济行为主体间的经济行为及其影响因素。现有研究主要通过经济网络中经济主体间的空间距离矩阵和网络节点权重分配的有效信息，最大化系统的信息熵来获得熵空间模型。但是，熵空间交互理论在经济和金融领域的应用还处于起步阶段，对应的熵空间建模还限于构建模型框架阶段，虽然 Wilson（2010a ）、Barro 和 Basso（2010）对熵空间交互理论在金融风险传染中进行了尝试性的推广和应用，但对经济主体的风险偏好和异质性、地理区位的异质性等要素却没有给予充分的考虑和结合。

2.5　本　章　小　结

本章为第 3～7 章展开金融市场信用风险传染的非线性机制及其演化模型研究的理论和方法进行了简要归纳和梳理。首先，介绍了行为金融理论中经济行为主体行为决策的前景理论及投资者情绪与态度，为第3～7 章信用风险传染的心理与行为分析提供了理论基础。其次，系统归纳了非线性理论中的基本方法：①从复杂网络的基本特性、分析方法、基本模型等方面对复杂网络理论进行了归纳和梳理；②对统计物理学中平均场理论的缘起及其应用特征，特别是对于网络条件下的平均场方程的解析过程进行了充分说明；③从时滞微分方程的一般形式、Hopf分岔及其周期解分析、周期解的数值计算等方面对时滞微分方程的一般理论和分析方法进行了梳理；④对非线性动力学中的基本模型、向量场、庞加莱映射、解的形态，以及 Logistic 映射等相关理论与方法进行了梳理和归纳。再次，对常用于经济风险决策分析的随机占优理论定义、定理和性质进行了综合论述和梳理。最后，对熵空间交互理论及其在金融领域的应用进行了综述。通过对上述相关理论和方法的梳理与回顾，为第3～7 章利用这些相关理论进行金融市场信用风险传染的非线性机制及其演化模型研究提供了坚实的理论基础。

3 金融市场信用风险传染的非线性及其经济学解释

在金融市场上，信用活动内部结构层次和参与要素性质多样且多变，内部因果关系、逻辑关系和影响关系具有复杂的非线性特性。这些内生与外生因素共同影响着金融市场信用风险传染的非线性行为及其动态演化。因此，本章将在现有研究和实践的基础上，针对 1.3 节中提出的不足，融合非线性理论、行为金融、信息经济学、混沌经济学等多学科知识，从金融市场信用风险传染的概念界定、金融市场信用风险的传染渠道分析和金融市场信用风险传染的非线性特性分析等方面，对金融市场信用风险传染的非线性机制进行剖析，并进行相应的经济学分析和解释，提出金融市场信用风险传染的非线性分析原理及框架，为第 4～7 章深入研究金融市场信用风险传染的非线性影响机制及其演化奠定基础。

3.1 金融市场信用风险传染的相关概念界定

3.1.1 信用风险的概念界定

由 Marrison（2002）的经典著作 *The Fundamentals of Risk Measurement* 可知，信用风险是指债务人、证券发行人或交易对手由于自身财务、宏微观政策、行业政策、行为意愿等诸多主客观因素而未能履行约定契约中的义务，造成债权人、投资者或交易对手遭受经济损失的风险。此外，信用风险还包括债务人、证券发行人或交易对手信用评级的变动、履约能力的变化、盈利能力的变化、金融市场的波动、通货膨胀的变化等，导致其债务市场价值发生波动而引起债权人、投资者或交易对手产生经济损失的可能性。因此，信用风险主要包括四个部分：违约风险（default risk）、价差风险（spread risk）、市场风险（market risk）和购买力风险（purchasing power risk）。

（1）违约风险

违约风险是指债务人或交易对手未能履行约定契约中的义务，对债权人发生违约，并给债权人带来经济损失的风险。按照风险的性质，违约风险又可以分为主观违约风险和客观违约风险。主观违约风险主要是指债务人或交易对手有履约能力而不愿履约所造成的风险。客观违约风险主要是指债务人或交易对手在财务上丧失履约能力而造成的风险，如债务人或交易对手遭受巨额亏损、资金链条断裂、破产等致使债务人或交易对手无法支付债权人或交易对手资金。主观违约风险和客观违约风险是相辅相成、相互影响的，主观违约风险会增加交易对手及关联经济行为主体的客观违约概率，进而增加或带来客观违约风险；而客观违约风险会影响交易对手及关联经济行为主体的心理行为，增加主观违约的概率，进而增加或带来主观违约风险。

（2）价差风险

价差风险主要是指债务人或交易对手的信用等级变化而造成市场价值发生非预期的波动。例如，债务人、证券发行人或交易对手信用等级的下调导致信用产品市场价值下降的风险。价差风险是金融市场中常见的一种信用风险，特别是在经济紧缩时期或金融危机时期。

（3）市场风险

市场风险主要是指资金的市场价格波动而造成信用产品市场价格下跌的风险。例如，利率上涨导致债券价格下跌，汇率下跌导致债券价格下跌，而债券价格下跌又会影响其他相关信用产品的价格下跌，投资者就会遭受经济损失的风险。此外，交易对手之间签订了以市场价格为基础的信用衍生品合约，但金融市场活动致使交易对手产生经济亏损，无法偿付对手资金的风险。

（4）购买力风险

购买力风险主要是指未预期的高通货膨胀率给债权人、证券发行人、投资者或交易对手带来的风险。以银行信贷为例，当实际通货膨胀率高于银行预期的水平时，无论是银行获得贷款收益还是收回本金时所具有的购买力都会低于最初信贷时预期的购买力。

在金融系统中，银行系统作为整个金融系统的神经中枢，对整个金融市场起着决定作用。在金融系统中，信用风险的四个主要组成部分是相互影响、相互依赖的共生关系，具有以下主要特点。

（1）客观性与潜在性

信用风险是由各种不确定的宏微观因素及主客观因素交互作用形成的，是客观存在、无法回避的，不会因为信用风险所涉经济行为主体的主观意愿而消失。同时，在信用活动中，信用风险在诸多宏微观因素和主客观因素的交互或共同影响下，容易被各种表象暂时掩盖，在信用风险发生之前难以察觉或发现，因此信用风险也是潜在的。

（2）突发性和传染性

信用风险的发生也是一个量变到质变的过程，是各种风险因素交互作用、逐步积累、不断叠加的结果。一旦积累的信用风险达到某个临界点就会突然爆发，呈现跳跃式的非线性路径发展，对各类经济行为主体、相关行业、相关市场、相邻区域，乃至整个金融系统和经济系统产生冲击和影响，而且在爆发之前通常没有明显的征兆。一些大型的、发展良好的企业都可能会在转瞬之间因为信用风险的冲击而惨遭巨额损失，甚至倒闭或破产。而且，在市场经济活动中，经济行为主体之间在时间、空间、行业分布、业务关系与结构、产品结构等方面存在复杂的网络关系，在心理和行为上具有潜在的"传染性"，任何一个或少数信用风险所涉经济行为主体出现问题，都可能会导致信用链条的断裂、经济活动中断，引发信用风险的连锁反应。任何一个或少数企业的信用危机都可能通过复杂的信用关系网络和经济活动网络传染到其他企业，一个很小范围的信用风险爆发带来的危害或灾难都很可能使类似的担心和恐慌蔓延到整个金融系统，乃至整个经济系统，引起更大范围的金融危机，这就是信用风险的传染性。

（3）系统性和非系统性

在金融市场上，信用风险的影响因素复杂多变，在这些因素中主要包含宏观经济、环境灾害、金融政策等系统性因素和债务人的财务、能力、品德、信誉等非系统性因素。其中，系统性因素带来的信用风险属于系统性风险，其影响往往针对整个行业、金融系统及经济系统，很难采用金融工具进行管理和控制。而非系统性因素带来的信用风险属于非系统性风险，其影响往往只针对部分信用产品、部分企业或小部分行业，往往可以通过相应的金融工具进行分散管理或风险转移。在金融市场上，信用风险的系统性和非系统性影响往往是相互关联、相互影响、交织相扣的，非系统性信用风险往往会导致系统性信用风险，且系统性信用风险也必然会带来非系统性信用风险。

（4）投资性和破坏性

信用风险与投资是密不可分的，信用风险是投资过程中的部分产物。同时，信用风险本身具有可投资性。在金融市场上，银行等金融机构为了降低信用风险，提高流动性，获取更大的效益，往往实行信用风险的分散和转移，将信用风险所带来的风险和利润与更多的投资者共担和分享，这就是信用风险的投资性。同时，在信用风险投资的过程中却加大了信用风险的传染范围、广度和深度，一旦发生金融危机就会造成更广范围的信用风险传染效应，引发更大的经济损失，给整个金融系统和社会经济带来破坏性的灾难。

（5）周期性和不对称性

经济发展是金融发展的基础，金融发展往往又是经济发展的助推器。在金融市场上，信用风险的发生往往与宏观经济的变化一致，且信用扩张和收缩交替出现。当宏观经济处于上升期时，企业经营状况和财务状况较好，企业支付能力增强，金融系统的信用风险下降。与此同时，企业的投资意愿加强、信贷需求增加、信用产品升值，整个市场也处于信用扩张上升期。当宏观经济处于下行期时，企业经营状况和财务状况易于恶化，企业支付能力降低，信用产品价值下降，信用违约和信用风险暴露的概率会加速上升，金融系统的信用风险上升，整个市场将处于信用收缩期。同时，各种信息的不对称性是现有市场的本质，信用风险的产生也涉及各种交易对手、债务人和债权人，他们中间必然存在各种信息的不对称性，既会影响交易对手、债权人和债务人之间的信用风险暴露概率，也会产生新的信用风险。

（6）可预测性和可控制性

在金融市场上，单个信用风险的发生是偶然的、无规律的，但大量同质的信用风险的发生却又有其特有的规律，利用大量的历史数据，通过计量统计可以发现信用风险的各类影响因素及影响规律，在分析影响因素和影响规律的基础上，可以通过数学手段预测信用风险发生的概率，估计信用风险的损失程度。同时，在分析影响因素和影响规律的基础上，可以寻找适宜的金融工具和管理策略对信用风险进行预防、分散、转移和补偿，将信用风险及其损失控制在一定范围内。

3.1.2　金融市场信用风险传染的概念界定

（1）金融市场与 CRT 市场

关于金融市场的概念，Rose 和 Marquis 于 2009 年在其著作 *Money and Capital Markets* 中给出了较为全面且详细的界定，他们认为金融市场主要是指资金供给者和资金需求者通过各类金融工具实现资金融通的市场。从广义上来说，是实现货币借贷和资金融通、办理各种票据、有价证券交易的市场。从狭义上来说，是指资金融通和借贷市场。总体来说，金融市场的内涵是以标的为交易对象，交易是资金需求方和资金供给方结合借贷关系、标的的所有权和使用权分离状态，以及宏观经济金融环境状况，借助金融工具实现资金流动或融通，它可以是有形市场，也可以是无形市场。因此，金融市场也具有其独具特色的功能：①引导资金合理流动，提高资源配置效率；②实现合理定价，反映和调节宏观经济；③促进各类金融创新，提高金融系统服务质量；④实现风险分散和转移，提高金融系统稳定性；⑤降低交易成本和信息搜寻成本；⑥提供金融监管和宏观调控的间接条件和环境。金融市场的内涵和独特功能实现了风险共担和利益共享、服务社会和经济发展及货币流通的本质作用。

CRT 市场是金融市场的一个特殊的子市场，主要是指金融机构（一般是指商业银行）通过使用各种金融工具把信用风险转移到其他银行或其他金融机构的市场。其主要市场参与者包括商业银行、各类机构和证券公司。随着 CRT 市场的迅速发展，一些非金融机构也开始参与其中，进一步扩大了 CRT 市场的参与者范围。在 CRT 市场中，那些把信用风险转移出去的机构称为信用风险转出者（也就是信用保护购买者、风险出售者或被保险者），而那些接受信用风险的机构称为信用风险接受者（也就是信用保护出售者、风险购买者或保证人）。其中，主要的信用风险转移工具包括贷款销售、资产证券化及各种信用衍生品。因此，CRT 市场是一个贯穿货币市场和资本市场的多元市场，通过 CRT 行为可以将信贷市场、保险市场、证券市场和实体经济紧密连接统一起来（图 3-1）。

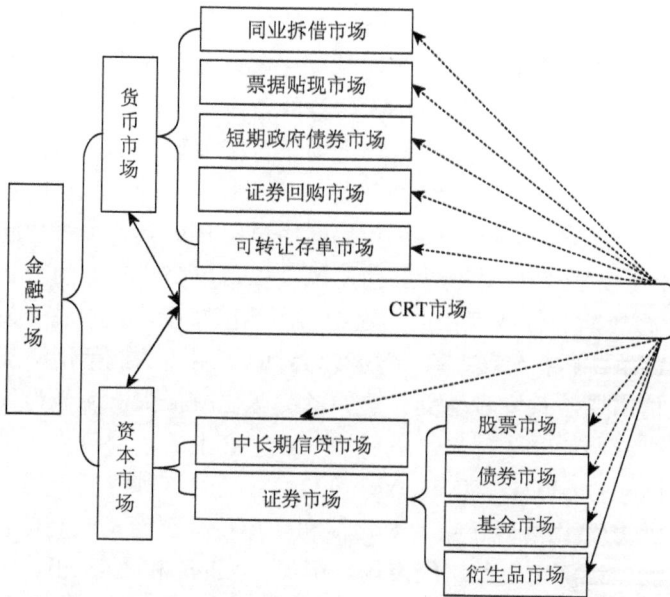

图 3-1 金融市场结构示意图

（2）金融市场信用风险传染

信用风险传染是指一个或部分债权人把所拥有的信用风险通过各类金融行为与心理行为传染给其他债权人，引发各类信用事件相继发生，最终导致公司经济危机或信用恶化。其外在表现可以简单地表述为：一个信用违约事件的发生将会加速下一个信用违约事件的发生（郑玉华和张涤新，2009），或由债务的违约事件彼此间的相互作用而导致它们共同违约的可能（韩立岩和陈文丽，2006）。一般来说，信用风险传染会产生两种效应：一是即时"多米诺"式的市场效应；二是潜伏突发式的市场效应，这种效应表现为一般不会很快发生，可以潜伏很长时间，一旦发生会很突然，导致大规模相关企业违约。

在 CRT 市场中，银行为了满足资本监管的要求，降低筹资成本和风险集中度，将其拥有的集中度较高的信用风险或质量较差的信用资产通过金融工具转移给信用风险接受者（也就是信用保护出售者、信用风险购买者或保证人）。这便使银行之间出现相互持有彼此的金融资产、非银行金融机构（甚至一些非金融机构）持有与银行一样的金融资产的现象，这些非银行金融机构或非金融机构就成为信用风险的承载主体，潜在地被银行传染上信用风险。一旦信用违约或信用事件被触发，就可能会造成较广范围的信用风险损失，出现"多米诺效应"。因此，CRT 市场除了具有信用风险的转移和分散功能，也具有信用风险传染的作用。

然而，CRT 市场上的信用风险传染与一般意义上的信用风险传染有所不同。首先，一般意义上的信用风险传染是债务人的违约行为或信用降级可能导致与之有直接联系的债权人或其他经济行为主体处于经济危机或信用恶化（Jarrow and Yu，2001）。而 CRT 市场上的信用风险传染的范围更广，已经远远超出了一般意义上信用风险传染的范围，许多与信贷市场无直接关系的市场和行业会被传染上信用风险，这主要是因为 CRT 行为可以将信贷市场、保险市场、证券市场和实体经济紧密连接统一起来。其次，CRT 市场信用风险传染具有很强的间歇性（即跳跃性）和隐性特征。在 CRT 市场上，信用风险以可以交易产品的形式通过中间方（一般指银行）将风险隐性或潜在地传递给信用风险接受者，构成一条紧密相连的信用风险关联链条，债务人或 CRT 市场参与者的信用违约或信用降级等信用事件都往往会造成信用风险接受者遭受严重的经济恶化或损失，而作为债权人的银行可能会损失较小或不会产生损失。最后，一般意义上的信用风险传染具有对称性和环形特征（Davis and Lo，2001；Yu，2004），而且这种特征仍局限在信贷市场内部。而 CRT 市场信用风险传染的对称性和环形特征已经扩张到信贷市场、保险市场、证券市场、经济市场及二级市场。例如，Allen 和 Carletti（2006）认为，信用风险转移会导致信用风险在银行和保险业之间相互传染，增加危机的风险。因此，信用风险能够在 CRT 市场转移、扩散和放大的作用下促使信用风险潜在地蔓延和传染，一旦有信用事件发生，就会产生"多米诺效应"，负面影响迅速扩大，一些不相关的行业也会备受冲击，甚至导致各个市场之间相互传染和冲击，进而影响整个经济系统。因此，作者认为，金融市场中信用风险传染主要是指信用风险在信用风险转移过程中受到经济行为主体根据自身各类经济利益、宏微观环境、心理行为及风险偏好等因素的影响，在银行间、银行与非银行金融机构间、金融系统和部分非金融系统间相互传播、相互感染和相互影响，用来描述 CRT 市场参与者触发信用事件后，对金融系统内部和非金融行业信用行为的影响和冲击机制，如图 3-2 所示。

不难发现，本书是针对金融市场信用风险传染的研究，实际上主要是针对金融市场的一个关键子市场——CRT 市场的信用风险传染的研究，该子市场也是一个高度复杂的多元市场。作者认为，以金融市场信用风险为对象的传染效应建模及其仿真研究，主要是为了反映和刻画信用风险在整个金融市场中的演化动态及其影响机制，对分析、监控和调节金融市场的稳定健康运行具有重要的理论和现实意义。

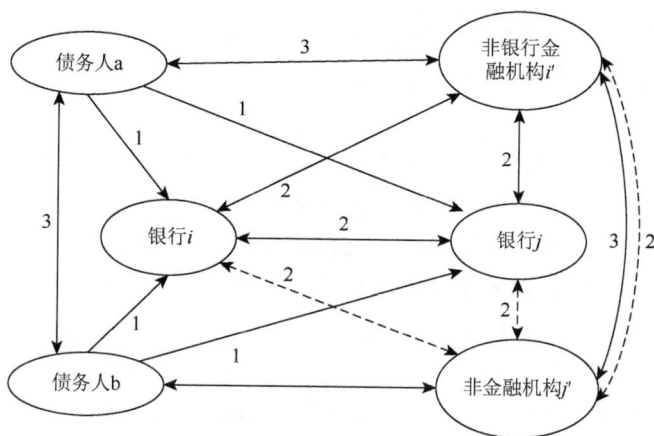

图 3-2 CRT 市场信用风险传染示意图

1 代表信贷业务关联；2 代表 CRT 过程中的信用风险传染；3 代表非信贷业务关联

3.1.3 金融市场信用风险传染的传染源与传染对象

3.1.3.1 传染源

在金融市场上，信用风险传染是一个高度复杂的非线性系统，从信用风险的产生到二级市场交易等过程中，不仅存在初始信用风险的传播和传染，还会产生新的信用风险，增加金融系统的系统性风险，引起更广范围内的金融市场信用风险传染。金融市场信用风险传染的传染源是指拥有、产生、转移及交易信用风险的各类经济行为主体和宏观环境，主要包括债务人违约风险、交易风险、操作风险、法律风险、宏观政策风险等。

（1）债务人违约风险

在整个金融系统中，债务人违约是破坏信用关系及导致其衍生产品价值下跌和银行流动性冲击的最基本原因，也是造成金融市场信用风险传染效应的最根本原因。在金融系统中，债务人违约往往会触发一系列相关金融事件的发生，对局部金融系统乃至整个金融系统造成冲击和影响，严重时会引发整个金融系统内发生信用风险传染效应，直至导致金融危机的发生。

（2）交易风险

交易风险是指在由交易双方私下达成按照交易双方协定的定价方式进行衍生品交易的过程中，交易一方发生信用违约甚至公司倒闭时，该衍生品价值可能大幅度下降甚至降为零的风险。交易风险的产生可能会导致交易另一方因信用资产大幅度缩水或信用等级大幅度下降，而出现公司财务危机或信用危机甚至公司倒闭，引起信用事件的发生，从而造成信用风险在金融市场上信用风险所涉经济行为主体之间相互传染。在金融市场中，交易风险会频频出现，交易中任何一方的信用等级大幅度下降、信用资产缩水或公司财务危机等都会引发一定程度和范围的信用风险传染，2008 年的美国次贷危机就是一个很典型的实例。在现实的金融市场中，信用风险卖方往往通过 CRT 工具将其拥有的信用风险转移给投资者（即信用风险买方），进而获得一定程度上的信用风险保护，达到规避信用风险损失的目的。然而，在 CRT 过程中也会面临信用保护卖方（即投资者）无法履约的风险，在信用违约事件发生后信用保护买方无法获得信用保护卖方合同中约定的信用风险损失支付，导致信用保护买方信用资产缩水或财务危机甚至公司倒闭，同时也会导致信用保护卖方信用降级或公司财务恶化甚至公司倒闭，最终这种信用风险会传染给与他们有业务关联的企业；而信用保护卖方也会面临信用保护买方无法按合同要求支付固定费用的风险，导致信用保护买方信用降级和信用保护卖方的信用资产缩水，进而导致与信用保护买方有关联的企业或其他信用保护卖方发生信用违约。这两种情况均会使得信用风险转移合约的价值大幅度下降，造成信用违约或企业间财务状况恶化等信用事件的连锁反应，引发信用风险在金融市场参与主体和关联企业之间相互传染，严重时会引发金融危机。

（3）操作风险

操作风险主要是指由 CRT 过程中操作的不合理、不规范或失误等造成的风险。操作风险的产生也是触发信用事件的一个主要因素，可能造成信用风险在各市场和参与者间相互传染。CRT 过程中的操作风险主要包括：信用风险转移未得到原债务人的认同、转让合同头寸未告知交易对手、交易双方的信用和企业状况未得到真实核查等。操作风险在信用衍生品市场的表现最为突出。在 CDS 交易中，信用保护卖方往往在没有及时告知信用保护买方的情况下，将信用衍生品交易头寸继续转让给其他机构，甚至将信用风险传递给非金融类机构或实体经济体，进而增加触发信用事件的概率，加大信用风险传染的范围和破坏程度。

此外，当市场上信用衍生品的交易量超过可交割的债务凭证总量时，在信用衍生品合约要求实物交割的情况下，如果大量合约需要同时交割，那么交易方可能难以获得可交割的债券，就会引发系统性信用危机，造成信用风险大面积传染。虽然国际掉期与衍生工具协会制定了现金交割条约，但是在市场流动性不足的情况下，依然会存在操作风险，严重时仍可造成信用风险在金融市场上信用风险所涉经济行为主体之间传染，对金融系统的稳定性产生破坏性影响。

（4）法律风险

法律风险是指由信用风险转移合同在法律范围内无效，或合约内容不符合法律规范，或税制、破产制度、法律内容变更等法律方面的原因造成的风险。

法律风险的产生可能会导致交易双方信用违约或财务危机甚至公司倒闭等触发信用事件，进而引发信用风险在金融市场上信用风险所涉经济行为主体之间相互传染。在 CRT 过程中，市场参与者的交易可能处于新旧法律变更时段，合同在旧法律范围内制定，但执行时却是在新法律框架下；市场参与者的交易也可能涉及法律允许范围之外的金融机构贷款、证券类风险资产等，甚至参与主体是法律范围之外的非金融机构。这些使得 CRT 过程存在一定程度上的法律风险。同时，不同国家或地区对不同信用衍生品交易的法律规定存在差异，也会使得国际或区域之间企业的 CRT 行为面临法律风险。一旦这些法律风险被暴露，就可能会造成信用违约的发生，触发信用事件，致使 CRT 合约价值大幅度下降，严重时引发信用风险在各市场和参与者之间相互传染，引起金融市场动荡甚至引发金融危机。

（5）宏观政策风险

宏观政策是影响金融市场波动和信用风险传染的一个重要因素，宏观政策往往通过利率及汇率路径、信用创造能力和贷出路径、信用管制路径等影响和调控市场，实现经济增长、充分就业、稳定物价和国际收支平衡的终极目标。然而，CRT 行为会弱化宏观政策的实际调控效果，但反过来宏观政策会加剧 CRT 市场信用风险传染和破坏程度。一方面，CRT 市场出现后，特别是各类信用衍生品的快速发展，使得信用风险占有的货币在货币总量中所占的比例逐步提高，而这些货币受货币供给的约束力度较小，但对社会信用创造能力的影响较大，会促进银行产生更多的信用贷款，增加银行系统乃至整个金融市场的信用风险水平，让更多的 CRT 市场参与主体成为信用风险的携带者；另一方面，CRT 行为的最终结果会导致信贷快速扩张，银行可以通过 CRT 市场更容易地将信用风险转移出去，满足资本监管的要求，进而增强银行的贷款意愿。同时，保险公司、证券公司等非银行金融机构可以通过购买信用风险的手段进入本身无法直接进入的信贷市场。这两方面最终导致信用资产规模快速膨胀，信用风险水平增加，整个银行系统乃至整个金融系统的系统性风险增加。在 CRT 市场参与者规模不变的情况下，参与者拥有的信用资产总量增加，他们的信用风险承受压力增加。然而，宏观政策作为影响信用资产价值的主要方面之一，其波动会导致信用资产价值与购买价格背离，可能会造成信用资产缩水等，引发参与者财务危机，触发信用事件，严重时会导致信用风险在 CRT 市场和参与者之间相互传染，造成金融市场动荡甚至金融体系崩溃。因此，宏观政策的变化在很大程度上能够通过影响信用资产价值和实体经济的价值变化影响信用风险在金融市场上的传染，进而影响金融系统的稳定。

综上所述，金融市场信用风险传染的传染源及其作用机制可以通过图 3-3 进行抽象化描述。

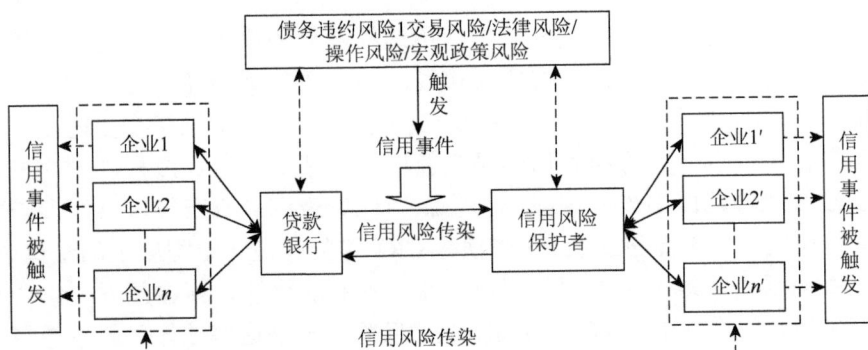

图 3-3　金融市场信用风险传染的传染源模型

3.1.3.2　传染对象

在金融市场上，由于受到"传染源"的影响，在"传染源"的邻近或周围，以及与"传染源"有一定经济、业务、市场结构、产品结构等直接和间接关系的债权人、交易对手、投资者等经济行为主体很快出现同样的或类似的信用风险传染效应，这些经济行为主体被称为"传染对象"。

在金融市场信用风险传染过程中，传染对象是整个信用风险传染效应发生的载体，信用风险是依赖其传染对象在金融市场上进行交互传染，并不断地向相关市场和行业进行扩散和传染（图 3-4）。当众多的传染对象之间具有较强的同质性特征时，信用风险就会像"瘟疫"一样在金融市场上快速传染，而且传染范围呈现非线性增加；当众多的传染对象之间具有较强的异质性特征时，信用风险在传染对象之间进行波浪式交互传染，但很难达到传染对象是同质性时的传染速度和影响范围。因此，在金融市场信用风险传染中，传染对象往往具备以下几个方面的特性：

1）传染对象处于区域经济或金融链条上的薄弱环节。这些传染对象本身的风险抵御能力、经济支撑能力等较弱，在受到外界环境的冲击下，最容易受到"传染源"的传染，并成为新的"传染源"。

2）传染对象与"传染源"具有较强的同质性。在金融市场上，传染对象与"传染源"的同质性表明传染对象与"传染源"存在众多的相似之处，即便是没有直接的经济或金融联系，也很容易导致传染对象被"传染源"传染，并引发较广范围的信用风险传染效应。

3）传染对象与"传染源"存在紧密的直接或间接联系。在金融市场上，由于传染对象与"传染源"之间各种紧密的联系，信用风险就会通过他们之间的紧密联系加强传染和扩散。在这种紧密的联系作用下，信用风险的传染速度较快，传染规模较广。

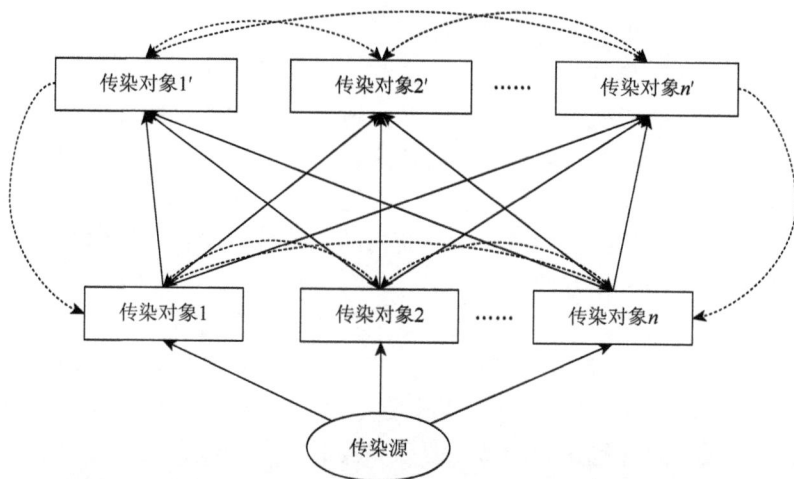

图 3-4　金融市场信用风险传染的传染对象及其传染机制模型

3.1.4　金融市场信用风险传染的传染条件

在金融市场上，信用风险传染的形成是一个内部结构复杂且外部影响因素多变的复杂非线性巨系统。在这样一个复杂系统中，只有具备必要的传染环境和传染媒介，才能形成信用风险传染效应。传染环境和传染媒介也是金融市场信用风险传染必要的传染条件。

3.1.4.1　金融市场信用风险传染的环境条件

在金融市场上，信用风险在局部地区内乃至世界范围内的传染离不开必要的宏微观环境和市场环境，这些环境条件主要如下。

（1）经济区域化和全球化的快速发展与深入推进

21 世纪以来，经济区域化和全球化得到了迅速发展，并不断朝着更加深入的方向发展。商品、服务、资金乃至许多核心技术的跨区域、跨国境流动更加频繁，各区域、各国之间的经济相互渗透、相互依存关系更加紧密，大量产品的生产开始出现国际分工合作，诸多核心技术也开始实行国际合作研发和攻关。同一区域内的经济结构、贸易结构、发展战略也逐渐趋同，经济关系上的互补关系也越来越紧密，各种信用关系应运而生。随着经济合作不断加强，经济及贸易竞争也更加剧烈，区域内的任何一个经济体也都不可避免地要受到邻近或区域内部其他经济体经济及贸易变动的影响。与此同时，各区域之间的经济合作、贸易渗透也越来越紧密，区域之间的竞争也越来越剧烈，任何一个区域的经济、金融波动也不可避免地影响到周边的区域。

（2）金融全球化和自由化的发展与推进

随着金融全球化和自由化的不断发展与推进，同一区域、不同区域的金融市场之间的资金及产品流动越来越容易，各金融市场之间的关联性也越来越强。与此同时，随着信息技术的不断融合，各国金融市场的逐渐开放，各国、各区域的金融市场逐渐被连成一体，各市场之间的资金流动更加迅速，各类交易更加便捷，而且交易成本越来越低，但同时金融系统内的系统性风险在逐渐增强，各类风险的流动、扩散和传染更加方便。

（3）金融创新的不断加强和金融衍生工具的广泛应用

随着金融的不断创新，各金融市场之间、金融部门之间、金融部门与非金融部门之间的联系越来越密切，相互关联性越来越强，各类产品的交易越来越频繁，风险的传染路径和媒介越来越隐蔽、复杂。同时，各类金融衍生工具的广泛应用增加了市场与市场、经济体与经济体之间的联系，也加强了风险传染的隐蔽性和复杂性。然而，各类金融衍生工具的滥用和创新的模仿增加了金融系统的系统性风险，以及交易双方的交易风险、操作风险、信用风险等，更增加了各类风险的传染概率，加快了风险传染速度。金融衍生工具是一把双刃剑，它在分散风险的同时，也隐藏着巨大的隐患：一旦出现重大信用违约等金融事件，金融衍生工具的杠杆效应及风险分散效应就会极大地放大风险传染的广度和深度，从而引起各类风险的交互传染，尤其是金融市场上的信用风险传染效应。

（4）金融监管机制不健全和监管错位

金融管理是指金融主管当局依法对金融机构及其经营活动实施的领导、组织、协调和控制等一系列的活动。狭义的金融监管是指中央银行或其他金融监管当局依据国家法律规定对整个金融业（包括金融机构和金融业务）实施的监督管理。广义的金融监管除上述含义之外，还包括金融机构的内部控制和稽核、同业自律性组织的监管、社会中介组织的监管等内容。金融监管试图以一种有效的方式来纠正金融市场失灵和自身存在的缺陷，增加金融市场对资源配置的效率。然而，不同区域、不同国家的金融监管体制、机制、举措等存在诸多差异性，甚至还存在冲突和矛盾。同时，在监管过程中，会出现监管不公平、错位等行为。这些不仅会造成各类风险的重生，而且会带来各类风险的相互影响和传染。

（5）信息的不完全性和不对称性

随着经济区域化和全球化、金融国际化和自由化的迅速发展，以及各类金融创新的不断加强和模仿、金融工具的广泛使用，各经济行为主体之间、各市场内部和市场之间的信息不对称性增加。这将增加各经济行为主体、交易对手之间的道德风险和逆向选择，增加风险的传染和扩散概率及影响范围，加快风险传染速度。

（6）法律法规、制度条陈的不完备性、差异性和波动性

在金融全球化过程中，各区域、各国之间的金融政策、法律法规各有缺陷，

导致其不完备性不可避免；各国和各地区之间的金融政策、法律法规、制度条陈的差异性也普遍存在，甚至部分地区或国家之间的个别金融政策、法律法规、制度条陈还存在冲突和矛盾。这些为各类风险的产生、扩散和传染提供了途径和环境。与此同时，各国、各区域之间宏观政策、法律法规、制度条陈的不完备性和差异性，使得这些国家和地区会频繁变更宏观政策、法律法规、制度条陈，造成新的风险产生，加速原有风险的扩散和传染。

3.1.4.2 金融市场信用风险传染的媒介

在经济和金融区域化与国际化，金融市场一体化和自由化的大环境下，宏观经济和金融政策对各个国家和地区的传导作用越来越显著，成为各类风险传染的重要媒介。而宏观经济与金融政策的传导机制越来越依赖于汇率、利率及非货币性资产价格等，因此汇率、利率及非货币性资产价格成为金融市场信用风险传染的主要媒介。此外，各类以杠杆和信用交易为特征的金融衍生工具是信用风险产生和传染的基础，是金融市场信用风险传染最基础的具有微观性质的媒介。

（1）利率

利率的传染媒介作用主要是指在中央银行（在美国是由联邦储备委员会替代）通过调整基准利率来调控社会资金供给总量的过程中，由基准利率的变化而带来银行间同业拆借利率、信用衍生品市场产品价格、社会投资成本等波动，进而影响交易对手的信用行为及产生新的信用风险。在金融市场上，利率作为信用风险传染的媒介，其对金融市场的信用风险传染具有两种不同形式的传导作用。

1）金融市场内的传导作用。金融市场内的传导作用是指利率的变化在金融市场内部的各个主体和变量之间相互作用、相互影响，并通过金融市场内的传导作用，影响金融市场内部交易对手之间的信用行为及信用风险的暴露。

2）金融市场之间的传导作用。金融市场之间的传导作用是指利率的变化引起金融市场内部的各个变量和主体相互作用与影响，在金融市场内的传导作用和影响形成一定力量之后，通过汇率机制、价格机制、衍生品交易机制及信用机制影响其他金融市场，进而影响金融市场之间交易对手的信用行为及信用风险的暴露。

利率的传染媒介作用会通过上述两种传导机制影响金融市场内部和金融市场之间的信用风险传染效应，特别是在经济发展放缓或经济下滑过程中，利率的传染媒介和传导会迅速地放大金融市场内和金融市场之间交易对手的信用风险暴露，增加信用风险传染的广度和深度，引发金融市场上信用风险的传染效应，严重时会造成金融危机并产生金融危机的传染效应。

（2）汇率

在经济和金融全球化与区域化的背景下，对于金融市场间的信用风险传染，特别是国际金融市场间的信用风险传染，汇率的媒介作用是关键的。汇率的媒介作用是指汇率的变化影响汇率与其他经济和金融变量相互作用、相互影响，进而影响经济行为主体的交易行为和信用行为，产生各种类型的新的信用风险。一般认为，汇率能够成为金融市场信用风险传染的媒介，并在金融市场信用风险传染中发挥重要作用，是因为汇率具有两方面的基本功能。

1）信息传递功能。在开放经济条件下，汇率及其汇率政策的变动能够把一国对外经济活动状况及其变化趋势通过汇率这个价格信号传递给微观经济部门和宏观管理部门，影响经济行为主体的交易行为和信用行为。而且，在汇率变动的拐点出现前后容易产生新的信用风险。在外部环境不稳定时，会引发信用风险传染效应的发生。

2）经济调节功能。首先从静态的角度看，在开放的市场经济条件下，各经济单位能从汇率价格信号中获得与涉外经济活动有关的情况与信息，进而为实现既定目标做出适应性调整。其次从动态的角度看，汇率可通过一系列复杂的渠道影响一国的生产、贸易和货币供求，影响一国的资本流动，从而能够反映一国经济发展的趋势和前景，为政府和企业调整政策、决策提供依据。与此同时，原有的信用风险会在汇率的经济调节过程中暴露，新的信用风险也会在这一过程中产生。在金融市场上，汇率通过其价格信号及相关联的经济和金融变量来调节一国的经济活动，进而影响金融市场资本的流动和供给，在这一过程中各经济单位之间的信用关系发生变动，信用风险可能会暴露，而且还会产生新的信用风险。

汇率的信息传递和经济调节功能是相辅相成、有机融合的统一体。在金融市场上，汇率的变动通过影响国内外产品、贸易、资产及资本等相对价格的变动，进而影响经济行为主体的信用关系和信用行为，影响信用风险的传染效应。

（3）非货币性资产价格

非货币性资产是指货币性资产以外的资产，包括存货、固定资产、无形资产、股权投资及不准备持有至到期的债券投资等。非货币性资产有别于货币性资产的最基本特征是，其在将来能够为经济行为主体带来一定的经济利益或损失，即货币金额是不固定的或不可确定的。在非货币性资产的形成和存在过程中，信用风险（主要是交易对手风险）也往往会应运而生，对经济行为主体的未来经济利益产生诸多不确定性影响。当在经济放缓或衰退期，非货币性资产的价格会出现剧烈波动，会给交易对手带来较为严重的风险损失，各类信用违约相继发生。与此同时，其他相关或结构特征相似的非货币性资产的价格备受影响。

在金融市场上，非货币性资产主要包括股权投资、预付账款、不准备持有至到期的债券投资等，它们价格的波动会对交易对手及其他相关或相似的非货币性资产价格产生较大影响，会引起信用风险传染或产生新的信用风险。因此，在金融市场上，信用风险往往依托于非货币性资产的价格在某一群体内部、金融市场内或金融市场之间进行传染。

（4）金融衍生工具

金融衍生工具（derivative security），也称衍生金融工具或金融衍生产品，是在货币、债券、股票等传统金融工具的基础上衍化和派生的，以杠杆和信用交易为特征的金融工具。在金融市场上，通过金融衍生工具可以将信用风险资产分离作为独立资产进行交易，经济行为主体可以把自身拥有的部分信用风险从其他风险中剥离出来，转移给那些愿意承担和管理这些风险的机构和投资者，使得经济行为主体的投资和融资决策可以有效分离。金融衍生工具的产生及其基本功能，既为各类信用风险的分散、交易和转移提供了工具，也为金融市场信用风险的传染提供了媒介。一方面，金融衍生工具既实现了金融市场信用风险的分散和转移，避免了信用风险的过度集中，又能保持与客户的业务关系，实现一定程度上的有效管理和控制。同时，金融衍生工具可以达到提高资产组合预期业绩的目的，提高资本的回报率，增强市场的透明度，降低交易成本。另一方面，金融衍生工具的使用大大增强了金融市场信用风险的流动性，提高了金融市场信用风险的复杂性，使得金融市场各类信用风险能够潜在地蔓延和传染。而且，在金融衍生工具的使用过程中还会产生新的信用风险、操作风险、市场风险、结构性风险等，增加了信用风险和其他金融风险的关联性和交互影响作用，为金融市场信用风险的传染提供了有效途径和媒介。以2008年的美国次贷危机为例，世界上其他国家购买了大量美国的金融衍生产品，造成危机爆发后能够迅速在各个国家之间蔓延和传播，进而影响各个国家的金融市场，最终蔓延至实体经济。而在这个过程中，金融衍生工具就是主要的媒介，它的风险分散性和转移性功能，将美国金融机构拥有的信用风险及其他金融风险转嫁到世界其他国家的投资者身上，在危机爆发后进行交互影响和传染，并在金融衍生工具的杠杆效应下逐级放大。其后的欧债危机又是在相同机制下实现了欧洲主权信用风险与其他金融风险的传染和交互影响，也进一步印证了金融衍生工具在金融市场信用风险传染中的媒介作用。

总的来说，金融衍生工具的多样性、复杂性、高杠杆性、媒介性等特点和功能，既为有效管理和控制金融系统内信用风险提供了手段和工具，也为金融市场信用风险的传染提供了途径和媒介。

3.1.5　金融市场信用风险传染的传染力度与传染效应

（1）传染力度

传染力度是指传染对象被传染的程度。金融市场信用风险的传染力度与经济行为主体之间的业务关联、市场结构、产品结构等微观因素有着较为紧密的关系。一般来说，经济行为主体之间的业务关联越强，经济行为主体被传染的程度越大；经济行为主体之间市场结构的关联性和相似性越强，或差异性越小，经济行为主体被传染的程度越大；经济行为主体之间产品结构的相似性越高，差异性越小，经济行为主体被传染的程度越大。除此之外，在一定程度上，传染力度还与各个国家的经济实力、金融市场的开放程度等因素成反比，与各个国家金融体系的健全程度、金融市场监管者的监管强度、金融法律法规的健全程度等因素成正比。这些宏观因素在很大程度上也会增加金融市场信用风险传染的力度和强度。

同时，金融市场信用风险的传染力度也与"被传染对象"和"传染源"之间的经济关系成正比。两个经济行为主体之间的经济关系越紧密，传染的力度和影响强度也就越大，特别是对于不同国家和区域之间的信用风险传染。以欧债危机为例，2010年希腊主权债务危机突然爆发，之后与其经济关系较为紧密的西班牙、爱尔兰、葡萄牙和意大利等国家同时遭受信用危机，并不断向欧洲其他国家传染，然后延伸到美国、日本等发达资本主义国家，而后逐步扩散到新兴市场国家，最后影响到发展中国家，其信用风险传染的路径如图3-5所示。

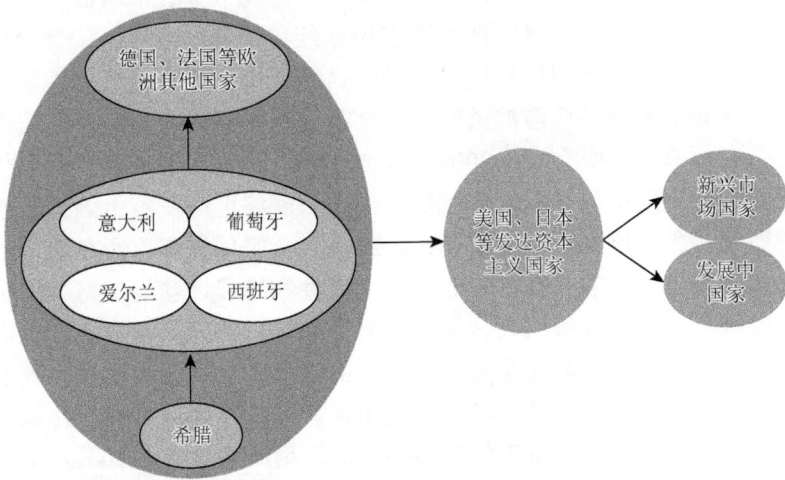

图3-5　欧债危机的演化路径

在这次欧债危机中，以欧洲为传染的中心，不断向周边及与其经济关联紧密的国家传染，而且在传染过程中呈现传染力度和影响强度逐级递减的演进态势。其中，欧洲区域内国家的传染力度和影响强度较为严重，到美国、日本等国家遭受的传染力度和影响开始减弱，并依次发展下去。

（2）传染效应

传染效应是指金融市场信用风险传染的影响结果。它是对金融市场信用风险传染结果的一种动态刻画和描述。在信用风险传染初期，"传染源"一般会对"被传染对象"进行单向传递，也就是"多米诺效应"。而一旦传染源的影响力、造成的损失和市场波动程度超出市场预期，就会扩大传染范围。如果在这个过程中不能及时控制或采取有效措施，任其发展，这种单向传递将会变成多向传递、交叉相互传递乃至与其他金融风险进行交互传递和影响，造成更大范围的传染行为，严重时会演变成区域性或全球性的信用危机或金融危机。2008年的美国次贷危机及其后的欧债危机所引发的全球性金融危机，就是信用风险传染效应及其对其他金融风险传染性影响的最终结果。以欧债危机为例，在希腊爆发主权债务危机之前，欧洲其他国家乃至世界其他国家及其金融机构购买或持有了大量的希腊主权债务，这便造成了信用风险的隐性传染。而在2010年希腊主权债务危机突然爆发后，加上全球三大评级公司及部分投资者的推波助澜，使得希腊主权债务危机的影响范围和影响力度不断加大，引发欧元区国家之间的信用风险传染，再到整个欧洲国家的信用风险传染。随着欧债危机的不断加深和发展，国际评级公司不断一致下调欧洲诸多国家的主权评级，各大金融机构和投资者开始不断抛售持有的信用资产，进行去杠杆化行为。与此同时，世界其他国家的金融市场也开始被这种行为所影响和牵连，出现诸多间接传染和显性传染的行为。最终，引发世界范围的信用风险传染，造成全球性金融市场的动荡及实体经济的下滑或萧条。

3.2 CRT市场交易对手信用风险传染机制研究

近年来，随着证券化工具和信用衍生品的出现，CRT市场得到了快速发展，CRT工具和技术也日趋复杂，已引起了各国金融监管当局、国际组织和学者的广泛关注，成为理论界和实务界研究的热点。虽然CRT市场的迅速发展给全球金融体系带来了实质性好处，但也带来了新的风险，为信用风险在各市场和行业间传染提供了新的渠道。

3.2.1 CRT市场信用风险传染的微观机制

CRT市场的快速发展改变了银行"发放贷款并持有到期"的传统信贷策略，银行将可以采取"发放贷款再销售"的策略，以信贷发起人、分销商和信用风险保护者的多重身份在CRT市场中出现，其不再慎重考虑银行和借款者之间的信息不对称问题，而是将他们之间的信用风险连同信息不对称问题引起的风险一起转移给信用风险购买者，进而产生信用风险出售者和信用风险购买者之间的信息不对称问题。Stiglitz和Weiss认为金融信息的不完全及不对称会导致金融市场出现逆向选择和道德风险问题。而CRT市场的快速发展和CRT工具的日趋复杂化将可能使信息不对称问题进一步恶化并产生新的信息不对称问题，造成银行CRT行为中出现逆向选择和道德风险问题，增加信用事件被触发的可能性，加剧信用风险在CRT市场和参与者间相互传染（表3-1和图3-6）。

表 3-1 信息不对称情况下 CRT 市场信用风险传染的作用形式

信息不对称问题表现形式	CRT 市场参与者行为	行为产生结果	信用风险的传染作用形式
逆向选择	贷款银行贷前审查动机弱化	借款者逆向选择问题	银行通过 CRT 市场及工具将产生的信用风险传染给信用风险保护者
		信用风险保护者道德风险和逆向选择问题	①信用风险保护者在不告知银行的情况下,通过 CRT 市场及工具将购买的低质量信用风险传染给其他信用风险保护者;②信用风险保护者拒绝对贷款银行进行偿付,引发信用事件,造成信用风险传染
	柠檬问题:贷款银行为低质量信用资产购买信用保护	信用风险保护者道德风险和逆向选择问题	
道德风险	贷款银行贷后监督动机弱化	借款者道德风险问题	银行通过 CRT 市场及工具将产生的信用风险传染给信用风险保护者
		信用风险保护者道德风险和逆向选择问题	①信用风险保护者在不告知银行的情况下,通过 CRT 市场及工具将购买的低质量信用风险传染给其他信用风险保护者或投资者;②信用风险保护者拒绝对贷款银行进行偿付,引发信用事件,造成信用风险传染
	贷款银行违反借款企业意愿出售信用风险	信用风险保护者道德风险和逆向选择问题	
	贷款银行提前触发信用事件的意愿增强	借款者道德风险问题	银行通过 CRT 市场及工具将产生的信用风险传染给信用风险保护者
		信用风险保护者道德风险问题	①信用风险保护者在不告知银行的情况下,通过 CRT 市场及工具将购买的低质量信用风险传染给其他信用风险保护者或投资者;②信用风险保护者拒绝对贷款银行进行偿付,引发信用事件,造成信用风险传染
	信用风险保护者拒绝对贷款银行进行偿付	贷款银行道德风险问题	①贷款银行提前触发信用事件;②贷款银行违反借款企业意愿出售或拍卖信用风险*

*贷款银行在信用风险保护拒绝时可能会面临流动性不足、银行业恐慌等问题,贷款银行可能会通过获取风险补偿的方式,维持正常的资本流动

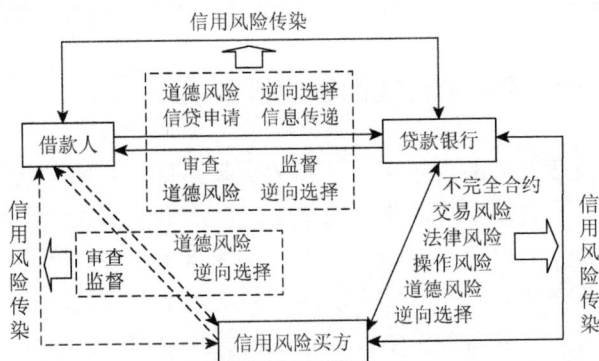

图 3-6 信息不对称情况下 CRT 市场信用风险传染模型

(1) 逆向选择

信贷市场上的逆向选择会导致劣质贷款人驱逐优质贷款人而挤占信贷市场或银行实行信贷配给,进而出现信贷市场信用贷款平均质量下降,信用风险总体上

升。在银行利用 CRT 市场和 CRT 工具规避信用风险后，贷款银行[①]不需承担借款人引起的信用风险，进而加剧了银行的逆向选择问题，大幅度提升了银行信用风险水平。然而，银行可以根据信用保护买卖双方的信息不对称性利用 CRT 工具将劣质信用贷款转移给信用风险购买者（即信用保护卖方），进而实现风险水平较高的信用资产从银行转移给信用风险购买者，甚至信用风险购买者进一步依据信息不对称性产生道德风险和逆向选择问题，将其购买的全部或部分信用风险以衍生品的形式传递给其他投资者。Duffee 和 Zhou（2001）对 CRT 市场上使用信用衍生品的银行与信用风险接受者间的逆向选择问题进行了研究，他们认为在存在逆向选择的 CRT 市场上银行会根据自己知道的信息把质量较低的信用资产转移给信用风险接受者。这样便会加剧风险水平较高的信用资产在 CRT 市场和参与者之间不断转移，更多的参与者会成为信用风险的携带者或传播者，严重时会造成信用风险传染，引发金融危机，破坏金融系统的稳定性。同时，在 CRT 市场中，贷款银行不需要承担或很少承担借款人方面引发的信用风险，因而贷款银行会弱化对借款人的审查意愿，这可能会进一步恶化借款人的逆向选择问题，借款人会通过作假、行贿、变更财务信息等违规行为获得信用贷款，进而造成信用风险水平上升。而且，劣质借款者也会利用银行的逆向选择行为，不断挤占信贷市场，产生更多的劣质信用贷款。这将会导致银行的信用风险增加，而银行可以通过 CRT 市场将信用风险传染给信用风险购买者，虽然这样可以让单个银行的信用风险得到分散和控制，却增加了整个金融系统的系统性风险和信用风险总体水平，而且更多的 CRT 市场参与主体可能会成为信用风险的"携带者"和传播者。一旦发生信用事件，将会引发更广范围的信用风险传染，产生更强的破坏性影响。

（2）道德风险

在 CRT 市场和 CRT 工具引入后，银行可以通过 CRT 工具进行信用风险管理，银行购买信用保护后就会弱化对借款人贷款后监督管理的意愿（韩琳和胡海鸥，2005），导致借款人经营努力水平下降或不按贷款合同进行投资的可能性增加，或获得贷款后不按要求偿还信用贷款，产生借款人的道德风险问题，增加银行信用资产的风险暴露水平和信用事件被触发的可能性。而银行会通过 CRT 工具将产生的信用风险传递给信用风险购买者和其他投资者，使信用风险购买者承担更高水平的信用风险。一旦信用事件被触发，就可能会造成信用风险传染，严重时引发信用危机甚至金融危机，破坏金融系统的稳定性。在贷款销售市场上，银行可能会在不通知借款人的情况下，利用对借款人拥有的信息优势将贷款销售出去，对

---

① 在 CRT 市场上，贷款银行就是信用风险转出者或信用风险保护购买者或信用风险卖出者，同时也是银行系统内部主要的信用保护提供者或信用风险购买者或信用风险转入者，保险公司则是银行系统外部最主要的信用风险提供者或信用风险购买者或信用风险转入者。随着 CRT 工具的不断创新和使用，证券公司、担保公司等许多非银行金融机构也开始成为主要的信用风险提供者或信用风险购买者或信用风险转入者。

借款人的形象、声誉和市场发展产生一定的负面影响。情况严重时，会影响借款人的投资收益和企业财务状况，恶化借款人的还贷能力，触发信用事件，造成信用风险在 CRT 市场和参与者之间传染。

另外，银行与信用风险购买者之间也会产生道德风险问题，并将道德风险隐藏于信用风险资产中，在 CRT 市场和参与者之间传递。对于银行来说，银行会利用自身拥有的信息优势将劣质贷款转移给信用风险购买者，增加信用风险购买者的信用风险暴露，特别是在银行保留部分风险头寸的情况下更为明显，此时银行会利用其对借款人拥有的信息优势和银行"认证效应"进行 CRT 行为，产生严重的道德风险问题。同时，贷款银行在购买信用风险保护后也可能会产生提前触发信用事件的动机，达到从信用风险保护者获得补偿的目的。而对于信用风险购买者来说，为了实现自己的利益且不影响与信用风险转出者之间的关系，也会在不知会信用风险转出者的情况下，继续将购买的信用风险传递给其他信用风险保护者和投资者，进而产生信用保护者的道德风险。无论是银行产生的道德风险，还是信用风险购买者产生的道德风险，都会加剧信用风险在 CRT 市场和参与者（甚至各个市场和行业）之间传染，严重时引发金融危机，冲击实体经济。

3.2.2　CRT 市场信用风险传染的宏观机制

（1）信用风险传染与金融监管

在 CRT 市场引入后，CRT 行为在很大程度上增加了金融监管的难度。如果 CRT 市场未能得到金融监管部门的有效监管，那么在金融监管缺位下的 CRT 行为很可能会被金融机构滥用，导致虚拟经济规模和发展速度严重背离实体经济规模和发展速度，基础资产价格的变动、银行利率的变动、金融机构和银行的信用等级变化等就可能触发信用事件，造成信用风险传染，甚至席卷整个金融市场的信用危机或金融危机。

《新巴塞尔资本协议》规定，一家商业银行的资本金与风险资产之比不能低于 8%，核心资本与风险资产之比不得低于 4%。然而，在 CRT 市场引入后，商业银行可以通过购买 CDS 和利用信用衍生品等 CRT 工具转移信用风险，提高资本流动性，规避金融部门的监管，致使银行和整个银行体系的信用风险敞口评估难度增大，部分信用风险可能会被转移到没有被严格监管的金融机构甚至一些非金融机构。CRT 行为使银行在既定风险敞口和监管要求的情况下，不断提高财务杠杆，将信用风险从表内交易转向表外交易。同时，银行利用 CRT 行为提高信贷市场的总体规模，导致金融市场整体信用风险水平和系统性风险增加。Cebenoyan 和 Strahan（2001）的研究结果表明，参与贷款买卖进行信用风险管理的银行可以用较少的资本金发放更多的贷款。赵俊强等（2007）研究认为，CRT 交易实现了信用风险在金融机构之间或者金融机构与其他经济主体之间的重新配置，提高了适度参与型银行承担风险的意愿，显著放大了银行系统的放贷规模。国际货币基金组织（International Monetary Fund，IMF）于 2002 年研究发现，CRT 市场使得各种非银行金融机构进入信贷市场，进而扩大了信贷市场和信贷资金的规模。因此，在金融监管缺位的情况下，CRT 行为会导致信贷总体规模扩张，实体经济总体的资本充足率下降，而金融市场的整体风险水平增加，使降低后的资本充足率不足以应对相应增加的信用风险，一旦出现部分信用违约或部分参与者出现财务问题等将可能会造成信用风险传染，最终导致金融危机甚至经济危机。

另外，信用衍生品和 CRT 市场的复杂性降低了金融监管的有效性。日益复杂的信用衍生品结构往往隐藏了信用资产的风险暴露，使交易过程中信用风险缺乏有效的风险揭示和管理，从而衍生出新的信用风险，使信用风险在 CRT 市场交易过程中逐级被放大，并在整个市场和参与者之间迅速扩散和传递，一旦信用风险损失超过某一个或部分参与者的承受能力就会导致出现财务危机甚至公司倒闭，极易造成信用风险在 CRT 市场和参与者之间传染，甚至会造成信用风险在整个金融市场和实体经济之间传染，酝酿席卷整个市场的信用危机或金融危机。

（2）信用风险传染与货币政策

货币政策是影响金融市场波动和信用风险传染的一个重要因素，货币政策往往通过利率及汇率路径、信用创造能力和贷出路径、信用管制路径等影响和调控市场，实现经济增长、充分就业、稳定物价和国际收支平衡的终极目标。然而，CRT 行为会弱化货币政策的实际调控效果，但反过来货币政策会加剧 CRT 市场的信用风险传染和破坏程度。一方面，CRT 市场出现后，特别是各类信用衍生品的快速发展，使信用风险占有的货币在货币总量中所占的比例逐步提高，而这些货币受货币供给的约束力度较小，但对社会信用创造能力的影响较大，会促进银行产生更多的信用贷款，增加银行系统乃至整个金融市场的信用风险水平，让更多的 CRT 市场参与主体成为信用风险的携带者；另一方面，CRT 行为的最终结果会导致信贷快速扩张，银行可以通过 CRT 市场更容易地将信用风险转移出去，满足资本监管的要求，进而增强银行的贷款意愿。同时，保险公司、证券公司等非银行金融机构可以通过购买信用风险的手段进入本身无法直接进入的信贷市场。这两方面最终促使信用资产规模快速膨胀，信用风险水平增加，整个银行系统乃至整个金融系统的系统性风险增加。在 CRT 市场参与者规模不变的情况下，参与者拥有的信用资产总量增加，他们的信用风险承受压力增加。然而，货币政策作为影响信用资产价值的主要方面之一，货币政策的波动会导致信用资产价值与购买价格背离，可能会造成信用资产缩水等，引发参与者财务危机，触发信用事件，严重时会导致信用风险在 CRT 市场和参与者之间相互传染，造成金融市场动荡甚至金融体系崩溃。因此，货币政策的变化在很大程度上能够通过影响信用资产价值和实体经济的价值变化影响信用风险在 CRT 市场中的传染，进而影响金融稳定。

（3）信用风险传染与金融创新

金融创新是指金融内部通过各种要素的重新组合和创造性变革所创造或引进的新金融体制、业务、工具等，以获取现有金融体制和金融工具所无法取得的潜在利润。金融创新使金融市场结构和金融工具更加复杂，对货币流通速度产生了较大的影响，并加大了金融监管的难度。Instefjord（2005）认为，信用衍生品等金融创新工具会扰动银行业，成为增加风险的新因素，加剧了银行承担风险的倾向；如果后者更强，就会提高银行业的信用风险水平。从 2007 年次贷危机的监管实践来看，CDO、CDS 等金融创新产品流程的复杂性及相应监管的缺乏，导致事实上的监管真空，以至于金融创新产品所引发的金融风险不断积累并最终引发危机（余海斌和王慧琴，2011）。金融创新步伐的加速，使 CRT 市场参与者越来越多样化，CRT 工具也越来越复杂化，进而促进 CRT 市场的快速发展。Wagner 和 Marsh（2004）认为，CRT 工具和所有的金融创新一样，会导致个体金融机构出现问题后将信用风险迅速传染给其他金融机构。这说明，金融创新也会造成信用事件出现后信用风险在市场和参与者之间传染。而 CRT 市场的快速发展，在一定程度上影响了信贷市场的规模及银行风险管理能力。银行可以利用更多的 CRT 工具，将更多的信用风险转移出去，可能会产生更大规模的信用风险，导致金融系统产生更高的系统性风险。陈秀花（2006）认为，信用衍生品市场使得金融机构的信息披露更不透明，而且信用衍生品本身的集中致使金融稳定性下降。日益复杂的金融创新工具的使用往往使 CRT 市场交易者无法有效揭示和管理信用资产背后的风险，还可能会产生新的信用风险。这样逐级积累或产生的新的信用风险将会加剧初始信用风险的传染。

3.3　金融市场信用风险的传染渠道分析

3.3.1　经济渠道

经济行为主体之间实体联系的最主要方式是经济联系，这也是最直接、最根本的金融市场风险传染渠道或路径。经济联系主要是指金融市场上经济行为主体之间在企业关系、资金、产品市场、对手交易和信息方面的交流，以及在此基础上发生的关联性和参与性经济行为，如母子公司、交叉持股、交易行为、上下游企业关联、信贷互保或连环担保等。经济联系传染是指一个经济行为主体发生财务危机或信用违约等，导致与其经济联系紧密的其他经济行为主体的财务状况恶化，信用风险暴露程度增加，严重时会导致与其经济联系紧密的经济行为主体发生信用违约、倒闭或破产等。根据经济联系的类型，经济联系的传染可以分为直接经济联系传染和间接经济联系传染。

3.3.1.1　直接经济联系传染

直接经济联系传染主要可以划分为以下五个方面。

（1）母子公司关联效应

母子公司关系是根据公司股权构成而在公司之间存在的控股关系、控制关系，它是一种企业组织制度关系。公司之间的母子公司关联主要以股权关系为纽带而使公司之间在财务信息、资金、债务等方面联系更加紧密。在这种母子公司关联关系中，信用风险最容易产生，并会在母子公司之间相互传染。当母子公司关联关系网络中某一个公司出现财务危机或发生信用违约，信用风险就会沿着公司之间的股权关系进行传染，产生连锁反应，导致母子公司关联关系网络中的其他公司相继出现财务危机或发生信用违约。

（2）交叉持股效应

交叉持股是指在不同的企业之间相互参股，以达到调节企业之间资金供给的目的，保证公司资本的良好运营，为企业发展提供安定的内部环境。公司之间的交叉持股使得公司之间的联系更加紧密，一旦在交叉持股关系网络中某一个公司出现重大的财务危机或发生信用违约，信用风险将会沿着公司之间交叉持股的关系纽带进行相互传染，在交叉持股关系网络中产生连锁反应，导致信用风险传染的"多米诺效应"。

（3）上下游企业关联效应

上下游企业关联的实质是不同企业之间的供给和需求关系，它们在产业链条中相互依存，在资金和债务关系上存在较为密切的联系。上游企业能够为下游企业提供必需的原材料或产品，而下游企业也能为上游企业提供大量的资金。如果在上下游企业关联网络中某一个成员企业出现重大的财务危机或发生信用违约，信用风险将沿着企业的上下游链条相互传染，在上下游企业链条中产生连锁反应，引起上下游企业链条中其他公司相继出现财务危机或发生信用违约。

（4）关联交易效应

关联交易是指在权益、利益关联公司之间发生资源、责任或义务转移的行为。根据财政部 2006 年颁布的《企业会计准则第 36 号——关联方披露》的规定，在企业财务和经营决策中，如果一方控制、共同控制另一方或对另一方施加重大影响，以及两方或两方以上同受一方控制、共同控制或重大影响的，构成关联方。《中华人民共和国公司法》第 217 条也对关联关系进行了界定：关联关系，是指公司控股股东、实际控制人、董事、监事、高级管理人员与其直接或者间接控制的企业之间的关系，以及可能导致公司利益转移的其他关系。因此，关联交易的公司之间可以相互提供资金、相互进行信贷担保、产品赊销、共同从事投资等一系列经济活动。在这种环境或条件下，如果某一个公司出现重大财务危机或发生信用违约，就势必会造成关联交易中其他公司面临财务困境，而且信用风险也将沿着关联交易的利益链条进行传染，使关联交易中其他公司发生信用违约的概率增加，严重会导致关联交易下信用风险传染的"多米诺效应"。

（5）其他联系

除了上述股权关系、供需关系、关联交易关系等直接经济联系以外，经济行为主体之间的贸易关系、资本借贷关系等其他直接经济关系也是金融市场信用风险传染的直接经济联系传染渠道，并在金融市场信用风险传染中起着重要作用。

3.3.1.2　间接经济联系传染

在间接经济联系传染中，信用担保是一种主要的信用风险传染渠道。根据信用担保的定义，它主要是指企业在向银行融通资金过程中，根据合同约定，由依法设立的担保机构以保证的方式为债务人提供担保，在债务人不能依约履行债务时，由担保机构承担合同约定的偿还责任，从而保障银行债权实现的一种金融支持方式。信用担保的本质是保障和提升价值实现的人格化的社会物质关系。信用担保属于第三方担保，其基本功能是保障债权实现，促进资金融通和其他生产要素的流通。在信用担保过程中主要存在两种形式：信贷互保和连环担保。前者是两家企业为向银行融资而相互担保，当其中一方发生信用违约，互保企业由于要承担赔偿责任而陷于财务困境，造成信用风险在互保企业之间传染。后者是多家企业之间形成担保债务链，获取银行贷款，当一家企业发生信用违约，其他企业将会因为承担连带赔偿责任而出现财务危机，信用风险就会通过担保链条在连环担保企业之间循环传染并逐渐放大。

信用担保是将非直接经济行为主体纳入金融市场信用风险传染对象或范围的一种主要途径，使原本信用风险在商业银行与企业两者之间发生传染而变成信用风险在商业银行、企业与担保公司三者之间的传染。因此，信用担保也间接地为信用风险传染提供了渠道，也是金融市场信用风险传染的一种关键渠道。

3.3.2　金融渠道

（1）信用衍生品交易

根据信用衍生品的概念界定，信用衍生品是以贷款或债券的信用作为基础资产的金融衍生工具，其实质是一种双边金融合约安排，在这一合约下，交易双方对约定金额的支付取决于贷款或债券支付的信用状况，通常有两种方式对其进行交易，即期权或互换。而所指的信用状况一般与违约、破产、信用等级下降等情况相联系，一定是要可以观察到的。从信用衍生品的功能来说，它是用来分离和转移信用风险的各种工具和技术的统称，主要包括信用违约互换（CDS）、总收益互换（total return swap，TRS）、信用联系票据（credit-linked note，CLN）和信用利差期权（credit spread option，CSO）四种。它具有分散信用风险、增强资产流动性、提高资本回报率、扩大金融市场规模与提高金融市场效率五个方面的功效，而且利用信用衍生品将有助于缓解银行业出现的"惜贷"、化解金融不良资产及缓解中小企业融资难等问题，在我国有极大的发展前景。对于债券发行者、投资者和银行来说，信用衍生工具是贷款出售及资产证券化之后新的管理信用风险的工具。然而，正是信用衍生品的存在使金融市场上的银行、证券发行机构和市场投资者紧密联系起来，当贷款或债券支付的信用状况出现巨大变化（如发生信用违约、企业破产、企业信用等级大幅度下降等），与该贷款或债券支付相关联的银行、非银行类金融机构及投资者因为信用资产价值的波动而出现财务危机，信用风险就会通过信用衍生品交易在交易对手之间进行相互传染。因此，信用衍生品交易将信用风险原本在企业和银行之间的传染变为信用风险由企业传染给银行，并在银行、非金融机构及投资者之间进行相互传染，并逐渐放大。

（2）资产证券化交易

资产证券化（asset-backed securitization）是指将缺乏流动性的资产，转换为在金融市场上可以自由买卖的证券的行为。广义的资产证券化是指某一资产或资产组合采取证券资产这一价值形态的资产运营方式，狭义的资产证券化是指信贷资产证券化。因此，资产证券化是以特定资产组合或特定现金流为支持，发行可交易证券的一种融资形式。一般而言，在资产证券化交易过程中，涉及的当事人主要包括发起人（也称原始权益人，是证券化基础资产的原始所有者，通常是金融机构或大型工商企业）、受托人（SPV，special purpose vehicle 的简称，指接受发起人转让的资产，或受发起人委托持有资产，并以该资产为基础发行证券化产品的金融机构）、资金和资产存管机构、信用增级机构、信用评级机构、承销人（指负责证券设计和发行承销的投资银行）及投资者（证券化产品发行后的持有人）。而资产证券化交易正是由发起人连接诸多金融机构到投资者的一个复杂过程，它将企业、金融机构和投资者联系在一起，并一起影响信用风险的传染行为。因此，资产证券化交易成为金融市场上信用风险传染的一个关键渠道。

（3）风险证券化产品交易

风险证券化（risk securitisation）是指对于在一定时间区间内发生的不确定，但在总体上具有某种确定的事件，将其作为保险标的，通过出售与之相对应的证券化的金融产品在全国乃至全世界分散这种风险的金融手段。它主要通过风险资产证券化技术，将风险转移到资本市场。它涉及可转换风险的最终接受者，将风险转嫁给了更广泛的资本市场投资者。这是典型地通过金融工具买卖实现风险转移的做法。它主要包括巨灾债券（catastrophe bond）、PCS 期权（property claim service option)、巨灾互换（catastrophe swap）等具体形式。因此，风险证券化产品交易将实体经济部门或金融机构与资本市场连接在一起，当交易过程中某一个环节或经济行为主体发生信用违约等金融事件后，会通过风险证券化产品交易链条使信用风险在交易对手之间进行传染，并逐级放大。

3.3.3　其他渠道

信用风险传染的其他渠道也很重要，因为很多经济行为主体之间不存在经济和金融关系，但也会被信用风险传染，其传染渠道主要包括流动性渠道和政策渠道。

（1）流动性渠道

流动性（liquidity）是指资产能够以一个合理的价格顺利变现的能力，它是一种所投资的时间尺度（卖出它所需多长时间）和价格尺度（与公平市场价格相比的折扣）之间的关系。在经济膨胀或经济快速发展时期，经济行为主体的流动性需求增加，金融机构会增加流动性供给。但是，当经济发展速度减缓或经济下滑时，市场流动性过剩，引发信用危机及信用衍生品市场的剧烈波动，造成信用风险在实体经济、金融机构乃至市场投资者之间相互传染，并逐级放大。因此，流动性也是信用风险传染的一个主要渠道。

（2）政策渠道

政策的传导在金融市场信用风险传染中发挥着重要作用，是金融市场信用风险传染的一个关键渠道。在经济快速发展或膨胀时期，中央政府会通过各种宏微观货币及财税政策对银行、企业、投资者及消费者形成不同效用的传导作用，会增加银行业的信贷扩张与膨胀，增加信贷担保机构的担保能力，增加金融市场的流动性需求，最终导致金融市场的信用风险水平大幅度增加。但是，当出现经济下滑、金融危机或信用危机等情况时，中央政府又会采用各种紧缩性的宏微观货币及财税政策调节市场的流动性需求、信贷需求等，导致各种流动性需求萎缩，引发风险资产的市场价格出现下滑及银行信贷风险增加，并最终导致信用风险在整个经济系统中相互传染。

3.4　金融市场信用风险传染的非线性特征及其经济学分析

金融市场是货币借贷和资金融通、办理各种票据、有价证券交易的市场，是一个高度复杂的非线性系统。在金融市场上信用风险处处存在、时时刻刻存在，经济行为主体之间的信用关系错综复杂，而且信用风险传染还受金融市场固有结构等因素的影响，导致金融市场信用风险传染也是一个高度复杂的非线性系统。金融市场的内部结构及其与环境的相互作用充分体现了该系统复杂性的非线性，也决定了信用风险传染的非线性和复杂性。一般来说，金融市场表现为虚拟金融规模巨大、内部结构复杂、耦合度高、信息对称性和透明性低、参与主体数量多且性质复杂、动态开放的复杂巨系统，其最本质的特征是其组成要素之间相互作用的复杂性与非线性及其系统的自适应性。系统各组成部分之间相互关联、相互影响、相互作用，并且含有社会行为人的决策心理和行为要素等重要不确定性因素的影响。在金融市场上，各种参与人是自然人与法人（投资者、受资者、金融中介机构、监管部门等），他们按照一定的市场规则根据参与人各自的需求在金融市场中进行虚拟的经济活动（李红权和马超群，2006），而且每个经济行为主体都按照各自的预期、经济目标和决策方式进行独立决策，然而他们的决策行为却相互关联、相互影响，最终影响整个金融市场的非线性行为。

金融市场信用风险传染作为该非线性系统的一种反映形式，也具有该系统具有的一般属性和本质特征——非线性。在金融市场上，最为简单的信用风险传染是局部子市场的子系统内同属性的经济行为主体之间的相互影响，由各个经济行为主体之间的信用关联建立了一条信用关系链条，在该链条中他们各自受自身内部因素和外部环境的交互影响，所呈现的市场行为和反应也各不相同，但却相互关联、相互影响，特别是决策者的心理和行为等不确定因素的影响，导致信用风险在该链条上的传染演化动态呈现出更加复杂的非线性特征，如多重反馈效应、时间延迟效应、惯性效应、蝴蝶效应、时空分离效应等。

3.4.1 金融市场信用风险传染的多重反馈效应

在金融市场上，信用风险传染的反馈是信用风险传染因果关系的互动。当信用风险传染系统中的两个经济行为主体之间互为因果关系时，就构成了反馈，而且这种反馈特性在金融市场信用风险传染过程中普遍存在。在物理学概念中，反馈是指将放大器的输出电路中的一部分能量送回输入电路中，以增强或减弱输入信号的效应。而在金融市场信用风险传染中，反馈效应是指经济行为主体或市场将所掌握或接收的信用风险信息，以及市场和投资者动态行为的一部分信息，通过各种不同的渠道输送给信用风险所涉主体，以影响经济行为主体的未来预期、价值判断和决策行为的效应。在金融市场信用风险传染系统中，这种反馈效应往往是多重的，并且会出现多重叠加或交互影响的情形，造成信用风险传染的非线性行为，呈现出复杂的非线性特征。

一般来说，在金融系统中，如果系统的输出返回到输入端并以某种方式改变输入，使系统趋于稳定，称为负反馈效应。反之，如果系统的输出起到与输入相似的作用，使系统的偏差不断增大，且振荡加强，称为正反馈效应。因此，在金融市场上，信用风险传染具有典型的正反馈和负反馈相互叠加效应，这也是金融系统中普遍存在的现象。金融市场信用风险传染的正反馈效应也就是金融市场的反身性原理，它表示在金融市场上参与者的思想和他们所参与的事态因为人类获得知识的局限性和认识上的偏见都不具有完全的独立性，二者之间不但相互作用，而且相互决定，不存在任何对称或对应。而负反馈效应恰恰与之相反。因此，金融市场信用风险传染的正反馈效应推动了金融市场信用风险传染的逐级放大，它是促进金融市场信用风险传染效应的关键因素。而负反馈效应则促使金融市场信用风险传染得以控制，降低金融市场信用风险传染系统的振荡，它是保证系统稳定性的重要因素。两者在金融市场信用风险传染过程中相互作用、相互影响、交织存在。

在金融市场上，信用风险传染效应的发生是一个正负反馈相互叠加、相互作用的过程。除了正负反馈的相互影响，多重反馈也是一个关键的因素。金融市场信用风险传染的多重反馈是指金融市场上经济行为主体 A 的信用状况的变化，引起经济行为主体 B 的信用状况出现相似变化，而经济行为主体 B 的信用状况的变化又引起经济行为主体 C 的信用状况出现相似的变化，……，最终使经济行为主体 A 的信用状况的变化得到进一步强化，这一循环过程就形成了一个多重反馈环（图 3-7 和图 3-8）。例如，在金融市场上，债务人发生信用违约，导致信用担保方发生财务危机，进而导致其发生类似的信用违约，而债务人和担保方的违约导致债权人的信用衍生品价值下降，致使债权人发生类似的信用违约，进而导致金融市场投资者出现财务危机，依次循环下去，最终导致债务人的信用评级下调，债务人进一步违约的概率增加。

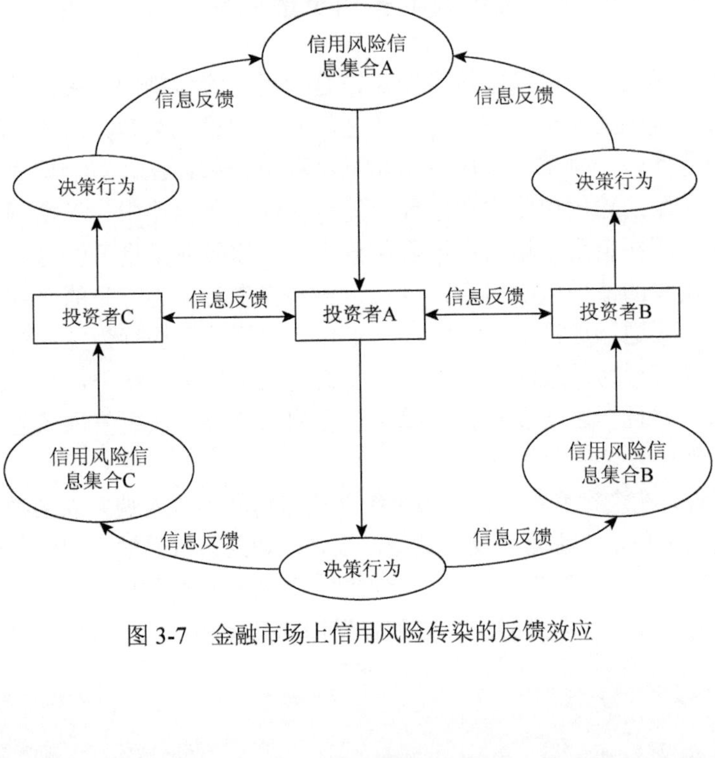

图 3-7　金融市场上信用风险传染的反馈效应

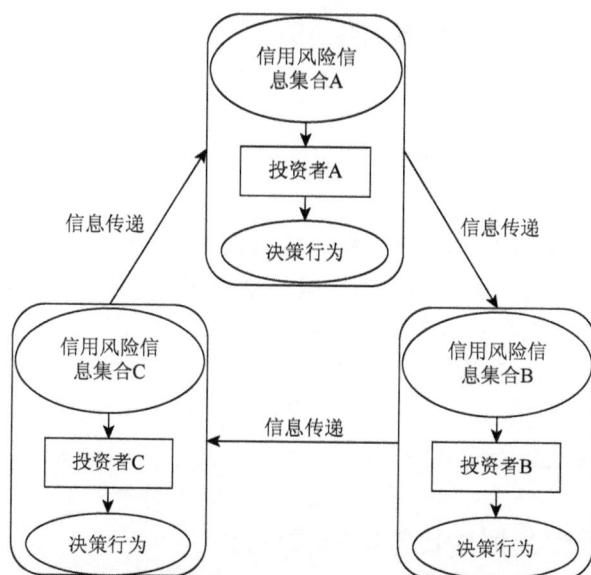

图 3-8 金融市场上信用风险传染的多重反馈效应

3.4.2 金融市场信用风险传染的时间延迟效应

在金融市场上，经济行为主体所掌握的信息总是不完全的，而且信息在经济行为主体之间的分布是不对称的，在经济行为主体之间一直存在信息的优势方和劣势方，经济行为主体要想获得比较完全的信息，需要付出大量的信息搜寻时间及搜寻成本，而且信息搜寻时间与搜寻成本随所获取信息量的增加而递增。同时，经济行为主体在信息搜寻能力、整理能力、分析能力、加工能力、综合处理能力及决策能力等方面存在较大的差异，而且经济行为主体从信息搜寻到最终决策整个过程需要一定的时间。因此，从金融市场某一经济行为主体信息的发出到其他经济行为主体的决策总会出现时间上的滞后，这也就是时间延迟效应。

在金融市场信用风险传染过程中，时间延迟效应总是存在的。从债务人的信用状况变化，到银行的行为反应，再到金融市场投资者的行为决策需要较长的时间，需要经济行为主体不断地对信息进行搜寻、整理、更新、分析、加工、综合处理。在金融市场上，信用风险投资者 A 的决策行为会带来市场信息的变化，并通过传媒、价格等渠道将信息传递给投资者 B，投资者 B 在经过信息的整理、更新、分析、加工、综合处理后做出与投资者 A 相类似的行为决策或应对策略，而在投资者 A 决策到投资者 B 决策这个过程中存在时间延迟现象。即便是金融市场上信用风险投资者的羊群行为也存在信息传递及决策的时间延迟效应。例如，假定在金融市场中某一个投资者的决策带来了市场信息的变化，此信息通过各种渠道同时传递给两个互不相关的投资者 A 和投资者 B，他们各自进行信息的整理、更新、分析、加工和综合处理，由于投资者 A 和投资者 B 都是有限理性且具有一定的异质性，他们的信息整理、更新、分析、加工和综合处理在时间上存在一定的差异，最终导致两者的决策都存在时间延迟效应，而且两者的时间延迟也具有一定的差异，因此决策慢的投资者相对于决策快的投资者来说也具有时间延迟效应。

在金融市场信用风险传染过程中，时间延迟效应虽然为金融风险控制和管理提供了时间，但也会导致更强的信用风险传染效应的产生。在金融市场上往往会同时出现多种类型的信用风险及其他金融风险的时间延迟效应，当多种类型的信用风险传染时间延迟出现耦合时，就会加深这些不同类型信用风险传染的交互影响和作用，导致更强的冲击效应，造成短时间无法控制的信用风险传染效应，严重时导致信用危机或金融危机。

3.4.3　金融市场信用风险传染的惯性效应

惯性是物理学的一个基本概念，是指事物保持原有运动形式的能力（李旭，2009）。惯性也是金融系统的一个显著的固有特征，通常称为"习惯势力"。一般情况下，由于惯性力太大，要改变系统运行既需要强大的推力或拉力，也需要充分的时间。在金融市场上，由于经济行为主体是有限理性的，一种经济行为是在一定的信息决策和环境影响下进行的，当这种经济行为被市场关注时就很难在短时间内得以终结或出现反向运行，出现较强的持续性，特别是群体性的经济行为，这种经济行为的持续性称为惯性效应。例如，在金融市场上认知与行为偏差总是存在的，当经济行为主体对某个或某种经济行为的认知出现偏差后，其行为会随着出现偏差，在较短的时间内难以更正或终止这些认知与行为偏差，特别是群体性的认知和行为偏差，这就形成了经济行为主体的认知与行为偏差的惯性效应。

在金融市场上，信用风险传染具有很强的系统性和群体性特征。在经济行为主体有限理性和利益驱使的环境中，一个或一群关键性的信用风险投资者的经济行为势必影响金融市场上其他信用风险投资者的经济行为，带来前者相似的经济行为，而这些经济行为既会进一步影响金融市场上的其他投资者，也会反过来影响这些经济行为的传染源和自身的经济行为，呈现一种逐渐放大的惯性效应，致使金融市场出现剧烈震荡。在金融市场上，信用事件的发生对信用风险投资者的行为具有很强的冲击效应，引发信用风险在投资者之间的交互传染，而且这种传染行为也往往具有很强的惯性效应。例如，在金融市场上，一个关键的机构投资者持有信用风险的行为发生改变或者发生信用违约，将对金融市场的信息产生冲击，进而导致其他投资者发生与其相类似的信用风险持有或违约行为，即便此时发出纠偏或调控信息，仍然会存在许多投资者发生相类似的信用风险持有或违约行为，在短时间内形成一种行为惯性。这也是在一个关键性信用事件发生后，金融市场信用风险传染效应需持续较长一段时间才得以控制或稳定的重要原因。

3.4.4　金融市场信用风险传染的蝴蝶效应

蝴蝶效应（butterfly effect）是指在一个动力系统中，初始条件微小的变化会带来整个系统的巨大连锁反应，在管理学中也称"牛鞭效应"或"长鞭效应"。该现象在社会系统和经济系统中比较普遍，它反映了对于一个不利的微小机制，如果不加以及时地引导和调节，会不断放大，对其未来状态造成极其巨大的影响，给社会系统或经济系统带来巨大的冲击或危害。因此，对于一切复杂系统，在一定的"阈值条件"下，其长时期大范围的未来行为对初始条件的微小变动或偏差极为敏感，即初值稍有变动或偏差，将导致未来前景的巨大差异，这往往是难以预测的或者说具有一定的随机性，其中金融系统就是一个非常典型的例子。

在金融市场上，信用风险传染是一个高度复杂的巨系统，而且也是一个介稳系统。这种系统虽然能够在自组织作用下达到稳定状态，但其稳定状态很容易被微小的扰动所破坏而出现不规则的振荡。以信用风险为投资对象的金融交易具有较强的内在不稳定性和外部扰动性，而其内在的不稳定主要来自于交易对象本身的虚拟性，信用衍生品本身并不具有真正的价值，它只代表一种获取收益的权利和赔偿交易对手损失的责任，其实质是一种双边金融合约安排，在这一合约下，交易双方对约定金额的支付取决于合约对象和交易对手的信用状况。当信用衍生品在金融市场上进行投资交易后，因其本身并不具有真正价值，故其价格的确定不是按照客观的价值规律，而是依据投资者对其未来价格的主观预测，而且受其自身的信用状况决定，就使其价格脱离了价值规律的决定作用。一旦有信用事件或金融事件发生，就会对信用衍生品的价格产生巨大波动，对投资者的行为产生强大的影响，给投资者造成较严重的经济损失，导致类似信用事件的再度发生，在金融市场造成较强的信用风险传染效应。

在金融市场信用风险传染过程中，所涉及的经济行为主体数量和内外部影响因素多且性质复杂，所涉因素之间交叉耦合特征较为显著，再加上信用风险传染系统内在固有的不稳定性，导致整个金融市场信用风险传染对初始状态具有较强的敏感性，往往某一个或小部分经济行为主体信用状况的变化就会引起金融市场信用风险传染不断放大，呈现出较为复杂的混沌行为。这也是导致金融市场信用风险传染不可预测性的主要原因。以美国次贷危机为例，2007年2月13日美国新世纪金融公司（New Century Finance）发出2006年第四季度盈利预警，3月该公司又透露其经营的次级债坏账问题严重，而后其十几亿美元的市值迅速蒸发，4月4日被迫申请破产。新世纪金融公司的轰然倒闭，揭开了美国次级房屋信贷风暴的序幕。新世纪金融公司的倒闭，使美国成屋的销售量急剧下降，同时使美国道琼斯工业平均指数、标普 500 指数、纳斯达克综合指数备受重挫，随之引发了标普 500 指数降低次级贷款债券的信用评级，造成全球市场的巨大震荡。随后，信用风险传染越演越烈，不断向世界各国蔓延，带来了全球金融市场的剧烈震荡，给世界各国的实体经济带来了巨大冲击，数不胜数的实体企业纷纷倒闭、破产。此次全球性的金融危机就因为美国新世纪金融公司的预警而引发了随后的金融市场信用风险传染的蝴蝶效应，给世界各国的社会经济和金融市场带来了严重的损失和创伤。

3.4.5　金融市场信用风险传染的时空分离效应

时空分离是指跨超越物理的时间和空间领域的社会事件、社会关系、社会场景的联合。随着当代社会经济和科技创新的飞速发展，时空的连接方式已被改变，并逐渐步入空洞化，传统的具体时间、地点、环境、事件的有机连接已被逐步分离，人与人、人与物、物与物的交流与连接已由过去的"时空同步"转变为现在的"时空异步"，经济行为、物品、事件、现象、场景、空间在不同时间轴上的复制和创造已经成为现实，这将使"在场"（presence）和"缺场"（absence）、远距离的社会时间、社会事件、社会关系和地方性场景交织在一起，成为影响系统稳定性和非线性行为的一个关键因素。

在金融市场上，由于其自身的虚拟性，金融行为、产品、金融事件、金融现象、空间结构等在不同时间和空间上的随机复制和再生已经变得更加便利。在金融市场信用风险传染过程中，经济行为主体的交易行为、信用风险持有行为、经济行为主体的风险态度、金融事件、金融政策等在时间和空间上既存在"时空同步性"，也存在"时空异步性"，使信用风险传染复杂多变且具有显著的非线性行为。在金融市场信用风险传染过程中，时空分离同时也具有局域或局部层面上的时空重组效应，两者交织在一起对金融市场信用风险传染产生了非常复杂的影响，产生如"脉冲效应"、"周期性"和"牛鞭效应"等复杂的非线性现象。因此，从这个层面上来说，"蝴蝶效应"或"牛鞭效应"也可以被看作是金融市场上信用风险传染的时空分离效应所产生的一种结果。

3.5　金融市场信用风险传染的非线性分析原理

3.5.1　金融市场信用风险传染的内外兼顾原理

金融市场信用风险传染是虚拟金融、实体经济、经济行为主体和市场环境之间交互作用过程和结果的一种表现形式。金融市场信用风险传染作为一类虚拟金融规模巨大且高度复杂的非线性巨系统，是一种不断进行信息和能量交换、内部层次结构复杂多变、外部扰动敏感的动态开放系统，既受金融市场内在不稳定性的影响，也受外部环境的扰动。在金融市场信用风险传染过程中内部结构和外部环境相互影响、相互关联，并且包含经济行为主体决策行为等关键不确定性因素的影响。金融市场信用风险传染的内在不稳定性由其本身的虚拟性和层次结构所决定，但这种内在不稳定性容易受外部环境及经济行为主体行为的影响。

在金融经济学理论研究中，将信用风险传染归咎于外部随机扰动的作用，但这无法合理解释在现实金融市场信用风险传染中出现的"羊群行为""蝴蝶效应"等诸多现象。而根据非线性理论，金融市场信用风险传染是在内部作用力和外部扰动的相互作用下失去介稳性，进而出现非线性行为。当将金融市场信用风险传染看作复杂系统和混沌系统，其诸多非线性行为就可以视作系统内在不稳定性因素和外部扰动因素相互作用、相互联系的结果。外部环境的冲击会改变金融市场信用风险传染的内在不稳定性，使系统从稳定状态发展到不稳定状态或混沌状态，而系统内在不稳定性也会影响外部环境的变化，进而加剧系统的不稳定性或混沌特性。在外部环境稳定的情况下，金融市场信用风险传染的内在结构变化能够改变稳定的外部环境，并在相互作用下酿成局部金融危机甚至全球性金融危机。在金融市场信用风险传染内部结构稳定的情况下，外部环境的冲击和扰动也会改变其内部结构的稳定性，促使该系统失去介稳性，严重时酿成金融危机。因此，在金融市场信用风险传染研究中，要把握"事物的发展是由内外因共同作用形成的，内因是根本，外因是条件。内因决定着事物的根本属性，外因推动发展"，通过对金融市场信用风险传染的内外因素兼顾考虑才能充分地剖析其非线性行为的影响因素和作用机制。

3.5.2 金融市场信用风险传染的系统性原理

系统性原理的思想主要分为三个部分：整体性、相关性和有序性。整体性是指系统内的每个组分都受整体规律的约束，整体规律在系统内赋予每个组分的功能要比其在整体之外单独获得的功能多得多，而且整体功能远远大于部分功能之和，各个组分一旦组成了系统整体将具有各要素本身不具有的性质和功能。非线性理论已揭示了复杂系统部分和整体不同层次间相互影响、相互作用、相互渗透，形成了系统的非线性行为及其复杂性。相关性是整体性思想的延续，系统内各要素间及与系统外的联系间相互影响、相互作用、彼此制约，而每个要素的存在和发展，都必须依赖其他要素的存在和发展。有序性是指要素间的联系应有一定秩序，其中联系则是指空间排列和时间运行。

金融市场信用风险传染作为一个高度复杂的非线性巨系统，可作为金融系统中的一个子系统而存在，也可作为金融系统中的一个子系统而进行动态演化，构成该系统的子系统包括 CRT 市场、信贷市场、信用衍生品市场、债券市场等，它们相互关联、相互影响，与股票、商品期货与期权、股票期货与期权、利率期货与期权等证券产品存在千丝万缕的内外关联，并受数以百万计的经济个体和组织决策行为与管理、市场环境及社会方面的影响，彼此既相互联系，又互为条件。如果仅仅认识或分析这些联系中的一部分，并不能让我们充分掌握金融市场信用风险传染的动态演化状态。因此，在金融市场信用风险传染研究中要从系统的整体及全局利益出发，确定和研究系统内各要素间及与系统外的联系和作用机制，把握系统整体结构、功能及特性，并考察它与周边环境和社会因素的影响及作用，从而得出全面正确的结论，科学地指导信用风险管理实践活动。

3.5.3　金融市场信用风险传染的非线性原理

金融市场信用风险传染是不符合叠加原理的一类复杂的非线性系统，会产生多样性、非线性、复杂性等。金融系统的本质就是非线性系统，系统内部要素之间及与外部环境之间的关系是非线性的，其相互联系、相互作用而形成混沌、分岔、分形、跳跃等复杂的非线性现象。

经典的金融经济理论是以线性范式为主体，将金融系统的随机过程定性为线性随机，将金融市场信用风险传染归咎于系统外部的随机扰动，假定其本身运行于线性稳定的区间之内，并将经济人假定是完全理性的。而随着行为金融理论研究不断深入，发现金融市场上经济人并不像经典金融经济理论假设的那样是完全理性的，而是有限理性的。同时，非线性理论的研究也表明，金融市场信用风险传染并不完全来自于外部随机扰动，而是主要取决于该系统本身的内在不稳定性。这些将导致现有经典研究范式忽略金融市场上系统内在层次结构、外部随机扰动及经济人的有限理性之间的相互联系、相互作用，以及由此而产生的金融市场信用风险传染的非线性行为及其复杂性。

从非线性理论来看，线性分析范式下的金融市场信用风险传染研究，无法描述复杂多变的金融市场信用风险传染的本质及其演化过程，无法充分提取金融市场信用风险传染过程中的非线性机制及其演化状态与路径。金融市场信用风险传染的时间不可逆、多重反馈、时间延迟、惯性、时空分离及经济行为主体的有限理性，使金融市场信用风险传染本身就具有高度复杂的非线性特征。非对称的市场信息、非对称的供需、非对称的经济周期、非对称的外部随机扰动、非对称的内部组分、金融的虚拟性、经济行为主体的有限理性，以及信息传递的延迟、多重反馈、时空分离等都是非线性特征的表现形式。因此，对于金融市场信用风险传染这类对初始条件敏感的非线性系统无法通过组分进行简单分析，只有使用非线性理论，才能科学有效地描绘和展现金融市场信用风险传染的动态演化机制及其过程与路径。

3.5.4 金融市场信用风险传染的动态演化原理

非线性系统理论中的动态演化原理基本可以概括为：一切现实系统由于其内外部联系复杂的相互作用、相互影响，总是处于无序与有序、均衡与非均衡性相互转化的运动变化中，任何系统都要经历一个系统的发生、系统的维生、系统的消亡的不可逆的演化过程。动态演化是系统发展和运动的本质，系统结构只是其动态演化过程的外部表现。

在因果决定论、牛顿时空论及线性范式下，研究对象的确定性是经典金融经济理论所追求的目标，将现实金融市场信用风险传染中的均衡与非均衡性、可逆与不可逆、确定性与随机性、有序与无序等系统动态演化特性逐出研究的常态。而金融市场信用风险传染的现实情况却要求在其研究过程中只有考虑均衡与非均衡性、可逆与不可逆、确定性与随机性、有序与无序等动态特性，其研究结果才能科学有效。

从非线性系统理论的角度来看，金融市场信用风险传染是内在结构层次、外部随机扰动和具有能动意识的有限理性的经济行为主体之间相互作用的结果，而这些要素的相互作用决定了其动态演化的方向和趋势。金融市场信用风险传染的过程是一个均衡与非均衡性、可逆与不可逆、确定性与随机性、有序与无序等相互转换、不断演化的动态过程，而不是一个稳态的时间推移过程。因此，从非线性的动态演化角度，金融市场信用风险传染被认为是源于其内在不稳定性和外部随机冲击，同时也受有限理性的经济行为主体追求自身利益最大化行为的影响，它们之间相互联系、相互作用，其状态的转移要经过长时间的动态演化才能完成。这些动态演化过程的理论刻画，既符合金融市场信用风险传染的现实情况，也是对经典金融经济理论的丰富和发展。

3.5.5 金融市场信用风险传染的有限时空原理

有限时空原理是指金融市场信用风险传染中时间是不可逆的且是向前发展的，投资者的行为都受资源的稀缺性约束且其行为活动的空间是有限的。这与经典金融经济学理论的时空观是背道而驰的。经典金融经济学理论完全传承了牛顿的绝对时空观，认为金融经济系统的演化是机械的，因果间的联系是唯一确定的，现象的周期性是一种自然的重复。这些潜在假定了时间是可逆的，而且回归分析等概率统计方法的广泛使用将时间的可逆性假设发挥到了极点。经典的金融经济学理论不仅潜在假定了时间的可逆性，还假定了时间演化中空间的恒等性和不动性。这一切都违背了金融市场信用风险传染的现实。

非线性理论在时空观方面却有了较大的进步，纠正了牛顿的绝对时空观，提出了有限时空观，认为时间是不可逆的、向上运行的，且空间是有限的、运动的。在非线性理论看来，金融市场信用风险传染的演化是动态的累进过程，总是不断地具有新的形态，绝不会机械地重复历史，因果间的联系也是多变的、循环的。因此，金融市场信用风险传染对初始条件具有较强的敏感依赖性，如"蝴蝶效应"和"多米诺效应"等。金融事件的影响是长期的，即系统具有"惯性效应"或"长期记忆性效应"。而且，初始条件与金融事件影响的空间结构是有限的，概念或模型中也往往加上界限和极大值约束等空间约束，如风险传染效应的"S"形曲线[即逻辑斯谛（Logistic）曲线]、Logistic 回归模型、前景理论的 S-型价值函数等。金融市场信用风险传染作为一个复杂的非线性系统，其动态演化过程也同样受到时间不可逆性和空间结构有限性的约束，"蝴蝶效应"、"牛鞭效应"和"多米诺效应"的演化结果并不是无限的，而是有限时间或空间范围内的有界运行。

3.5.6　金融市场信用风险传染的经济行为主体行为认知偏差与情绪原理

金融市场信用风险传染中的投资者行为异象（羊群行为、反应过度等）的深层次原因是投资者的行为认知偏差及投资者情绪。经济行为主体的行为认知偏差与情绪是金融市场信用风险传染的内生性因素，对金融市场信用风险传染的动态演化起着不容忽视的关键作用。

行为金融理论的经济行为主体行为认知偏差是指"有限认知能力"的经济行为主体在同一时间内只能获取、处理市场信息中的一小部分，从而根据处理可获取的小部分信息做出对他人、市场的判断，从而造成智力正常、教养良好、方法与工具使用恰当的经济行为主体做出不符合市场真实情况的错误判断，并导致其行为出现一定程度上的偏差。金融市场信用风险传染中行为认知偏差的形成主要是在信息处理过程中所产生的。首先，在金融市场信用风险传染中各类信息的相互融合、相互关联、相互作用往往使本来已经比较庞大的信息库变得更加复杂，真正有用的信息难以被获取与甄别。最终的结果是导致所处理的可获取信息具有很强的片面性甚至是错误的，进而造成那些重要的信息在决策中未能起到任何价值，导致决策的结果是有偏差的或是错误的。其次，经济行为主体在处理可获取信息时受到经济行为主体的记忆、情绪等因素的束缚和影响，导致那些潜在的相关信息被遗漏。而且，由于经济行为主体情绪的影响，认知偏差在信息处理的任何一个环节都可能出现，并影响金融市场信用风险传染的演化过程或路径。最后，经济行为主体信息获取和处理能力的有限性也会导致认知偏差的形成，进而影响金融市场信用风险传染的演化动态。受经济行为主体信息获取和处理能力的有限性限制，其在信息搜集和认知过程中会尽可能地寻找捷径，以获取更多的信息，并采用把复杂信息简单化或把简单问题复杂化的信息处理策略，致使所获取的信息和处理结果存在偏差和错误，进而影响金融市场信用风险传染的演化动态。

行为金融理论的经济行为主体情绪是指任何经济行为主体的行为都会受经济行为主体自我利益情绪的驱动，进而做出非理性的决策。在金融市场信用风险传染系统中，信用风险的投资者主要包括理性投资者和噪声投资者，而噪声投资者对未来收益的预期很容易受不可预测的变动的影响。当噪声投资者对未来收益持乐观态度时，就会出现大量持有或增持各类信用风险资产，而当市场出现消极影响时其情绪就会迅速转变，进而抛售所持有的信用风险资产，严重时会影响理性投资者的市场行为，加剧金融市场信用风险传染，影响其动态演化过程。

因此，在金融市场信用风险传染理论分析和非线性建模过程中，经济行为主体的行为认知偏差和情绪是不可忽略的，只有充分考虑经济行为主体行为的影响，其最终结果才能科学地刻画金融市场信用风险传染的真实动态演化过程。

3.6　本章小结

本章对本书的研究对象——金融市场信用风险传染的概念进行了界定，对金融市场信用风险传染的非线性机制进行了系统分析，并在此基础上提出了金融市场信用风险传染的非线性分析原理。第一，在对信用风险传染概念界定和分析的基础上，从信用风险转移的角度对金融市场信用风险传染的概念进行了界定，对金融市场信用风险传染的传染源、传染对象、传染条件、传染力度和传染效应进行了深入分析。第二，在信用风险相关理论基础和信用风险转移已有研究成果的基础上，从 CRT 市场上信用风险本身和 CRT 交易过程中信息不对称下微观银行 CRT 行为中的道德风险和逆向选择问题，以及金融监管、货币政策和金融创新等宏观因素波动三个方面对 CRT 市场上信用风险传染的作用机理和生成机制进行了深入的理论探讨。第三，在金融市场信用风险传染相关概念界定及传染机制分析的基础上，从经济渠道、金融渠道及其他传染渠道等方面对金融市场信用风险的传染渠道进行了深入、系统的分析。第四，运用行为金融、信息经济学、混沌经济学及非线性动力学等理论，结合金融系统的实际情况和 2008 年的美国次贷危机及其后的欧债危机等对金融市场信用风险传染的非线性行为进行了深入的理论分析和经济学解释。第五，在上述分析的基础上，从非线性系统理论、行为金融理论、信息经济学理论等视角提出了金融市场信用风险传染的非线性分析原理，为第 4～7 章的继续深入研究提供了指导思想。

4 金融市场信用风险传染影响因素分析
——以 CDS 为例

第 3 章对金融市场信用风险传染的内涵进行了界定，对金融市场信用风险传染的传染源、传染对象、传染条件、传染力度、传染效应、传染渠道进行了系统分析，并结合金融系统的实际情况和 2008 年的美国次贷危机及其后的欧债危机等对金融市场信用风险传染的非线性行为进行了深入的理论分析和经济学解释，提出了金融市场信用风险传染的非线性分析原理和研究框架。本章在第 3 章分析的基础上，以 CDS 为研究媒介，首先对 CDS 交易对手信用风险传染特征、传染影响因素进行理论剖析。其次，从 CDS 交易对手的信息不对称性、CDS 创新扩散、CDS 交易等角度深入分析和探讨 CDS 交易对手信用风险的传染机制。最后，借助博弈分析方法，构建 CDS 交易对手信用风险传染影响机制的博弈模型，针对 CDS 交易对手信用风险形成过程中交易对手双方的博弈行为进行建模和传染分析。

4.1 引　言

随着经济全球化及金融自由化的深入发展，信用衍生品种类不断创新，信用衍生品市场取得了长远发展。在信用衍生品市场中，CDS 占据整个信用衍生品市场约 70% 的市场份额，被认为是最具代表性的信用衍生品（Criado and Rixtel，2008）。CDS 产品最早出现于 20 世纪 90 年代中期，摩根大通设计的公司债务 CDS 产品的初衷在于将所持有的埃克森美孚公司的信用风险转移给欧洲复兴开发银行。随后，CDS 市场产品类型不断丰富，出现了包括关于 ABS[①]的 CDS、关于 CDO 的 CDS 及 CDS 指数等在内的结构性 CDS 产品。随着 CDS 市场的不断发展，CDS 产品在转移信用风险方面的优势不断显现，同时，包括蓝山资本（BlueMountain Capital）等在内的对冲基金及诸多其他金融机构通过 CDS 交易获取了巨额的利润（Augustin et al.，2016；陈正声和秦学志，2017）。然而，在 CDS 市场的发展过程中，随着摩根大通"伦敦鲸事件"、雷曼兄弟公司倒闭事件等一系列金融违约事件的发生，CDS 产品被诸多金融机构、监管部门诟病为引发金融危机的源头所在（Augustin et al.，2016；Chen et al.，2017）。

---

① ABS，asset-backed security，资产抵押债券。

CDS 交易的实现建立在 CDS 买方和 CDS 卖方之间，但 CDS 交易的受益方并不仅仅局限于 CDS 交易对手之间，包括有信贷需求的企业等都是 CDS 交易的受益方。从 CDS 买方来看，由于可以通过 CDS 产品将所持有的信用风险转移出去，CDS 买方有意愿持有更高的风险资产以获取相应的风险收益（Subrahmanyam et al.，2017）。CDS 买方风险持有意愿的提高，使 CDS 买方能够为金融市场释放更多的流动性（Parlour and Winton，2013；Li and Tang，2016）。CDS 买方风险资产持有意愿的增强，使有资金需求的企业能够更容易地从信贷市场等获取资金支持。对于 CDS 卖方来说，通过加大信用风险敞口的形式为 CDS 买方提供信用风险保护，在持有 CDS 买方转移的信用风险的同时获取 CDS 买方所支付的票息。从交易对手视角来看，CDS 产品的出现，使买方能够转移信用风险，提高风险资产收益，CDS 卖方能够赚取信用风险保护费用，提高收益率。从整个金融市场视角来看，CDS 产品的出现，使金融市场流动性得到提高、金融市场安全得到一定的保障（杨星和胡国强，2013）。

然而，CDS 市场在实现高速发展，为金融市场提供更高流动性的同时，也同样因为其交易特征带来了一些问题，如 CDS 交易对手信用风险的传染等（陈庭强等，2016a，2016b，2017）。实际上，单就银行个体来说，CDS 交易转移了一定的信用风险，但这种方法并没有降低整个信贷市场中的风险（庞素琳和王立，2016）。在 CDS 交易过程中，CDS 交易方之间形成了错综复杂的交易对手关系，构成了以信用为基础的交易对手网络。CDS 交易对手信用关联网络的形成，在提高金融市场效率的同时，也为 CDS 交易对手信用风险的传染及扩散提供了必要渠道。在 CDS 交易对手信用关联网络中，一个交易主体信用违约事件的发生，将会迅速传染和扩散至整个 CDS 交易对手之间的信用关联网络，进而形成较大规模的金融事件，甚至导致金融危机的爆发。

总的来说，CDS 市场的迅速发展为提高金融市场效率、保障金融安全等做出了重要贡献。然而，在大力发展 CDS 市场的同时，也必须考虑 CDS 交易给信用衍生品市场甚至整个金融市场带来的潜在风险。因为 CDS 交易增加了交易对手之间新的信用关系和风险的相依性，而且 CDS 交易也导致交易对手间新的信用风险的产生，容易造成 CDS 交易对手之间的风险传染。

4.2 CDS 交易对手信用风险传染特征分析

近年来，我国深化金融体制改革取得了突出成就，学术界、理论界及市场参与者高度关注如何防范和应对 CDS 交易对手信用风险的产生和扩散，以期通过完善决策系统和监管手段等方式应对可能发生的 CDS 交易对手信用风险，以及 CDS 交易对手信用风险的传染和扩散。对 CDS 交易对手信用风险传染特征的分析，能够帮助我们探索更为行之有效的 CDS 交易对手信用风险传染的防控措施。通过对 CDS 交易特征及 CDS 产品特征的梳理，CDS 交易对手信用风险传染主要包括以下三个特征：

1）传染路径多样。随着信用衍生品市场的不断创新和发展，CDS 产品也由单标的 CDS 产品发展为多标的组合 CDS 产品，CDS 产品日益复杂化，CDS 交易对手信用风险也越来越呈现出多样化、复杂化等特征。事实上，受此影响，CDS 交易对手信用风险的传染路径也越来越多样化，单向传染已然难以有效刻画 CDS 交易过程中交易对手信用风险传染的路径，CDS 交易对手信用风险传染越来越呈现出双向传染、交叉传染及循环传染等特征。

2）传染速率较快。通过 CDS 交易，交易对手方之间形成了以 CDS 产品为媒介的错综复杂的交易对手信用关联网络。交易对手信用关联网络的建立，在提高交易效率、分散信用风险的同时，也为 CDS 交易对手信用风险提供了传染渠道。一个交易对手的信用恶化，往往会通过信用关联网络引起与其相关联的交易对手的信用也发生信用危机。

3）风险可控性弱。在交易过程中，标的资产违约、CDS 买方放松贷后监管、CDS 买方信用违约及投资者情绪波动等客观情况的存在，加之各利益相关方之间的信息不对称问题，对监管当局的风险预测机制、风险控制机制等都提出了更高的要求。总的来说，CDS 交易涉及参与主体及利益相关方较多，交易对手信用风险传染路径多样、传导机制错综复杂，极大地增加了 CDS 交易对手信用风险传染的管控难度。

CDS 交易对手信用风险传染路径多样、传染速度较快、风险可控性弱等特征的客观存在及相互耦合，使 CDS 交易市场中一方违约，导致与之关联的交易对手违约或者违约概率增加，加剧 CDS 交易对手信用风险传染所导致的金融安全问题。如果不能采取行之有效的风险管理措施，CDS 市场将难以有效实现其转移信用风险和信用风险保护的初衷。

4.3　CDS 交易对手信用风险传染的影响因素

4.3.1　道德风险和逆向选择

在 CDS 交易过程中产生的道德风险是指交易一方为了追求自身利益而产生信用违约事件，造成其交易对手方预期收益下降的风险。在 CDS 交易中，道德风险的发生不仅来源于 CDS 卖方，更多道德风险行为的发生是由 CDS 买方所引致的，甚至是 CDS 交易双方都存在道德风险行为。在 CDS 交易过程中，道德风险行为的发生会直接导致信用违约事件发生概率的增加，尤其是交易双方均存在道德风险时所形成的耦合效应，将会加剧 CDS 市场信用风险传染的危害程度。

从 CDS 买方来看，通过 CDS 交易能够将自身所持有信贷资产的信用风险转移给 CDS 卖方，使 CDS 买方有更高的风险持有意愿。在 CDS 交易过程中，CDS 买方出于利益最大化的考量，可能会弱化贷后监管，致使标的资产违约概率增加，加大了 CDS 卖方的风险（Criado and Rixtel，2008；Minton et al.，2009；邓斌和张涤新，2011）。从 CDS 卖方来看，在 CDS 交易发生后，CDS 买方对 CDS 卖方的实际偿债能力并不持有足够的信息，也就是说并不是充分了解 CDS 卖方的实际偿债能力。CDS 卖方能够利用同 CDS 买方之间的信息不对称，从而引发道德风险问题（Skinner and Diaz，2002）。此外，在 CDS 市场中，CDS 市场参与者往往在多笔 CDS 业务中同时充当 CDS 买方和 CDS 卖方的角色，使道德风险行为的发生所导致的违约影响的传导机制不是单向的，而是能够迅速传导至所有关联机构。同理，CDS 市场中其他参与者的道德风险行为也会通过类似的传导机制将 CDS 交易对手信用风险扩散至整个 CDS 交易对手网络（图 4-1）。总的来说，单交易主体引发的道德风险问题及多交易主体导致的道德风险问题的相互耦合，使 CDS 交易对手信用风险在多交易主体之间实现传染和扩散，加剧了衍生品市场的不稳定性。

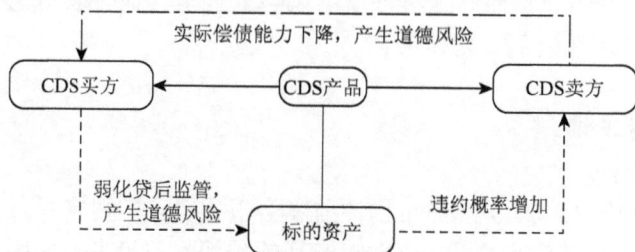

图 4-1　CDS 交易对手道德风险产生原因及结果

4.3.2　财务风险

财务风险是与 CDS 交易对手信用违约密切相关的一个因素。交易对手双方在存续期间和关联企业（如银行）的资金往来很可能会产生财务风险，并且一个信用违约事件的发生很有可能会影响多个财务指标，甚至会对财务报表整体产生影响。探究影响 CDS 交易对手信用风险传染的动因，就要从财务报表及财务数据进行分析。CDS 交易对手应该采取一定措施减轻财务风险，如完善财务报表，聘请专业人员分析财务报表，使本企业的信贷资产更安全有效。

在 CDS 交易中，市场参与者的财务风险主要由以下几方面因素导致：

1）宏观市场环境的不确定性导致的财务风险。CDS 交易对手在进行市场交易的过程中，宏观市场环境的复杂多变将直接影响标的资产的盈利能力，甚至很可能导致信用违约事件的发生。加上近几年制造业发展放缓，产能过剩，僵尸企业层出不穷，CDS 交易对手方关联企业面临较大的财务风险。

2）投资者行为的羊群效应导致的财务风险。在 CDS 交易过程中，信息不对称问题不仅存在于交易对手之间，同时还存在于市场参与者及其投资者之间。交易对手投资者的挤兑行为、卖空行为能够产生羊群效应，从而导致 CDS 市场参与者面临流动性枯竭等财务风险。

3）CDS 交易中杠杆率过高导致的财务风险。CDS 交易，如蓝山资本等在内的许多市场参与者能够获得巨额收益，使 CDS 市场一直存在高杠杆率的问题。高杠杆率这一现实问题的存在，大大增加了 CDS 市场参与者的财务风险。在交易过程中，由于高杠杆率的存在，一旦发生信用违约事件，将很快通过信用关联网络传导至其关联机构，从而给整个 CDS 交易市场带来巨大的风险隐患。

在 CDS 交易中，交易主体的财务风险将会直接导致 CDS 交易对手信用风险的发生。同时，如果 CDS 市场参与者财务状况不佳甚至是出现财务危机时，往往会导致两种现象：一是该市场参与者违约并将所导致的信用风险传导至关联市场参与者；二是该市场参与者自身的财务问题往往难以抵御某一关联市场参与者信用风险所带来的冲击，从而继续将该信用风险扩散至其他关联市场参与者，导致 CDS 交易对手信用风险的多轮传染。

4.3.3　交易对手情绪

在 CDS 市场中，CDS 产品市场参与者会根据自己的财富总量、风险偏好、CDS 产品对应的标的资产质量及 CDS 产品的预期收益等多方面因素的考虑，产生各种交易情绪。交易对手情绪在分析 CDS 交易对手信用风险传染的过程中是个不可忽视的重要概念，在投资过程中，交易对手情绪会加速信用风险的传染，加剧 CDS 市场波动。在交易过程中，受到各种非理性情绪的影响，往往会出现 CDS 产品估值偏离实际价值、低信用级别标的资产大肆涌入等现象。这类现象的出现，给 CDS 市场带来了巨大的潜在风险。同时，非理性情绪的客观存在，为交易对手信用风险的传染和扩散提供了便利，使 CDS 交易对手信用风险能够快速蔓延至整个交易对手信用关联网络。

CDS 交易对手情绪的波动主要受以下三方面因素的影响：

1）利益驱动是 CDS 交易对手情绪波动的内生因素。转移信用风险并实现利益最大化是 CDS 市场参与者参与 CDS 交易的初衷所在，因此，参与 CDS 交易所能获取利益的大小往往会对 CDS 市场参与者情绪波动产生影响。具体来说，在 CDS 市场中，信用违约事件的发生将会导致风险规避型参与者过分陷入悲观等非理性情绪。信用衍生品市场中关联市场参与者信用状况的恶化，将会进一步加剧其恐慌心理与过激情绪反应，从而通过市场传导机制将这种非理性情绪传染给其他关联市场参与者。受此影响，CDS 交易对手信用风险也更容易在 CDS 交易对手网络中实现传染和扩散。

2）信息不对称是 CDS 交易对手信用违约事件传染的现实条件。纵观全球经济金融环境，2008 年的美国次贷危机，信息不对称因素的存在，以及悲观情绪弥漫包括 CDS 市场在内的整个金融市场，不良信息被情绪悲观的市场参与者放大传染。每当 CDS 交易对手在交易过程中情绪不稳定性增强时，不良信息常常会被加强，利好信息则往往会在信息不对称中减少。在 CDS 交易市场中，交易对手情绪的不稳定变化性，常常会导致市场经济周期紊乱及证券市场整体失衡。金融市场失衡之后，信息传导缺乏真实性和透明度，往往会产生交易对手双方的非理性行为。

3）羊群心理是 CDS 交易对手信用风险传染的一个重要原因。羊群心理，也称从众心理。个体对群体的行为产生依赖并且构成了一个群体反应，且交易对手双方对信息掌握不充分，更会加剧群体非理性行为。尤其是当信用违约事件发生时，群体的观点会对怀有恐慌怀疑情绪的交易对手造成极大的影响，甚至使 CDS 交易市场中交易对手集体失去理性判断。

在 CDS 交易过程中，一旦其中一方交易对手违约造成信用事件发生，则会危及另一方交易对手的心理预期和既得利益，此时极易引发其心理情绪的波动，进而造成心理恐慌，而当这种情绪通过交易对手网络在关联市场参与者之间实现传染时，将会拓宽 CDS 交易对手信用风险的传染渠道，加速 CDS 交易对手信用风险的传染，加剧衍生品市场的不稳定性并最终形成系统性金融风险。

4.3.4　CDS 产品的复杂性

随着金融衍生品市场的不断创新和发展，CDS 产品日益呈现出产品结构多样化、复杂化的特征。在实际交易过程中，纷繁复杂的 CDS 产品对 CDS 交易对手信用风险的传染速度及传染规模的影响也有所区别。日益复杂化的 CDS 产品特征使 CDS 产品背后潜在的实际风险相互耦合，对监管部门和市场参与者的风险鉴别及管控能力提出了更高的要求。

从 CDS 产品对应的标的资产数量来看，分为单标的 CDS 产品和多标的 CDS 产品。单标的 CDS 产品为单笔债务提供信用风险保护，同理，多标的 CDS 产品则可能对应多笔债务的违约风险。事实上，虽然多标的 CDS 产品极大地提高了金融市场效率，使金融市场具有更高的流动性，但就其所对应的 CDS 交易对手信用风险来看，多标的 CDS 产品发生违约风险的源头更多，相应的 CDS 交易对手信用风险发生的概率也更高。同时，复杂性更高的 CDS 产品也使市场参与者度量其相应的交易对手信用风险的难度增加，CDS 产品估值与 CDS 对应的实际价值之间的偏差越大。CDS 交易对手信用风险源头增加及 CDS 产品估值偏差增大，加快了 CDS 交易对手信用风险的传染速度，拓宽了 CDS 交易对手信用风险的传染渠道，加大了 CDS 交易对手信用风险的传染规模。

总的来说，CDS 产品复杂程度越高，其标的资产潜在违约风险也越高，同时市场参与者发生信用风险的概率也越高。如果不能有效管控日益复杂的 CDS 产品交易对手的信用风险，将会加剧金融衍生品市场甚至是整个金融市场的不稳定性。

4.4　CDS 交易对手信用风险传染机制分析

4.4.1　基于信息不对称性的 CDS 交易对手信用风险传染分析

CDS 交易对手形态与需求的复杂性，信息不对称现象在 CDS 交易过程中显著存在，并由此导致 CDS 交易对手之间的逆向选择和道德风险问题。在 CDS 交易中，银行基于信息不对称性会对信用风险的质量进行分析，通过 CDS 工具实现高质量信用风险自留，低质量信用风险出售给 CDS 卖方；CDS 卖方基于信息不对称将其购买的劣质信用风险再以 CDS 合约形式转移给其他投资者（陈庭强等，2011a）。这样就形成了一个以 CDS 为媒介的信用交易网络，且存在严重的逆向选择和道德风险问题。若某一个交易对手出现了信用违约，则会引发信用风险在该网络上传染。Acharya 和 Johnson（2007）的研究发现，银行等金融机构往往比其他投资者具有更多参考资产信用质量的信息，甚至可以主观影响参考资产的信用质量，获得满足自身需要的超额收益。这种借助信息不对称性而获取超额收益行为的存在使银行为了转移借款人方面引发的信用风险而购买大量 CDS 产品，这在很大程度上弱化了银行审查监督信贷资产、控制风险的积极性，增强其发放高风险贷款的动机。虽然缓释了银行所拥有的信用风险，但却使信用风险在金融系统中聚集和增加（Kiff and Morrow，2000；Skinner and Diaz，2002；Mengle，2007；韩琳和胡海鸥，2005；Criado and Rixtel，2008；Stulz，2010；Minton et al.，2009；陈庭强等，2011a；邓斌和张涤新，2011；庄毓敏等，2012；陈庭强等；2016b），进而增加了信用风险传染的可能性和破坏性。

此外，信息不对称将促使 CDS 卖方要求额外的费用（Duffie and Lando，2001；Skinner and Diaz，2002；Errais et al.，2007），以抵消信息不对称性带来的额外风险。这与完全信息情形不同，投资者不确定 CDS 合约中的资产是否触发违约条件，无法观察到资产的管理者是否打算选择违约，他们随时面临违约风险。投资者在不完全信息的金融市场中会形成信息扭曲的局面，从而导致个体态度之间的相互交叉影响和感染（陈庭强和何建敏，2014b）。当其中的一个投资者选择违约时，会带动其他投资者也选择违约，造成大面积传染。因此，信息不对称是促成 CDS 交易过程中交易对手、投资者之间相互传染的根本，给 CDS 交易对手信用风险传染提供了基础条件。

4.4.2　基于 CDS 创新扩散的 CDS 交易对手信用风险传染分析

在 CDS 交易中，CDS 交易对手形态各异、需求层次和风险管理能力迥异。在满足不同投资者需求的利益驱动下，CDS 产品日益丰富，创新扩散也在加速增长。这虽然增加了 CDS 产品的多样化，但也增加了 CDS 交易对手甄别和衡量其交易产品信用风险水平的难度。因此，在 CDS 创新机制的扩散下，CDS 衍生产品加剧了交易对手信用风险传染的复杂性。

在 CDS 创新扩散中，较为复杂的是 CDS 被广泛应用于与资产和证券化相结合，合成 CDS 资产衍生证券（图 4-2）（陈斌，2010）。利用这种创新扩散机制，CDS 卖方将 CDS 买方支付的保费作为资本投资高质量高级别的投资群组（包括国债、回购协议、高级别债券等）；与此同时，为了提高自身的收益，发行大量各档债券。如果参考资产没有发生信用事件，CDS 卖方将 CDS 创新中获得的费用及在高质量投资行为中获得的本金和利息用于支付各档债券的本息。当信用事件发生时，CDS 卖方选择卖掉高质量资产履行 CDS 合约中自身的义务，对 CDS 买方进行补偿，这部分的损失由投资各档证券的投资者承担。

现实中，交易对手尤其是一些金融机构利用 CDS 创新扩散机制，通过合成资产证券化生成多档证券。而这些证券的拥有者（如图 4-2 的虚线部分），会再一次通过 CDS 创新机制扩散合成型资产证券，衍生出的许多证券可能都成为其他 CDS 的标的参考资产。上述过程反复进行，许多看似独立的 CDS 交易对手在这个过程中形成了复杂的利益网络。这为投资者识别自己所承担的风险大小设置了障碍，也使信用风险转移具有"多米诺效应"，引起复杂的信用风险传染现象。

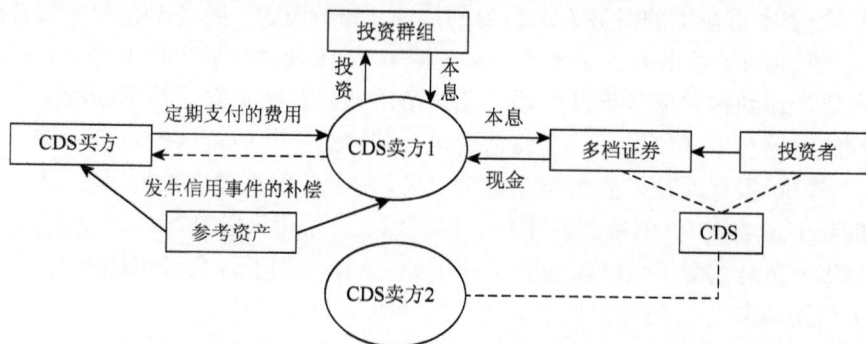

图 4-2　CDS 衍生交易的信用风险传染机制

4.4.3 基于 CDS 交易的 CDS 交易对手信用风险传染分析

CDS 交易形成了对 CDS 卖方的信用风险敞口（Heise and Kuhn，2012）。现实中，标的参考资产和 CDS 交易对手之间往往存在关联违约（Hull and White，2001；杨星和胡国强，2013），并且，CDS 交易增强了标的参考资产和交易对手之间的违约关联程度。此外，由于交易对手之间互相持股及债务关系的存在，他们的财务状况相互关联且相互影响，而 CDS 交易将会进一步增加其关联违约的概率。在 CDS 交易过程中，标的参考资产、CDS 交易对手之间形成了互相关联的链条，一个债务人的违约发生，将会产生一个风险向高等级转换，促使其他债务人的违约强度随之上升（Davis and Lo，2000；李永奎和周宗放，2015），引起信用风险传染的连锁反应。同时，CDS 交易对手信用风险的存在，增大了 CDS 信用价差（Jarrow and Yu，2001；Jorion and Zhang，2009），迫使市场参与者要么要求更高的风险溢价，要么退出市场（Gibson，2007；Criado and Rixtel，2008；Stulz，2010），导致市场参与者一般为信用风险的偏好者。因此，CDS 在合约交易过程中也成为信用风险传染的主要载体。雷曼兄弟公司的破产、美国国际集团的信用危机，以及大批 CDS 合约交易对手信用级别的下降甚至破产，也印证了这一点。

CDS 交易一般在场外进行，在监管方面存在一定的空白，很容易导致其被投机过度，增加信用风险传染的可能性。CDS 交易被越来越多地用于投机和套利交易。2008 年 CDS 交易最为活跃，截至 2008 年底未清偿 CDS 合约的名义净价值数量惊人（Dickinson，2008）。

CDS 交易打通了资本市场、证券市场和实体经济的通道，信用风险在不同市场间溢出比较便捷，在一定程度上改变了金融风险的传导路径（史永东和赵永刚，2008），增加了交易对手信用风险在市场间的传染性（图 4-3）。从国外发展的经验来看，信用债券风险、房地产市场风险正是通过 CDS 交易加强了融合（刘亚等，2008）。当资本市场中的债务人由自身的原因（经营不善、财务恶化等）或者市场的原因（债券市场萎靡或者房地产需求下跌），导致其偿付能力极度恶化，其指向的参考资产违约拖欠债务事件大增，此时信用风险开始暴露，并不断放大。而与之关联的交易对手（如银行等）将信用风险转移给了其他机构投资者，使信用风险不再局限于银行而是扩散到整个金融市场。由于违约集聚现象的存在（Azizpour and Giesecke，2008），信用违约事件大面积爆发，信用风险开始传染蔓延和扩散。因此，CDS 交易改变了金融风险的扩散传导机制，增加了各金融市场间的关联性，加剧了信用风险传染的摧毁性和破坏性。例如，2008 年的美国次贷危机，正是 CDS 及其衍生品的交易，使原本属于银行体系内的信用风险与房地产市场、资本市场、证券市场关联，实现了信用风险的传染。

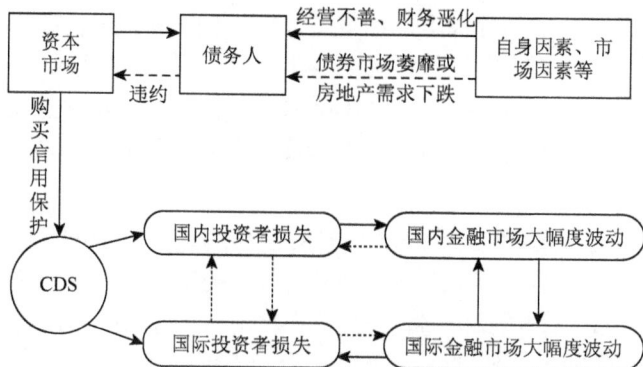

图 4-3　CDS 改变金融风险传导路径机制图

4.5　CDS 交易对手信用风险传染的博弈分析

CDS 交易对手信用风险传染受到包括道德风险、财务风险、交易对手情绪及产品复杂性等诸多因素的影响，为进一步刻画和分析相关影响因素对 CDS 交易对手信用风险传染的影响机制，本节结合 CDS 市场的实际状况，综合考虑上述影响因素，构建 CDS 交易对手信用风险传染影响机制的博弈模型。

4.5.1　模型假设

假设 1：在 CDS 交易过程中，CDS 买方和 CDS 卖方均有发生道德风险的动机。CDS 买方通过 CDS 交易能够转移信用风险，为缩减成本、实现利润最大化，其可能会放松对于标的资产的贷前审查及贷后监管力度。在此过程中，CDS 买方的策略选择将会受到自身风险偏好、财富总量等情绪的影响。当 CDS 买方为风险规避型时，即使认为 CDS 卖方有足够的偿付能力，也不会选择放松贷前审查及贷后监管力度，从而有效降低标的资产发生信用事件的概率。反之，当 CDS 买方为风险偏好型时，则会放松贷前审查及贷后监管力度，以持有更高风险的方式获取更高利润。因此，在 CDS 交易过程中，CDS 买方的策略空间可以表示为 $S_1 = \{$严监管，弱监管$\}$。同时，CDS 买方选择严监管策略的概率为 $p\,(0 \leqslant p \leqslant 1)$，那么选择弱监管策略的概率则为 $1-p$。当 CDS 买方对标的资产采取严监管策略，标的资产发生信用事件的概率为 $p_1\,(0 \leqslant p_1 \leqslant 1)$，当 CDS 买方对标的资产采取弱监管策略，标的资产发生信用事件的概率为 $p_2\,(0 \leqslant p_2 \leqslant 1)$，且 $p_1 < p_2$。

假设 2：在标的资产由于财务风险抑或是受其他因素的影响而发生信用事件后，CDS 卖方的策略空间可以表示为 $S_2 = \{$不违约，违约$\}$。且不妨假设 CDS 卖方严格履约进行偿付的概率为 $q\,(0 \leqslant q \leqslant 1)$，CDS 卖方选择违约策略的概率为 $1-q$。

假设 3：在 CDS 交易过程中，如果 CDS 买方倾向于严监管，贷款会经过严格审核，我们用 CDS 买方在这种情况下发放的贷款额度 V_1 表示监管的严格程度；如果 CDS 买方倾向于放松监管，会发放更多贷款，使市场具有更高的流动性，我们用 CDS 买方在这种情况下发放的贷款额度 V_2 表示 CDS 买方对于标的资产的监管放松程度，且 $V_1 \leqslant V_2$。

假设 4：为便于刻画和分析 CDS 交易对手信用风险传染的影响机制，对其他相关参数做出如下设定：CDS 产品票息率为 s，贷款利率为 r，CDS 标的资产违约回收率为 δ。CDS 买方对标的资产严监管需额外支付的成本为 C_s，CDS 卖方违约对其自身声誉的影响为 F_1。此外，CDS 买方对 CDS 标的资产放松监管导致 CDS 标的资产违约，CDS 买方需要承担相应的声誉损失 F_2。

4.5.2　模型构建

根据 CDS 产品的交易机制、CDS 市场的实际运转状况及上述假设，在 CDS 交易过程中，CDS 买方和 CDS 卖方之间的策略博弈过程可以由如图 4-4 所示的博弈树表示。

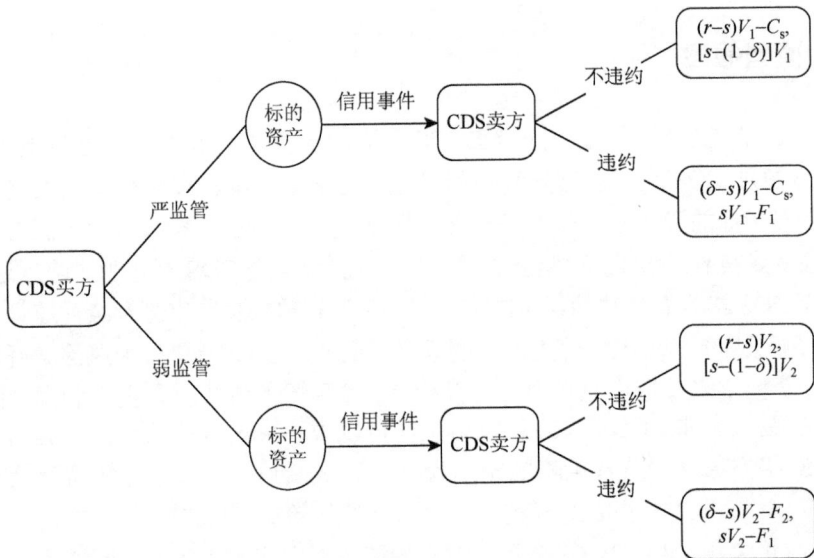

图 4-4　CDS 买方和 CDS 卖方的策略博弈过程

同时，根据上述 CDS 买方和 CDS 卖方的策略博弈过程，可得到 CDS 买方和 CDS 卖方的收益矩阵如表 4-1 所示。

表 4-1 CDS 买方和 CDS 卖方的收益矩阵

CDS 买方监管策略 / CDS 卖方违约策略		CDS 买方	
		严监管 pp_1	弱监管 $(1-p)p_2$
CDS 卖方	不违约 q	$(r-s)V_1-C_s$, $[s-(1-\delta)]V_1$	$(r-s)V_2$, $[s-(1-\delta)]V_2$
	违约 $1-q$	$(\delta-s)V_1-C_s$, sV_1-F_1	$(\delta-s)V_2-F_2$, sV_2-F_1

4.5.3 模型分析与计算实验

由图 4-4 和表 4-1 所示的 CDS 交易对手方策略博弈模型可知，CDS 买方选择严监管策略的期望收益为

$$E_s = q[(r-s)V-C_s]+(1-q)[(\delta-s)V-C_s] \tag{4-1}$$

同时，能够求得 CDS 买方选择弱监管策略的期望收益为

$$E_w = q(r-s)V+(1-q)(\delta-s)V \tag{4-2}$$

在实际交易过程中，当且仅当 CDS 买方选择严监管策略所获取的收益大于等于弱监管策略所获取的收益时，即 $E_s \geqslant E_w$ 时，CDS 买方才会选择严监管策略。也就是说，只有 CDS 买方在两种监管策略下所获取的收益相等，即 $E_s = E_w$ 时，CDS 买方策略选择的均衡条件才会实现。此时，能够求出 CDS 买方策略选择的均衡条件为

$$q^* = \frac{(\delta-s)(V_2-V_1)+C_s-F_2}{(r-\delta)(V_1-V_2)-F_2} \tag{4-3}$$

在 CDS 交易中，CDS 卖方在不违约与违约状态下的期望收益分别为

$$E_N = pp_1[s-(1-\delta)]V_1+(1-p)p_2[s-(1-\delta)]V_2 \tag{4-4}$$

$$E_Y = pp_1(sV_1-F_1)+(1-p)p_2(sV_2-F_1) \tag{4-5}$$

同理，CDS 卖方策略选择的均衡条件为

$$p^* = \frac{p_2[F_1-(1-\delta)V_2]}{(p_1-p_2)F_1+(1-\delta)(p_2V_2-p_1V_1)} \tag{4-6}$$

根据式（4-3），能够得到如下定理。

定理 4.1：CDS 卖方违约概率与违约资产回收率 δ 呈正相关关系，与 CDS 买方对标的资产的监管放松程度 V_2 呈正相关关系，与 CDS 买方由于放松监管所受惩罚力度 F_2 呈负相关关系。

证明：根据式（4-3），能够求得：$\dfrac{\partial q^*}{\partial \delta} = \dfrac{(V_2-V_1)[(V_2-V_1)(s-r)-C_s]}{[(r-\delta)(V_1-V_2)-F_2]^2}$，式中，

$V_2 - V_1 > 0$ 且 $s - r < 0$，因此，可得到 $\dfrac{\partial q^*}{\partial \delta} < 0$。而 CDS 卖方违约概率为 $1 - q^*$，因此，能够得出 CDS 卖方违约概率与违约资产回收率呈正相关关系。

同理，能够求出 $\dfrac{\partial q^*}{\partial V_2} = \dfrac{(r - \delta)C_s}{[(r - \delta)(V_1 - V_2) - F_2]^2}$，其中，$r - \delta < 0$，因此，$\dfrac{\partial q^*}{\partial V_2} < 0$。也就是说，CDS 卖方不违约概率与 CDS 买方监管放松程度呈负相关关系。因此，CDS 卖方违约概率 $1 - q^*$ 与 CDS 买方监管放松程度呈正相关关系。

此外，由式（4-3）可知，$\dfrac{\partial q^*}{\partial F_2} = \dfrac{(r - s)(V_2 - V_1) + C_s}{[(r - \delta)(V_1 - V_2) - F_2]^2}$，式中，$r - s > 0$，因此，$\dfrac{\partial q^*}{\partial F_2} > 0$。也就是说，CDS 卖方不违约概率与 CDS 买方放松监管所受惩罚力度呈正相关关系。因此，CDS 卖方违约概率 $1 - q^*$ 与 CDS 买方放松监管所受惩罚力度呈负相关关系。

最后，根据式（4-3），能够得到 $\dfrac{\partial q^*}{\partial s} = \dfrac{-(V_2 - V_1)[(r - \delta)(V_1 - V_2) - F_2]}{[(r - \delta)(V_1 - V_2) - F_2]^2}$，其中，$r - \delta < 0$，$V_2 - V_1 > 0$，因此，$\dfrac{\partial q^*}{\partial s} < 0$。也就是说，CDS 卖方不违约概率与 CDS 产品的票息率呈负相关关系。因此，CDS 卖方违约概率 $1 - q^*$ 与 CDS 产品票息率呈正相关关系。

至此，定理 4.1 得证。

为进一步分析 CDS 卖方违约概率的影响机制并验证定理 4.1 中的结论，利用 MATLAB 软件对模型进行模拟实验，得到如图 4-5～图 4-7 所示的实验结果。

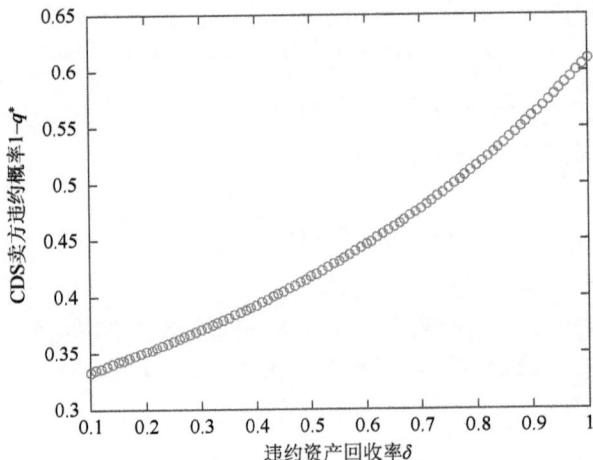

图 4-5　CDS 标的资产违约回收率对 CDS 卖方违约策略的影响仿真示意图

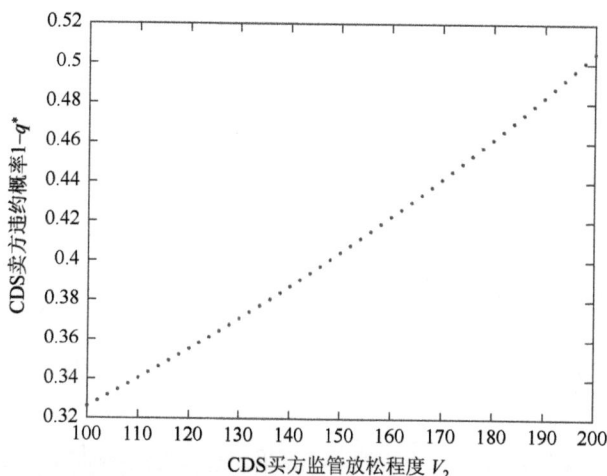

图 4-6　CDS 买方对标的资产的监管放松程度对 CDS 卖方违约策略的影响仿真示意图

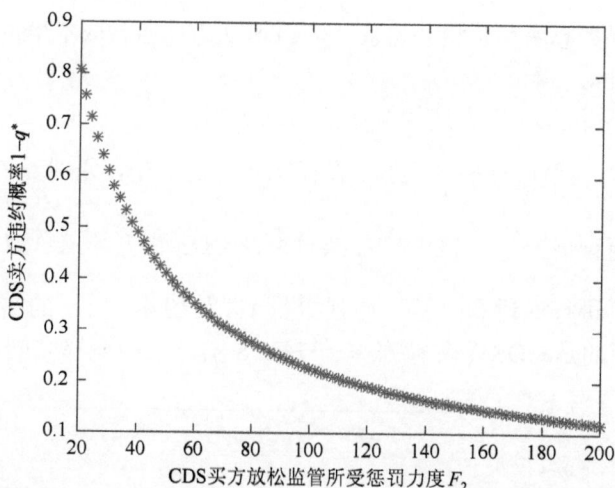

图 4-7　CDS 买方放松监管所受惩罚力度对 CDS 卖方违约策略的影响仿真示意图

　　由图 4-5 可知，违约资产的回收率越高，CDS 卖方违约的概率就越高。这一现象与通常情况下我们在为 CDS 产品进行定价时的主观考量有所区别，为我们继续探究 CDS 交易对手信用风险、更好地为 CDS 产品定价提供了有益的参考。由图 4-6 可知，CDS 卖方违约概率与 CDS 买方监管放松程度呈正相关关系，意味着随着 CDS 买方持有风险意愿的增强，标的资产的贷前审查及贷后监管力度的下降，导致标的资产违约概率增加，从而对 CDS 卖方形成冲击，增加了 CDS 卖方违约概率。另外，由图 4-7 可知，随着 CDS 买方放松监管行为所受惩罚力度的增强，CDS 卖方违约概率会逐渐降低。其主要原因在于，随着 CDS 买方放松监管行为所受惩罚力度的增强，CDS 买方风险持有意愿下降并开始加强对标的资产的监管，标的资产发生信用事件的概率降低，CDS 卖方受到市场冲击的概率降低，有更多的流动性来应对信用事件的发生。

定理 4.2：当 $V_2 < V_1 + \dfrac{F_2}{\delta - r}$ 时，CDS 卖方违约概率与 CDS 产品票息率呈负相关关系，与 CDS 买方严监管成本呈正相关关系。

证明：根据式（4-3）可知，$\dfrac{\partial q^*}{\partial s} = \dfrac{-(V_2 - V_1)}{(r - \delta)(V_1 - V_2) - F_2}$，$\dfrac{\partial q^*}{\partial C_s} = \dfrac{1}{(r - \delta)(V_1 - V_2) - F}$。

根据前述假设，当满足条件 $V_2 < V_1 + \dfrac{F_2}{\delta - r}$ 时，$\dfrac{\partial q^*}{\partial s} > 0$，$\dfrac{\partial q^*}{\partial C_s} > 0$。也就是说，在

$V_2 < V_1 + \dfrac{F_2}{\delta - r}$ 时，CDS 卖方不违约概率与 CDS 产品票息率呈正相关关系，与 CDS

买方严监管成本呈正相关关系。因此，当满足条件 $V_2 < V_1 + \dfrac{F_2}{\delta - r}$ 时，CDS 卖方违约

概率与 CDS 产品票息率呈负相关关系，与 CDS 买方严监管成本呈负相关关系。

至此，定理 4.2 得证。

为进一步分析 CDS 卖方违约概率的影响机制并验证定理 4.2 中的结论，利用

MATLAB 软件对模型进行模拟实验。在模拟实验过程中，分别对 $V_2 > V_1 + \dfrac{F_2}{\delta - r}$ 及

$V_2 < V_1 + \dfrac{F_2}{\delta - r}$ 两种情况下，CDS 产品票息率及 CDS 买方严监管成本对 CDS 卖方

违约概率的影响进行探讨和分析，得到如图 4-8 和图 4-9 所示的实验结果。

图 4-8 刻画的是 CDS 产品票息率 s 与 CDS 卖方违约概率之间的相关关系。由

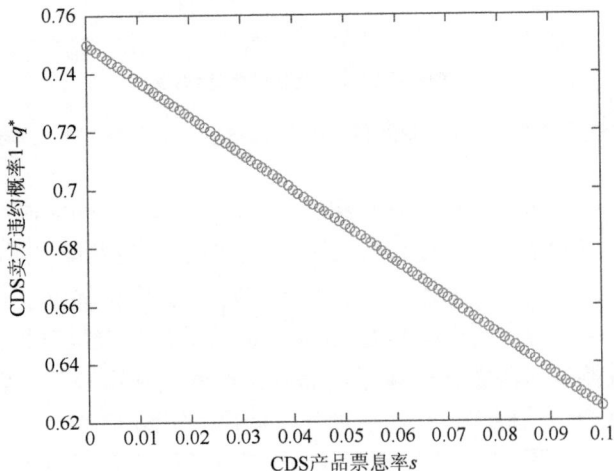

图 4-8　CDS 产品票息率对 CDS 卖方选择违约策略的影响仿真示意图

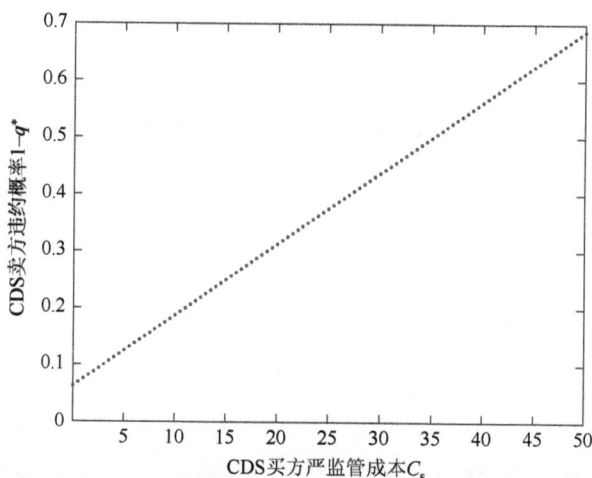

图 4-9　CDS 买方严监管成本对 CDS 卖方违约策略的影响仿真示意图

图 4-8 可知，当 CDS 产品票息率增加时，CDS 卖方违约概率随之下降。其背后的经济学含义在于，较高的票息率可更好地改善 CDS 卖方的财务状况，使得 CDS 卖方有充足的流动性来应对 CDS 市场中标的资产信用事件的发生，从而有效低 CDS 卖方违约概率。由图 4-9 可知，CDS 买方需要承担的严监管成本增加，CDS 卖方违约概率也相应增加。出现这种情况的原因在于，当需要 CDS 买方承担更高的监管成本时，CDS 买方有动机放松对标的资产的监管力度，使标的资产发生信用事件的概率增加。从整个 CDS 市场来看，信用事件发生概率的增加，意味着市场要求 CDS 卖方具有更高的偿付能力。而如果 CDS 卖方的偿付能力未得到相应的改善，信用事件发生概率的增加，必然会导致 CDS 卖方违约概率的增加。

4.6　本章小结

CDS 作为我国金融市场新生的金融创新产品，对我国金融市场信用风险转移及传染具有重要影响。本章首先从 CDS 交易对手信用风险传染的内涵及外延方面对 CDS 交易对手信用风险传染的特征进行了简要分析。其次，从道德风险、财务分析、交易对手情绪、CDS 产品的复杂性等方面对 CDS 交易对手信用风险传染的影响因素进行了剖析。再次，从 CDS 交易对手的信息不对称性、CDS 创新扩散、CDS 交易等角度深入分析和探讨了 CDS 交易对手信用风险的传染机制。最后，借助博弈分析方法，针对 CDS 交易对手信用风险形成过程中交易对手双方的博弈行为，构建了 CDS 交易对手信用风险传染的博弈模型，探讨了 CDS 买方在标的资产监管行为、CDS 买方监管成本、CDS 买方放松监管所受惩罚、违约资产回收率、CDS 产品票息率等方面对 CDS 交易对手信用风险传染的影响机制。

5 金融市场信用风险传染的熵空间交互模型研究

第 3 章对金融市场信用风险传染的内涵进行了界定，对金融市场信用风险传染的传染源、传染对象、传染条件、传染力度、传染效应、传染渠道进行了系统分析，并结合金融系统的实际情况和 2008 年的美国次贷危机及其后的欧债危机等对金融市场信用风险传染的非线性行为进行了深入的理论分析和经济学解释，提出了金融市场信用风险传染的非线性分析原理和研究框架。第 4 章从宏观和微观两个不同层面对 CRT 市场交易对手间信用风险传染机制及其传染渠道进行了定性分析，并以 CDS 这一信用衍生品为例，从 CDS 交易对手的信息不对称性、CDS 创新扩散、CDS 交易等角度深入分析和探讨了 CDS 交易对手信用风险的传染机制。本章在第 3 章和第 4 章分析的基础上，首先，考虑 CRT 网络中银行和投资者之间的空间距离与非线性耦合、银行的信用风险转移能力与投资者的风险偏好，基于熵空间理论，定量分析 CRT 市场交易对手信用风险传染的影响因素及其作用机制。其次，考虑 CRT 中银行和投资者之间的空间因素对 CRT 市场信用风险传染的影响，同时加入行业因素、区域间金融发展因素及 CRT 市场个体因素构建了 CRT 市场信用风险传染的熵空间模型。

5.1 引　　言

债务人的信用违约导致的信用风险传染是包括银行在内的所有金融机构和金融管理当局比较关心的问题。近年来，随着信用衍生品市场的快速发展和日渐成熟，信用风险的流动性逐渐增加，信用风险传染的影响范围和效力越来越大，给金融市场的稳定和健康发展带来了巨大冲击。在新古典金融框架下，对信用风险传染的建模主要是基于随机理论的简约模型和结构模型（龚朴和高原，2010），以期望通过这两类模型描述债务人的信用违约强度和违约损失率对债权人的冲击和传染效应（Davis and Lo，2001；Jarrow and Yu，2001；Neu and Kühn，2012；Giesecke and Weber，2004；白云芬等，2007；王倩和 Hartmann-Wendels，2008；Hatchett and Kühn，2009）。然而，简约模型属于单向传染模型，主要刻画信用风险传染的过程，而未考虑信用风险发生的根本原因；结构模型属于相关资产价值模型，考虑了信用风险发生的主要原因——资产价值波动，但违约阈值很难合理确定，而且计算比较复杂烦琐。有学者对信用风险传染的简约模型或结构模型进行了发展，将宏微观因素及行业因素考虑到模型中。例如，Egloff 等（2007）提出了债务人之间含有宏微观结构相互依赖的信用风险传染模型。研究发现，微结构的相互依赖性改变了信贷组合损失的尾部特征。谢尚宇等（2011）考虑到多阶段状态变量的动态信息对信用违约风险的影响，以及宏观因素和公司个体因素等，提出了信用传染效应下信用违约的预测模型，并且通过在状态变量中包含的行业因素刻画行业间可能存在的信用风险传染效应。此外，也有学者将信用违约过程构造成一个条件马尔科夫链，进而构建了基于马尔科夫链的信用风险传染模型（Walker，2006；谢尚宇等，2011）。但该类模型的缺陷是未考虑宏观经济因素和行业因素，而且也未提出有效的参数估计方法。为了使信用风险传染模型及其分析更加符合现实市场投资者的特征，Yang 和 Zhou（2013）基于市场投资者的杠杆行为和短期债务特征视角构建了信用风险传染模型，分析了信用风险投资者的短期债务比率和杠杆比率对金融市场上信用风险传染的影响机制。

近几年，随着 CRT 市场的快速发展，CRT 及其衍生工具（如 CDO、CDS）已日渐被应用到金融系统信用风险管理中，实现了信用风险在 CRT 市场参与者之间的流动，许多看似不相关的行业也可能会持有金融机构的信用产品，成为信用风险的持有者或债权人，变成信用风险的"携带者"或"发生源"（Allen and Carletti，2006；Santos，2006；Neyer and Heyde，2010）。因此，CRT 及其衍生工具的应用使各市场之间、市场参与主体之间的联系更加紧密，在这种紧密联系下极易产生信用危机的连锁反应，造成信用风险传染，威胁整个金融体系的安全和稳定，2008 年的美国次贷危机引发的全球性信用风险传染及其后的欧债危机就是典型案例。此外，CRT 市场快速发展所带来的信用风险传染问题也越来越备受学术界的广泛关注。Allen 和 Carletti（2006）建立了银行和保险部门之间的信用风险转移和传染模型。研究认为，当银行面临相同的流动性需求时，信用风险转移对银行降低信用风险集中度、提高资本流动性等是有利的、积极的；但是，当银行面临异质的流动性，而且需要将其在银行间市场进行风险对冲时，信用风险转移会导致信用风险在银行和保险部门之间传染，增加信用危机的风险。Baur 和 Joossens（2006）指出信用风险在银行系统内部的转移会增加银行之间的关联，进而将增加系统性风险在银行系统中传染的概率和整个金融系统的系统性风险。Wagner（2010）指出信用风险转移促进了金融机构信用风险的分散化，降低了单个金融机构信用风险的集中度，但是 CRT 市场却增加了金融机构之间的关联性，金融机构之间变得更为紧密，信用风险传染变得更为容易，从而在危机发生时对信用风险的传染效应具有放大作用。陈庭强等（2011a）认为信用风险转移降低了银行信贷监管的力度，增加了银行信贷供给量，造成了银行和投资者之间出现道德风险和逆向选择等，进而增加了信用风险传染的可能性。然而，对 CRT 市场信用风险传染的研究仍然存在很多不足。第一，目前对 CRT 市场信用风险传染的影响因素及其作用机制的理论研究仍停留在定性分析上，缺乏对 CRT 市场信用风险传染的理论建模和定量分析。第二，目前对 CRT 市场信用风险传染的研究主要集中在交易对手信用风险及其宏微观影响因素的作用机制分析上，缺乏对 CRT 交易对手空间因素和个体行为因素、债务人历史违约信息及债权人行为特征的考虑，而且对 CRT 市场信用风险传染系统不确定性的影响因素及其作用机制刻画得不够全面或充分。

信用风险传染是一个复杂的系统性问题，现有的研究方法很难从系统论与复杂性的角度分析和解释信用风险传染的空间行为和多重空间因素的交互作用机制。而熵空间交互理论作为分析复杂系统不确定性和地域间物质交互流动与分配的一种有效工具（Clarke et al., 1998；Celik and Guldmann, 2007；O'Kelly, 2010），目前已被广泛应用到经济主体的空间位置和信息流动对经济系统影响的理论研究中，成为空间经济理论中一个有效的分析工具。例如，基于熵空间交互理论，Gordon（2010）提出了经济原则和随机效用最大化的熵空间交互模型，Wilson（2010a）提出了一个新的框架用于构建空间交互作用和多区域相关位置的熵空间交互模型。熵空间交互理论的内在机理与信用风险传染的交互作用和扩散机制具有内在的相似性，导致其也被引入信用风险传染的理论分析。例如，Barro 和 Basso（2010）提出了公司网络相互依存条件下银行投资组合的熵空间交互模型，描述银行信贷组合中违约风险的传染效应。在上述研究中，熵空间模型主要被用来刻画和分析地域间及经济行为主体间的经济行为及其影响因素，现有研究主要通过经济网络中经济主体间空间距离矩阵和网络节点权重分配的有效信息，最大化系统的信息熵以获得熵空间模型。但是，熵空间交互理论在经济和金融领域的应用还处于起步阶段，对应的熵空间建模还限于构建模型框架阶段，虽然 Wilson（2010a）及 Barro 和 Basso（2010）对熵空间交互理论在金融风险传染中进行了尝试性的推广和应用，但对经济主体的风险偏好和异质性、地理区位的异质性等要素却没有给予充分的考虑和结合。

因此，本章在现代金融理论框架下，尝试利用熵空间理论方法对 CRT 市场信用风险传染进行定量分析，建立 CRT 市场信用风险传染的熵空间模型，以期通过数值仿真模拟对 CRT 市场信用风险传染的影响因素及其作用机制进行分析和刻画。

5.2　基于阻力函数的 CRT 市场交易对手信用风险传染熵空间模型

本节将行为金融、熵空间交互理论与 CRT 网络中信用风险传染联系起来，认为：①在 CRT 网络中不同的信用风险投资者具有不同的风险偏好和抗风险能力，不同的风险偏好和抗风险能力的投资者对 CRT 网络中信用风险传染具有不同的作用和影响。CRT 市场是以信用风险的出售与购买为主要内容的金融市场，其信用风险传染效应与信用风险接受者的风险偏好、风险承受能力密切相关。②在 CRT 网络中信用风险转出者（银行）和信用风险接受者（机构投资者）在地理区位和空间距离上都存在差异，而且不同地理区位和空间距离上的银行和投资者之间还存在公司结构、业务关联、担保平台等多方面关联的非线性耦合。不同的空间距离会存在不同程度的信息不对称性（Carling and Lundberg，2005），因此，银行和投资者之间的非线性耦合是存在的，而且是有差异的。③在 CRT 网络中银行的信用风险转移能力将决定信用风险传染的波及范围和影响程度，而且银行的信用风险转移能力也会影响银行转出的信用风险在投资者节点上的集中程度，增加信用风险传染的不确定性。基于上述分析，本节将在 O'Kelly（2010）、Gordon（2010）、Barro 和 Basso（2010）的研究基础上，基于熵空间交互理论，融入行为金融方面的研究成果，并结合 CRT 网络中信用风险转移的实际情况，提出 CRT 网络信用风险传染的熵空间模型，以期刻画 CRT 网络中信用风险传染的影响机制。

5.2.1　符号与假设

假设 CRT 网络是具有多起讫点的分层结构网络，而且 CRT 网络中信用风险转移是银行将不同信用状况的信贷资产进行拆分和优化重组，然后以信用衍生品的方式出售给各类投资机构。假设每种信用衍生品中包含的信用风险水平是随机的，在信用风险转移过程中，相对于投资者来说银行处于信息优势地位，存在信息不对称特性。令

1）$I_m=\{1,\cdots,m\}$ 是 CRT 网络中银行节点的集合，主要由经营信贷业务的银行组成。

2）$I_n=\{1,\cdots,n\}$ 是 CRT 网络中投资者节点的集合，主要由 CRT 市场上经营信用风险的金融投资机构组成。

3）T_{ij} 是从银行节点 i 到投资者节点 j 的信用衍生品流量，其中 $i\in I_m$，$j\in I_n$。

4）$O_i=\sum_{j=1}^{n}T_{ij}$ 是从银行节点 i 流出的信用衍生品总流量，其中 $i\in I_m$。

5）$H_j=\sum_{i=1}^{m}T_{ij}$ 是投资者节点 j 流入的信用衍生品总流量，其中 $j\in I_n$。

6）$T=\sum_{i=1}^{m}\sum_{j=1}^{n}T_{ij}=\sum_{i=1}^{m}O_i=\sum_{j=1}^{n}H_j$ 是 CRT 网络中信用衍生品流动的总流量。

7）d_{ij} 是银行节点 i 到投资者节点 j 的空间距离，其中 $i\in I_m$，$j\in I_n$。在现代

社会中，物理意义上的空间距离已经不是 CRT 市场信用风险传染的关键影响因素，但该空间距离背后的信息不对称而引发的一系列逆向选择、道德风险等问题却是影响 CRT 市场信用风险传染的关键因素。因此，假设银行与投资者之间的信息不对称性与他们之间的空间距离呈正比关系。换句话说，随着银行和投资者之间空间距离的增加，他们的信息不对称性增加，进而产生逆向选择和道德风险的概率增加。

8）$r_{ij} = \dfrac{T_{ij}}{T}$ 是从银行节点 i 到投资者节点 j 的信用衍生品流量占总流量的比例，其中 $i \in I_m$，$j \in I_n$。

9）$o_i = \dfrac{O_i}{T}$ 是从银行节点 i 流出信用衍生品流量占总流量的比例。

10）$h_j = \dfrac{H_j}{T}$ 是流入投资者节点 j 的信用衍生品流量占 CRT 网络总流量的比例。

11）η_{ij} 是银行节点 i 将高于平均风险水平的信贷资产通过信用衍生品转移到投资者节点 j 的能力。η_{ij} 表示在某种经济和金融环境下，债权人将其拥有的高水平信用风险转移给 CRT 市场上投资者的相对能力，是衡量债权人转移信用风险的尺度，也是刻画信用风险传染效应的重要元素。

12）β_j 是投资者节点 j 的风险偏好。

13）θ_j 是投资者节点 j 的风险承受能力。

14）w_{ik} 是从银行节点 i 流出的信用风险中核心客户 k 的权重；μ_{ij} 是银行节点 i 与投资者节点 j 之间的非线性耦合程度。

非线性耦合是指在 CRT 市场上，银行节点和投资者节点在资产结构、业务关联、市场结构及外部环境等方面的关联影响或相依作用。非线性耦合系数是指这种关联影响的依赖程度，其强弱取决于两节点在资产结构、业务关联、市场结构及外部环境等方面的关联性、依赖性，以及关联影响的复杂性。例如，Krawiecki 和 Hołyst（2003）认为金融市场的非线性耦合主要来源于外部信息与噪声的关联性。李红权和马超群（2006）认为金融系统的非线性耦合主要源自于金融系统内部层次结构的复杂性、系统内部各要素之间，以及它们与外部环境之间的关联性和相互扰动性。Gao 和 Ma（2009）认为金融系统的非线性耦合是由金融系统的内在结构特征和外部环境的交互作用引起的。Schwarcz（2009）认为非线性耦合主要是由市场的流动性和市场参与者较高的杠杆比率的交互作用导致的，而且是导致金融风险的一个关键的非线性因素。Chen 等（2013a，2013b）认为金融市场上投资者之间的非线性耦合主要由投资者之间的资产结构和外部环境的关联性造成，是影响投资风险相依作用的关键因素。

银行节点和投资者节点所在的地理区位因素会增加 CRT 网络中信用风险传染的复杂性，且地理区位因素的影响具有一定的随机性。为简化研究的复杂性，本章假设银行节点和投资者节点所在的地理区位是同质的。

5.2.2　CRT 网络信用风险转移的熵空间模型

对于熵空间交互理论及其在经济和金融风险传染中的应用，Clarke 等（1998）、Celik 和 Guldmann（2007）、O'Kelly（2010）、Gordon（2010）、Barro 和 Basso（2010）进行了比较详尽的阐述和分析。其中，Clarke 等（1998）、Celik 和 Guldmann（2007）、O'Kelly（2010）详细介绍了熵空间交互理论及其基本模型，Gordon（2010）介绍了熵空间交互理论在经济领域的应用，Barro 和 Basso（2010）介绍了熵空间交互理论在金融风险传染中的应用。因此，根据 O'Kelly（2010）、Gordon（2010）、Barro 和 Basso（2010）的研究，本节可以得到基于熵空间交互理论的 CRT 网络中信用风险从银行节点 i 转移到投资者节点 j 的熵空间交互模型：

$$T_{ij} = A_i B_j O_i H_j\, f(d_{ij}) \eta_{ij}^{(1-\beta_j)\theta_j} \tag{5-1}$$

式中，$A_i = \left[\sum_{j=1}^{n} B_j H_j f(d_{ij}) \right]^{-1}$；$B_j = \left[\sum_{i=1}^{m} A_i O_i f(d_{ij}) \right]^{-1}$；$i \in I_m$；$j \in I_n$；$f$ 是 CRT 网络中信用风险从银行节点 i 转移到投资者节点 j 的阻力函数，而且 f 是关于银行节点 i 和投资者节点 j 之间空间距离 d_{ij} 的单调递减函数。这意味着，在 CRT 网络中信用风险转移将受银行节点和投资者节点之间空间距离的影响，而且银行节点和投资者节点之间的空间距离越大，f 越小。

根据 5.2.1 节的假设和式（5-1），可以得到 CRT 网络中信用风险从银行节点 i 转移到投资者节点 j 占整个投资者节点 j 转入信用风险的熵空间交互模型：

$$r_{ij} = \frac{A_i B_j O_i H_j\, f(d_{ij}) \eta_{ij}^{(1-\beta_j)\theta_j}}{T} \tag{5-2}$$

即

$$r_{ij} = a_i b_j o_i h_j f(d_{ij}) \eta_{ij}^{(1-\beta_j)\theta_j} \tag{5-3}$$

式中，$a_i = \left[\sum_{j=1}^{n} b_j h_j f(d_{ij}) \right]^{-1}$；$b_j = \left[\sum_{i=1}^{m} a_i o_i f(d_{ij}) \right]^{-1}$；$i \in I_m$；$j \in I_n$。

对于阻力函数 f 的选取，O'Kelly（2010）、Gordon（2010）、Barro 和 Basso（2010）给出了一般意义上的定义，即

$$f(d_{ij}) = \mathrm{e}^{-\gamma d_{ij}} \tag{5-4}$$

式中，$\gamma \in R^+$ 是常数。

如果本节依然按照式（5-4）定义的阻力函数 f 定义 CRT 网络中信用风险转移的阻力函数 $f(d_{ij})$。虽然能够在满足给定约束条件下最大化信用风险转移的信息熵，也能够刻画银行节点和投资者节点之间的空间距离对信用风险转移的影响，但却忽略了空间距离存在所导致的银行节点和投资者节点之间的非线性耦合，如银行节点与投资者节点之间的供需结构、业务关联、担保平台等多方面的关联机制。实际上，由于市场噪声、信息不对称性等因素的存在，CRT 市场上的银行节点和投资者节点之间会存在不同水平的非线性耦合（Chen et al.，2013a，2013b）。根据信息经济学及空间经济学方面的研究，经济行为主体之间的空间距离是造成他们之间信息不对称性及各种风险的关键因素（Chen et al.，2013b；Krugman，1997；Fujita et al.，2001；尹虹潘，2005），因而会影响经济行为主体的经济行为，对诸多经济行为形成较强的潜在阻力（Krugman，1997；Fujita et al.，2001；尹虹潘，2005），而非线性耦合潜在地增加了金融市场参与者行为的一致性或相依性。因此，非线性耦合在一定程度上能够降低经济行为主体之间经济行为的排斥效应，进而增加了经济行为主体之间经济行为的相互吸引作用（Chen et al.，2013b）。因此，本节将在式（5-4）定义的基础上，将银行节点和投资者节点之间的非线性耦合程度 μ_{ij}（$0 < \mu_{ij} \leqslant 1$）引入阻力函数中，即

$$f(\mu_{ij}, d_{ij}) = \mathrm{e}^{-\mu_{ij}d_{ij}} \tag{5-5}$$

因此，式（5-5）所定义的 CRT 网络中信用风险转移的阻力函数更加全面地考虑了银行节点和投资者节点之间的空间距离和非线性耦合等因素的影响，该定义既能够在满足给定约束条件下最大化信用风险转移的信息熵，也能够较为清晰地刻画非线性耦合强度和节点之间的空间距离等因素对信用风险转移的影响和作用机制。为 5.2.3 节进一步深入研究 CRT 网络中信用风险的传染效应和传染机制奠定基础。现将式（5-5）所定义的 CRT 网络中信用风险转移的阻力函数 f 代入式（5-3），将 CRT 网络中信用风险从银行节点 i 转移到投资者节点 j 的熵空间交互模型变形为

$$r_{ij} = a_i b_j o_i h_j \mathrm{e}^{-\mu_{ij}d_{ij}} \eta_{ij}^{(1-\beta_j)\theta_j} \tag{5-6}$$

式中，$a_i = \left[\sum_{j=1}^{n} b_j h_j \mathrm{e}^{-\mu_{ij}d_{ij}}\right]^{-1}$；$b_j = \left[\sum_{i=1}^{m} a_i o_i \mathrm{e}^{-\mu_{ij}d_{ij}}\right]^{-1}$；$i \in I_m$；$j \in I_n$。

对式（5-6）所定义的熵空间交互模型非常有价值，它通过概率的形式将从银行节点 i 转移到投资者节点 j 的信用风险的转移信息进行了充分提取和刻画。在熵空间交互模型（5-3）和模型（5-6）中，其约束条件是银行节点 i 和投资者节点 j 的交互约束，因而该熵空间交互模型也可以称为双重循环约束模型。

本节对 CRT 网络中信用风险传染的研究，主要考察银行节点所拥有的信用风险的转入对投资者节点的影响，以及所引发的信用风险传染效应。因此，在这种研

究目标下，可以得到仅含有投资者约束的 CRT 网络信用风险转移的熵空间模型：

$$r_{ij} = b_j h_j \mathrm{e}^{-\mu_{ij} d_{ij}} \eta_{ij}^{(1-\beta_j)\theta_j} \tag{5-7}$$

式中，$b_j = \left[\sum_{i=1}^{m} \mathrm{e}^{-\mu_{ij} d_{ij}} \right]^{-1}$；$i \in I_m$；$j \in I_n$。

根据熵空间模型（5-7）可知，CRT 网络中信用风险转移的信息熵大小不仅与银行节点和投资者节点的空间距离及非线性耦合程度紧密相关，而且还与银行节点的信用风险转移能力、投资者的风险偏好和投资者的风险承受能力等因素密切相关。此外，在既定的空间距离、非线性耦合程度、信用风险转移能力及风险承受能力情况下，投资者的风险偏好对 CRT 网络中信用风险转移也具有显著影响，并会影响信用风险的传染效应和 CRT 市场的稳定性与运行效率。

5.2.3 CRT 网络信用风险传染的熵空间模型

在以信用为基础资产的 CRT 网络中，银行为了最优化自身的利益将债务人所形成的信用风险进行优化组合，通过信用衍生品的形式转移给投资者。如果债务人信用状况发生变化或产生信用违约行为，就会造成与其相关联的信用衍生品的价值出现波动，对 CRT 网络中的银行和投资者形成冲击，当信用衍生品价值波动带来的损失率大于给定的阈值 θ 时就会造成银行和投资者发生类似的信用违约行为，这便形成了信用风险的传染效应。

本节对 CRT 网络中信用风险传染的研究，主要探讨债务人的信用状况对 CRT 市场投资者形成的冲击效应。为了充分考虑信用违约风险的传染效应，本节将在 Basso 和 Barro（2005）的基础上提出信用衍生品的离散时间价值传染模型。该模型主要采用结构化方法聚焦信用衍生品的价值波动所带来的信用风险传染效应。它通过观察信用衍生品包含的所有客户的历史违约情况来测度银行和投资者的财务状况。假设银行节点 i 的财务风险测度为 G_i，而且 G_i 全部是由信用衍生品中的债务人所形成的，它是 t 时刻相对于 CRT 网络中所观察到的平均违约率 $p(t)$ 来说的。因此，银行节点 i 拥有的信用衍生品中核心客户 k 的信用状况变化所带来的传染效应将通过银行节点 i 的财务风险测度进行刻画，其数学表达式为

$$G_i(t) = p(t) - \left[\sum_{k \in \psi_i(t)} \delta_k(t) w_{ik}(t) + p(t) m_i(t) \right] \tag{5-8}$$

式中，$\psi_i(t)$ 是信用衍生品所包含客户中核心客户组成的集合；$w_{ik}(t)$ 是客户 k 在信用衍生品 s 中的重要程度，$w_{ik}(t) = \dfrac{客户 k 的信贷资产价值}{信用衍生品 s 的价值}$，$w_{ik} > \theta$。这表明客户 k 的信用状况变化带来的损失率可能会大于给定的阈值 θ，而且，当客户 k 发生信用违约或破产等严重信用事件时，其造成的损失率必定会大于给定的阈值 θ。

$m_i(t) = 1 - \sum\limits_{k \in \psi_i(t)} w_{ik}(t)$ 是信用衍生品所包含客户中微小型客户的重要程度，而且每

个微小型客户的违约行为导致信用衍生品价值的变动幅度远远小于给定的阈值
θ。也就是说，单个微小型客户的信用违约不会引起其拥有者发生财务危机。$\delta_k(t)$
是 t 时刻信用衍生品所包含核心客户 k 信用违约的示性函数。

$$\delta_k(t) = \begin{cases} 1 & \text{如果客户 } k \text{ 在 } t \text{ 时刻发生信用违约} \\ 0 & \text{其他} \end{cases} \tag{5-9}$$

式（5-8）仅考虑了核心客户 k 的信用状况的变化对银行节点 i 信用风险的影
响。这主要是因为信用衍生品所包含的单个微小型客户的信用状况变化给银行节
点 i 造成的损失率远小于给定的阈值 θ。换句话说，单一或部分微小型客户的信
用状况变化不会给银行及投资者带来财务危机，更不会引发 CRT 网络中的信用风
险传染效应。同时，由式（5-8）可知，当 t 时刻信用衍生品所包含客户的信用违
约率大于 CRT 网络中所观察到的平均违约率时，银行节点 i 的财务风险测度 $G_i(t)$
为负值；当 t 时刻信用衍生品所包含客户的信用违约率等于 CRT 网络中所观察到
的平均违约率时，银行节点 i 的财务风险测度 $G_i(t)$ 为零；当 t 时刻信用衍生品所
包含客户的信用违约率小于 CRT 网络中所观察到的平均违约率时，银行节点 i 的
财务风险测度 $G_i(t)$ 为正值。因此，信用衍生品所包含客户的信用状况将影响债权
人的财务风险状况。为了提高资本流动性，降低信用风险的集中度，银行会通过
CRT 市场将高风险水平的信贷资产和低风险的信贷资产进行优化设计和标准化，
然后通过 CRT 市场将其拥有信用风险转移给投资者，实现信用风险的分散和转
移，降低自身财务风险水平和信用风险的集中度。

假设银行 i 拥有的信用衍生品 s 中信贷客户的历史信用违约行为具有长期记
忆性，并对银行 i 当前的财务风险产生影响，而且该记忆性的影响效应具有指数
衰减特征（Basso and Barro，2005）。设银行节点 i 的信贷客户历史信用违约时间
为 τ（$\tau \geqslant 1$），则其历史信用违约行为对银行节点 i 当前财务风险的影响因子为
$\lambda_{s(i)}$（$0 \leqslant \lambda_s < 1$）。因此，$t$ 时刻银行节点 i 的财务风险测度为

$$P_i(t) = \sum_{\tau=1}^{\infty} \lambda_{s(i)}^{\tau} G_i(t-\tau) \tag{5-10}$$

即

$$P_i(t) = \sum_{\tau=1}^{\infty} \lambda_{s(i)}^{\tau} \left[p(t-\tau) - \left[\sum_{k \in \psi_i(t-\tau)} \delta_k(t-\tau) w_{ik}(t-\tau) + p(t-\tau) m_i(t-\tau) \right] \right] \tag{5-11}$$

式（5-11）描述了银行节点 i 拥有的信用衍生品所包含客户的历史信用违约
对银行节点 i 当前财务风险的传染效应。由 Basso 和 Barro（2005）、Barro 和 Basso
（2010）可知，在所有实际应用中 $\lambda_{s(i)}$ 的取值是充分小的，仅有 $\sum\limits_{\tau=1}^{\infty} \lambda_{s(i)}^{\tau} p(t-\tau)$ 在

实际应用中是不可忽略的。对于银行节点 i 来说，为了实现自身的资本安全和经

营效益，会将信贷客户带来的信用风险适度地转移给 CRT 市场上的投资者。因此，信贷客户的信用状况变化对投资者的传染作用主要通过 CRT 市场上的信用风险转移实现。根据式（5-7），可以得到 CRT 网络中信用风险传染的熵空间模型为

$$\pi_{ij} = r_{ij}P_i(t) + \varepsilon_i(t) \tag{5-12}$$

即

$$\pi_{ij} = \frac{\sum_{i=1}^{m} T_{ij}}{\sum_{i=1}^{m}\sum_{j=1}^{n} T_{ij}} \frac{e^{-\mu_{ij}d_{ij}}}{\sum_{i=1}^{m} e^{-\mu_{ij}d_{ij}}} \eta_{ij}^{(1-\beta_j)\theta_j} \tag{5-13}$$

$$\times \sum_{\tau=1}^{\infty} \lambda_{s(i)}^{\tau} \left[p(t-\tau) - \left[\sum_{k \in \psi_i(t-\tau)} \delta_k(t-\tau)w_{ik}(t-\tau) + p(t-\tau)m_i(t-\tau) \right] \right] + \varepsilon_i(t)$$

式中，$i \in I_m$；$j \in I_n$；$\varepsilon_i(t)$ 为随机扰动项，而且 $\varepsilon_i(t)$ 服从 $E[\varepsilon_i(t)] = 0$ 和 $D[\varepsilon_i(t)] = \sigma_{\varepsilon_{s(i)}}$ 的正态分布，它代表外界环境（包括宏观经济环境、金融环境、行业发展环境、政策环境、法律法规等）的变化对 CRT 网络信用风险传染效应的影响。由式（5-13）可知，CRT 网络信用风险传染的熵空间模型既能够在对应的约束条件下最大化 CRT 网络中信用风险传染的信息熵，也能够清晰地刻画银行节点与投资者节点之间的空间距离与非线性耦合程度、银行节点的信用风险转移能力、投资者节点的风险偏好和风险承受能力、信贷客户的信用状况及外部环境等因素对 CRT 网络信用风险传染效应的影响和作用机制。

5.2.4　信用风险传染的仿真分析

在缺乏大量实证检验的时间序列数据时，数值仿真分析相对来说就成为最有效的检验方法。因此，为了检验 CRT 网络中信用风险传染熵空间模型的合理性、适用性和科学性，本节在考虑不同参数值的情况下进行数值仿真分析。本节考虑的信用衍生品主要由中小企业的信用贷款组合构成。现在取 CRT 网络中银行节点数 $m = 500$，投资者节点数 $n = 200$，经济系统中信用违约平均概率 $p = 0.06$，历史信用违约的影响因子 $\lambda_s = 0.15$，外部环境的扰动程度 $\sigma = 0.4$。为了简便计算仿真，假定 CRT 网络中流动的信用衍生品数量为 10 000，银行节点 i 拥有的信用衍生品数量服从（20，16）正态分布。同时，假定所有信用衍生品所包含客户中核心客户和微小型客户的比值为 3：7。通过上述参数的选取，探讨银行节点和投资者节点之间的空间距离 d_{ij}、非线性耦合程度 μ_{ij}、银行节点的信用风险转移能力 η_{ij}、信用风险在投资者节点上的集中程度 h_j、投资者的风险偏好 β_j、投资者的风险承

受能力 θ_j 对 CRT 网络中信用风险传染效应的影响机制，并在选取 $h_j = 0.1$、$\beta_j = 0.5$、$\theta_j = 0.5$ 的情况下对 d_{ij}、μ_{ij} 和 η_{ij} 等节点之间的交互属性变量进行敏感性分析（图 5-1 和图 5-2，表 5-1）。

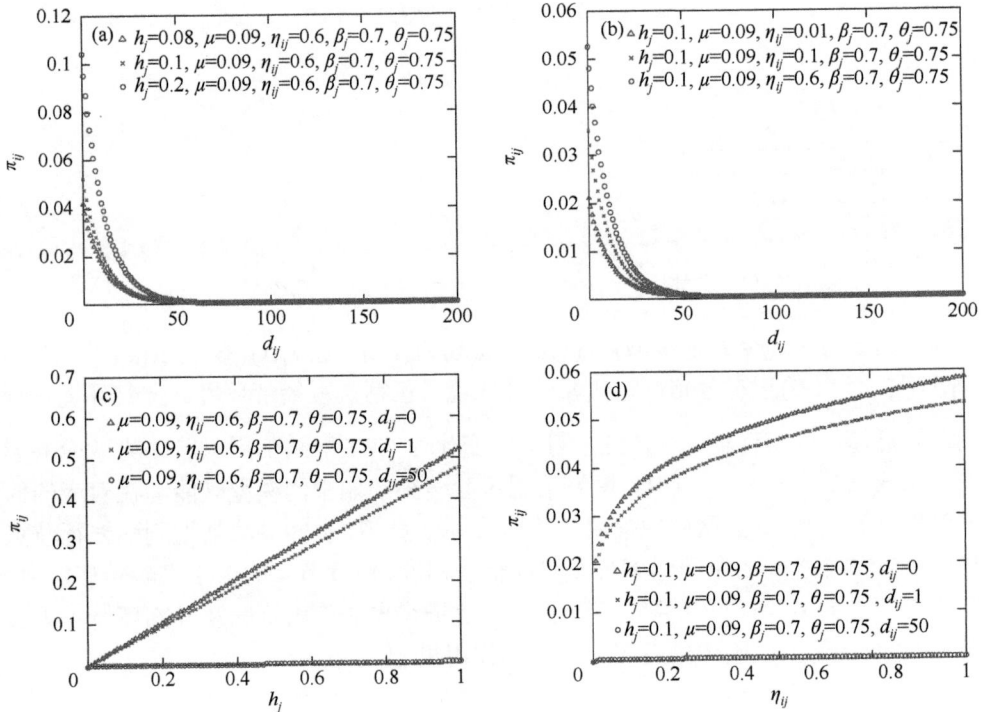

图 5-1　基于风险集中度与风险转移能力的信用风险熵空间传染效应

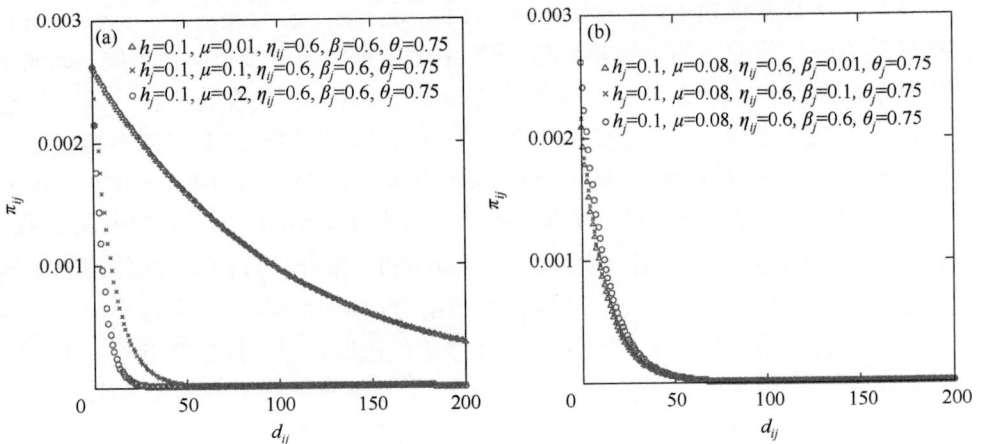

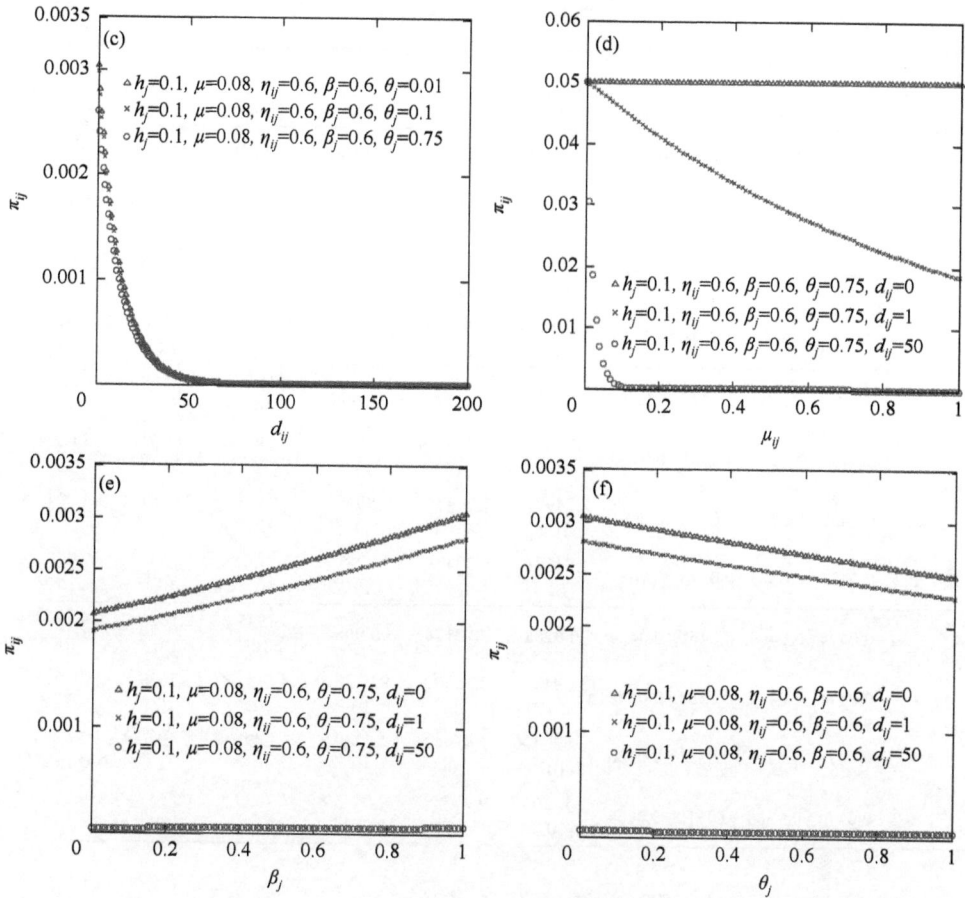

图 5-2 基于 CRT 网络非线性耦合、投资者风险偏好和风险承受能力的
信用风险熵空间传染效应

表 5-1 空间距离、非线性耦合、信用风险转移能力对信用风险传染效应的敏感性分析
（ $h_j = 0.1$ ， $\beta_j = 0.5$ ， $\theta = 0.5$ ）

η_{ij}	μ_{ij}	d_{ij}									
		0	1	2	10	50	100	200	500	1000	2000
0.01	0.01	0.0147	0.0145	0.0144	0.0133	0.0089	0.0054	0.0020	9.8798×10^{-5}	6.6569×10^{-7}	3.0222×10^{-11}
	0.1	0.0147	0.0133	0.0120	0.0054	9.8798×10^{-5}	6.6569×10^{-7}	3.0222×10^{-11}	2.8281×10^{-24}	5.4547×10^{-46}	2.0292×10^{-89}
	0.15	0.0147	0.0126	0.0109	0.0033	8.1098×10^{-6}	4.4854×10^{-9}	1.3721×10^{-15}	3.9277×10^{-35}	1.0521×10^{-67}	7.5487×10^{-133}
	0.2	0.0147	0.0120	0.0098	0.0020	6.6569×10^{-7}	3.0222×10^{-11}	6.2293×10^{-20}	5.4547×10^{-46}	2.0292×10^{-89}	2.8082×10^{-176}

续表

η_{ij}	μ_{ij}	d_{ij}									
		0	1	2	10	50	100	200	500	1000	2000
0.1	0.01	0.0293	0.0290	0.0287	0.0265	0.0177	0.0108	0.0040	1.9713×10^{-4}	1.3282×10^{-6}	6.0302×10^{-11}
	0.1	0.0293	0.0265	0.0240	0.0108	1.9713×10^{-4}	1.3282×10^{-6}	6.0302×10^{-11}	5.6428×10^{-24}	1.0884×10^{-45}	4.0488×10^{-89}
	0.15	0.0293	0.0252	0.0217	0.0065	1.6181×10^{-5}	8.9496×10^{-9}	2.7377×10^{-15}	7.8367×10^{-35}	2.0992×10^{-67}	1.5062×10^{-132}
	0.2	0.0293	0.0240	0.0196	0.0040	1.3282×10^{-6}	6.0302×10^{-11}	1.2429×10^{-19}	1.0884×10^{-45}	4.0488×10^{-89}	5.6031×10^{-176}
0.3	0.01	0.0407	0.0403	0.0399	0.0368	0.0247	0.0150	0.0055	2.7408×10^{-4}	1.8468×10^{-6}	8.3843×10^{-11}
	0.1	0.0407	0.0368	0.0333	0.0150	2.7408×10^{-4}	1.8468×10^{-6}	8.3843×10^{-11}	7.8457×10^{-24}	1.5132×10^{-45}	5.6294×10^{-89}
	0.15	0.0407	0.0350	0.0301	0.0091	2.2498×10^{-5}	1.2443×10^{-8}	3.8065×10^{-15}	1.0896×10^{-34}	2.9187×10^{-67}	2.0942×10^{-132}
	0.2	0.0407	0.0333	0.0273	0.0055	1.8468×10^{-6}	8.3843×10^{-11}	1.7281×10^{-19}	1.5132×10^{-45}	5.6294×10^{-89}	7.7905×10^{-176}
0.5	0.01	0.0474	0.0469	0.0465	0.0429	0.0288	0.0174	0.0064	3.1948×10^{-4}	2.1526×10^{-6}	9.7728×10^{-11}
	0.1	0.0474	0.0429	0.0388	0.0174	3.1948×10^{-4}	2.1526×10^{-6}	9.7728×10^{-11}	9.1451×10^{-24}	1.7639×10^{-45}	6.5617×10^{-89}
	0.15	0.0474	0.0408	0.0351	0.0106	2.6224×10^{-5}	1.4504×10^{-8}	4.4369×10^{-15}	1.2701×10^{-34}	3.4020×10^{-67}	2.4410×10^{-132}
	0.2	0.0474	0.0388	0.0318	0.0064	2.1526×10^{-6}	9.7728×10^{-11}	2.0143×10^{-19}	1.7639×10^{-45}	6.5617×10^{-89}	9.0807×10^{-176}

通过上述数值仿真分析可以得到以下结论：

第一，CRT 网络中信用风险传染具有"本地效应"。如图 5-1 和图 5-2 所示，在选取相同的参数值时，随着空间距离的增加投资者发生信用违约的概率显著减小。当 $d_{ij}=0$ 时，CRT 网络中投资者的信用违约率较高。表 5-1 的敏感性分析也进一步证实了该结论。

第二，信用风险传染具有"关联抑制效应"。如图 5-2 和表 5-1 所示，CRT 网络中银行节点和投资者节点之间的非线性耦合程度能够显著降低信用风险传染效应发生的概率。换句话说，在信用风险转移过程中，银行节点和投资者节点之间的关联性对投资者节点的信用违约行为具有抑制作用。而且，信用风险转移双方的空间距离越大，他们之间信用风险传染的关联抑制效应也越显著。在实际金融市场上，信用风险传染的"关联抑制效应"也是真实存在的，但这种关联抑制效应对 CRT 网络中信用风险传染的影响不具有长期性和稳定性，并会随着信贷客户的平均信用违约率和信用违约损失的增加而降低。

第三，银行的信用风险转移能力对信用风险传染具有显著的正相关作用，而且，在其他参数确定的条件下，银行信用风险转移能力对信用风险传染的影响具有"边际递减效应"（图 5-1 和表 5-1）。同时，图 5-1 也表明，信用风险在投资者节点上的集中程度对 CRT 网络中投资者的信用违约概率具有显著的线性正相关作用。

第四，CRT 市场上信用风险投资者的风险偏好对信用风险传染具有正相关作用。如图 5-2 所示，随着投资者风险偏好的增加，CRT 网络中投资者的信用风险传染效应增加。在现实金融市场中，虽然投资者的风险偏好能够有助于银行进行信用风险转移，降低信用风险的集中度，但也会加剧信用风险传染，增加金融系统的不稳定性。

第五，CRT 市场上信用风险投资者的风险承受能力能够抑制信用风险传染效应（图 5-2）。在 CRT 市场上，投资者自身的风险承受能力作为应对信用风险传染的关键要素，是抑制和应对信用风险传染效应发生的基本保证，对金融市场的稳定和健康发展具有重要的作用。

5.3 基于引力函数的 CRT 市场交易对手信用风险传染熵空间模型

5.2 节考虑银行向 CRT 市场的投资者转移信贷风险，债务人受信贷状况的变化对投资者的影响，基于熵空间交互理论探讨 CRT 网络中信用风险传染效应，将 CRT 网络中银行和投资者之间的空间距离与非线性耦合、银行的信用风险转移能力与投资者的风险偏好相结合，建立了 CRT 网络信用风险传染的熵空间模型。但只考虑了同质性地理区位及普通意义上的阻力函数，对银行资产质量、投资者资产规模、投资者所处区域的金融发展水平，以及银行和投资者所在区域间金融发展的趋同性水平等要素均未考察。因此，本节继续借助熵空间理论，考虑 CRT 中银行和投资者间的空间因素对 CRT 市场信用风险传染的影响，同时加入行业因素、区域间金融发展因素及 CRT 市场个体因素构建了 CRT 市场信用风险传染的熵空间模型。

5.3.1 符号与假设

假设在 CRT 市场上，CRT 活动参与者——银行和机构投资者构成了一个具有多起讫点的分层结构网络，称为 CRT 网络。假定在 CRT 过程中信用风险的转出方（信用保护购买者）为银行，信用风险的转入方（信用保护出售者）为机构投资者，而且，在这种分层网络中信用风险转移是单向的。在 CRT 市场上，信用风险转移主要是银行将不同信用状况的信贷资产进行拆分和优化重组，然后以信用

衍生品的方式出售给各类投资机构。令

1）$I_m = \{1, \cdots, m\}$ 是 CRT 市场中银行的集合，主要由经营信贷业务的商业银行组成。

2）$I_n = \{1, \cdots, n\}$ 是 CRT 市场中机构投资者节点的集合，主要由 CRT 市场上向银行提供信用保护的各类投资机构组成，简称投资者。

3）T_{ij} 是从银行节点 i 到投资者节点 j 的信用衍生品流量，其中 $i \in I_m$，$j \in I_n$。

4）$O_i = \sum_{j=1}^{n} T_{ij}$ 是从银行节点 i 流出的信用衍生品总流量，其中 $i \in I_m$。

5）$H_j = \sum_{i=1}^{m} T_{ij}$ 是投资者节点 j 流入的信用衍生品总流量，其中 $j \in I_n$。

6）$T = \sum_{i=1}^{m} \sum_{j=1}^{n} T_{ij} = \sum_{i=1}^{m} O_i = \sum_{j=1}^{n} H_j$ 是 CRT 市场中信用衍生品流动的总流量。

7）d_{ij} 是银行节点 i 到投资者节点 j 的空间距离，其中 $i \in I_m$，$j \in I_n$。在现代社会中，虽然物理意义上的空间距离已经不是 CRT 市场信用风险传染的最关键影响因素，但该空间距离背后的信息不对称所引发的逆向选择、道德风险、交易成本等却是影响 CRT 市场信用风险传染的关键因素。在不考虑银行系统内部交互转移的复杂情况下，不妨假定 $d_{ij} \geqslant 1$。

8）v_{ij} 是银行节点 i 与投资者 j 之间的空间传输能力，是两个不同地理位置之间交通和网络信息技术发达程度的综合反映，在很大程度上能够降低空间距离上所产生的信息不对称性，降低交易成本，增加信用风险转移的概率。其中 $i \in I_m$，$j \in I_n$。

9）$r_{ij} = \dfrac{T_{ij}}{T}$ 是从银行节点 i 到投资者节点 j 的信用衍生品流量占总流量的比例，其中 $i \in I_m$，$j \in I_n$。

10）$o_i = \dfrac{O_i}{T}$ 从银行节点 i 流出的信用衍生品流量占总流量的比例，其中 $i \in I_m$。

11）$h_j = \dfrac{H_j}{T}$ 是流入投资者节点 j 的信用衍生品流量占 CRT 市场总流量的比例，主要反映信用风险在投资者节点 j 上的集中程度，其中 $j \in I_n$。

12）η_{ij} 是银行节点 i 将高于平均风险水平的信贷资产通过信用衍生品转移到投资者节点 j 的能力，其中 $i \in I_m$，$j \in I_n$。η_{ij} 表示在某种经济和金融环境下，债权人将其拥有的高水平信用风险转移给 CRT 市场上投资者的相对能力，是衡量债权人转移信用风险的尺度，也是刻画信用风险传染效应的重要元素。

13）β_j 是投资者节点 j 的风险偏好程度，其中 $j \in I_n$。$0 \leqslant \beta_j < 0.5$ 表示投资

者为风险厌恶型，$\beta_j = 0.5$ 表示投资者为风险中型，$0.5 < \beta_j \leq 1$ 表示投资者为风险偏好型。而且，β_j 值越大表示投资者的风险偏好情绪越强，β_j 值越小表示投资者的风险规避情绪越强。

14）Q_i 是银行节点 i 的"资产质量"，通常以总资产收益率来反映企业的资产质量，$0 < Q_i < 1$，其中 $i \in I_m$。

15）Q_j 是投资者节点 j 的"资产规模"，根据投资者 j 的资产总额将其进行等级分割，用分割后的等级代表投资者 j 的"资产规模"大小。不妨假设 $Q_j = 0,1,2,3,\cdots,100$，其中 $j \in I_n$。

16）c_j 是投资者节点 j 所处区域的金融发展水平，且 $0 \leq c_j \leq 1$。其中 $j \in I_n$。

17）σ_{ij} 表示银行 i 所处区域与投资者 j 所处区域间金融发展的趋同性水平，$-1 < \sigma_{ij} \leq 1$。其中 $i \in I_m$，$j \in I_n$。

在现实金融市场中，银行节点和投资者节点所在地理区位的异质性或差异性会对 CRT 市场上信用风险转移及信用风险传染产生较为显著或不容忽视的影响。因此，本节将进一步用区域间金融发展水平、区域间金融发展的趋同性水平、区域间空间传输能力等因素反映地理区位的异质性对 CRT 市场上信用风险转移的影响，进而刻画地理区位的异质性对 CRT 市场信用风险传染的影响机制。

5.3.2　CRT 市场上信用风险转移的熵空间模型

5.3.2.1　信用风险转移的空间吸引力

对不同地理空间上物质流动的研究表明：物质在不同地理空间上流动的吸引力具有空间距离的衰减规律（Wagner，2008）。在空间结构理论中，对不同区域经济行为的空间结构测度时较多借鉴物理学的牛顿"万有引力"定律，其研究结果认为区域间的经济行为也具有空间距离衰减规律（Krugman，1997；Fujita et al.，2001；尹虹潘，2005）。在近年来的经济研究中，不同地理位置上经济行为的空间距离衰减规律也被人们所认可（Krugman，1997；Gordon，2010；Wilson，2010a；Barro and Basso，2010）。对于吸引力函数的选取，O'Kelly（2010）、Gordon（2010）、Wilson（2010a）、Barro 和 Basso（2010）给出了一般意义上的定义，即

$$f(d_{ij}) = e^{-\gamma d_{ij}} \tag{5-14}$$

式中，$\gamma \in R^+$ 是常数。该定义给出了吸引力函数关于空间距离的数学形式，能够直观、清晰地刻画不同地理位置上经济行为的空间距离衰减规律。然而，如果用该定义表达 CRT 市场上信用风险转移的吸引力函数，就无法充分体现银行和投资者在地理区位和自身属性上的一些特点、规律及其影响因素，因而该定义存在一些缺陷。

　　缺陷一：无法考虑金融发展水平的空间差异。信用风险转移作为现代金融市场上一种流行的金融活动，其具体行为要受金融发展水平的空间差异的影响。事实上，在相同空间距离下，区域间金融发展水平的差异性也将使 CRT 市场中银行和投资者之间信用风险转移吸引力产生差异。

　　缺陷二：无法考虑不同地理位置之间空间传输能力的差异。现代科技的发达程度基本上已经改变了空间信息距离对经济行为的影响（车欣薇等，2012）。区域间交通运输和网络信息技术的差异性仍然存在，空间信息距离的影响仍旧无法彻底消除，因此，CRT 市场中不同地理位置上银行节点和投资者节点之间信用风险转移吸引力存在不可忽略的差异性。

　　缺陷三：无法考虑银行的资产质量和投资者的资产规模特征。在 CRT 市场信用风险转移过程中，银行和投资者作为两类关键的经济主体，银行的资产质量对投资者具有较强的"认证效应"，是银行转移信用风险的基础，也是投资者接受银行转出信用风险的关键。同时，投资者的资产规模是信用风险转入的经济基础。两者必将对银行与投资者之间的信用风险转移吸引力产生影响。

　　综合考虑式（5-14）所定义的吸引力函数存在的三个缺陷，本节采用"引力法则"[①]，在 Haynes 和 Fotheringham（1984）、尹虹潘（2005）改良的雷利公式基础上将区域间金融发展水平的差异性、区域间空间传输能力、银行和投资者的自身资产属性等因素考虑到 CRT 市场信用风险转移吸引力模型中，提出了如下 CRT 市场信用风险转移吸引力模型：

$$f(c_j,\sigma_{ij},Q_i,Q_j,d_{ij},v_{ij}) = \frac{(1+\sigma_{ij}c_j)kQ_i^aQ_j^b}{\left(\dfrac{d_{ij}}{v_{ij}}\right)^\xi} \tag{5-15}$$

式中，k、a、b、ξ 为经验系数，可根据各地理位置的实际情况取值。通常的习惯是默认 $a=b=1$（Fujita et al.，2001；吴殿廷，2003；尹虹潘，2005）。对于 ξ 的取值，Krugman（1997）认为它可能接近于 1。该定义在满足 CRT 市场上信用风险转移吸引力的空间距离衰减规律条件下，充分考虑了区域间金融发展水平、区域间金融发展趋同性水平、区域间空间传输能力、银行的资产质量、投资者的资产规模等因素对 CRT 市场信用风险转移的影响。

　　在 CRT 市场上信用风险转移吸引力的空间距离衰减规律是无法违背的，但也并不是完全无能为力。从式（5-15）来看，可以通过改善区域间空间传输能力、增加银行的资产质量和投资者的资产规模、加速区域间金融发展等方式增加区域间信用风险转移的吸引力。

---

　　① "引力法则"主要通过借鉴物理学中的牛顿"万有引力"定律得到，在贸易、经济地理、空间经济学等很多领域的研究中都有应用，并成为一种常用的空间结构分析工具。

5.3.2.2　银行转移信用风险的能力

信用风险转移作为一种有效分散银行信用风险的主要金融工具，在最近几年得到了快速发展。银行作为信用风险的转出方，在信用风险转移过程中扮演着关键角色，也成为 CRT 市场上信用风险传染的核心环节。银行如何将不同等级的信用风险优化组合，利用何种金融工具，将其拥有的高风险水平的信用风险转移给 CRT 市场上的机构投资者，即银行的信用风险转移能力，成为 CRT 市场信用风险转移的核心，也成为 CRT 市场信用风险传染的关键。虽然，现有信用风险转移研究中还没有文献较为严谨地分析或涉及银行的信用风险转移能力，但银行的信用风险转移能力对银行系统乃至整个金融系统、CRT 市场信用风险转移、CRT 市场信用风险传染的影响却是实实在在存在的，也是不容忽视的核心要素之一。因此，本节尝试性地将银行的信用风险能力及其影响因素考虑到信用风险转移中，分析该因素对信用风险转移的影响和作用机制。

由 5.3.1 节的假设可知，银行节点 i 将高于平均风险水平的信贷资产通过信用衍生品转移到投资者节点 j 的能力为 η_{ij}。在 CRT 市场上银行的信用风险转移能力 η_{ij} 是衡量债权人转移信用风险的尺度，对 CRT 市场信用风险传染具有显著的正相关关系（Krugman，1997）。本节假设在银行信用风险转移能力的影响因素中区域间金融发展水平和投资者风险偏好程度对 η_{ij} 的影响是显性的，其他因素都潜在地蕴涵于 η_{ij}。因此，在银行信用风险转移能力模型构建中还必须考虑以下两方面显性因素的影响。

（1）区域间金融发展水平

区域间金融发展水平是区域间金融与经济协调发展的标度，也是区域间金融创新和全球化水平的集中表现。金融发展既可以推动区域间金融体系结构从传统银行业向发展现代化产品、市场和业务模式转变，不断推进金融结构全球化，也可以推动区域间金融创新，更好地服务区域间经济发展和社会发展。金融发展为银行业的纵深发展和全球化提供了源源不断的内在动力和活力，是银行信用风险转移的基础，也是影响银行信用风险转移能力的关键因素。本节假设银行所在区域的金融发展水平 c_i 被 η_{ij} 内生化，且 $\dfrac{\partial \eta_{ij}}{\partial c_i} > 0$，$\dfrac{\partial^2 \eta_{ij}}{\partial c_i^2} < 0$。此外，理论研究和实践也表明：区域间金融发展水平也是影响市场投资者风险偏好的关键因素。而且，区域间金融发展水平越高，投资者的风险偏好程度也相对偏高。

（2）投资者风险偏好程度

从行为科学最新研究结果来看，投资者的风险偏好程度是影响金融市场风险转移和传染的外部推力，投资者的风险偏好程度对金融市场风险传播具有抑制和推动的双重作用。其中，风险厌恶型的投资者有助于抑制金融市场风险的扩散和传播，而风险偏好型的投资者有助于金融市场风险的扩散和传播。在 CRT 市场上，信用风险接受者（信用风险转入方）的风险偏好有助于银行信用风险的转入，有利于银行将高水平信用风险转移给信用风险的接受方（Allen and Carletti，2006；Santos，2006；陈哲等，2010；陈庭强等，2011b），对 CRT 市场信用风险传染产生较为显著的影响（Chen and He，2012）。因此，在 CRT 市场上，投资者的风险偏好程度对银行的信用风险转移能力具有抑制和推动的双重作用。

综合上述分析，本节将区域间金融发展水平和投资者风险偏好程度等因素同时融入 CRT 市场银行信用风险转移能力中，构建如下 CRT 市场上银行节点信用风险转移的综合能力模型：

$$g(\eta_{ij}, \beta_j, c_j) = \eta_{ij}^{1-\beta_j^{1-c_j}} \tag{5-16}$$

该模型以银行信用风险转移能力 η_{ij} 为基准，充分考虑区域间金融发展水平和投资者风险偏好程度对银行信用风险转移能力的显性影响。

5.3.2.3 信用风险转移的熵空间模型

熵空间模型具有将经济主体从一个起点合理分派到所有终点的特性，进而代替传统空间模型将它分派到所有终点中距离最近的一个终点，而且，熵空间模型能够通过最大化系统的信息熵，获得起点与终点间流量离差最大化的数学规划问题的最优解（Wilson，2010b）。根据 Gordon（2010）、Wilson（2010a）、Barro 和 Basso（2010）关于熵空间理论在经济金融领域中的应用研究，在 Barro 和 Basso（2010）的基础上，本节进一步将地理区位的异质性、银行和投资者的行为特征及异质性等因素考虑到熵空间交互模型中，构建如下 CRT 市场中信用风险从银行节点 i 转移到投资者节点 j 的熵空间交互模型：

$$R_{ij} = A_i O_i B_j H_j f(c_j, \sigma_{ij}, Q_i, Q_j, d_{ij}, v_{ij}) \eta_{ij}^{1-\beta_j^{1-c_j}} \tag{5-17}$$

式中，$A_i \in [0,1]$ 表示银行节点 i 在金融系统中的影响力，如社会形象、声誉等；$B_j \in [0,1]$ 表示投资者节点 j 在 CRT 市场中的影响力，如社会形象、声誉等；$i \in I_m$；$j \in I_n$；$\sum_i R_{ij} = H_j$；$\sum_j R_{ij} = O_i$。

根据 5.3.1 节的假设和式（5-17），进一步可以得到 CRT 市场中信用风险从银行节点 i 转移到投资者节点 j 占整个投资者节点 j 转入信用风险的熵空间交互模型：

$$r_{ij} = \frac{A_i O_i B_j H_j f(c_j, \sigma_{ij}, Q_i, Q_j, d_{ij}, v_{ij}) \eta_{ij}^{1-\beta_j^{1-c_j}}}{T} \tag{5-18}$$

即

$$r_{ij} = a_i o_i b_j h_j f(c_j, \sigma_{ij}, Q_i, Q_j, d_{ij}, v_{ij}) \eta_{ij}^{1-\beta_j^{1-c_j}} \tag{5-19}$$

式中，$a_i \in [0,1]$；$b_j \in [0,1]$；$h_j = \dfrac{\sum\limits_{i=1}^{m} T_{ij}}{\sum\limits_{i=1}^{m} \sum\limits_{j=1}^{n} T_{ij}}$；$i \in I_m$；$j \in I_n$；$\sum\limits_{i} r_{ij} = h_j$；$\sum\limits_{j} r_{ij} = o_i$。

式（5-19）所定义的熵空间交互模型非常有价值，它通过概率的形式对从银行节点 i 转移到投资者节点 j 的信用风险转移信息进行了充分提取和刻画，而且建立了 CRT 市场上空间因素和概率之间的显性关系。在熵空间交互模型（5-17）和模型（5-19）中，其约束条件是银行节点 i 和投资者节点 j 的交互约束，因而该熵空间交互模型也被称为双重循环约束模型。

本节对 CRT 市场中信用风险传染的研究，主要考察银行节点所拥有的信用风险的转入对投资者节点的影响，以及债务人的信用违约所引发的 CRT 市场信用风险传染效应。因此，在这种研究目标下，根据式（5-19）及其约束条件可以得到仅含有投资者约束的 CRT 市场信用风险转移的熵空间模型：

$$r_{ij} = a_i b_j h_j f(c_j, \sigma_{ij}, Q_i, Q_j, d_{ij}, v_{ij}) \eta_{ij}^{1-\beta_j^{1-c_j}} \tag{5-20}$$

式中，$a_i \in [0,1]$；$b_j \in [0,1]$；$h_j = \dfrac{\sum\limits_{i=1}^{m} T_{ij}}{\sum\limits_{i=1}^{m} \sum\limits_{j=1}^{n} T_{ij}}$；$i \in I_m$；$j \in I_n$；$\sum\limits_{i} r_{ij} = h_j$；$\sum\limits_{j} r_{ij} = 1$。

将式（5-15）代入式（5-20），可得

$$r_{ij} = a_i b_j h_j \frac{(1+\sigma_{ij} c_j) k Q_i^a Q_j^b}{\left(\dfrac{d_{ij}}{v_{ij}}\right)^{\xi}} \eta_{ij}^{1-\beta_j^{1-c_j}} \tag{5-21}$$

式中，$a_i \in [0,1]$；$b_j \in [0,1]$；$h_j = \dfrac{\sum\limits_{i=1}^{m} T_{ij}}{\sum\limits_{i=1}^{m} \sum\limits_{j=1}^{n} T_{ij}}$；$i \in I_m$；$j \in I_n$；$\sum\limits_{i} r_{ij} = h_j$；$\sum\limits_{j} r_{ij} = 1$；$k$、$a$、$b$、$\xi$ 为经验系数。

根据熵空间模型（5-21）可知，在 CRT 市场上信用风险转移的信息熵大小不仅与银行节点与投资者节点的空间距离紧密相关，而且还与银行节点与投资者节点之间的空间传输能力、银行节点的资产质量、银行节点的信用风险转移能力、投资者节点的资产规模、投资者节点的风险偏好程度、投资者节点所处区域的金融发展水平，以及银行节点所处区域与投资者节点所处区域间金融发展的趋同性水平等因素密切相关。该模型充分考虑了信用风险转移主体的异质性、地理区位的异质性及空间距离等因素对 CRT 市场上信用风险转移的影响机制。式（5-21）

所定义的 CRT 市场信用风险转移熵空间模型通过概率的形式对从银行节点 i 转移到投资者节点 j 的信用风险转移信息进行了显性描述，是进一步刻画银行节点 i 转移到投资者节点 j 之间信用风险传染的前提和基础。

5.3.3　CRT 市场上信用风险传染的熵空间模型

5.3.3.1　信用衍生品的风险价值传染模型

在以信用为基础的 CRT 市场上，为了提高资本流动性和经营效益，降低信用风险的集中度，满足资本金融监管的要求，银行会将债务人所形成的信用风险进行优化组合，通过信用衍生品的形式转移给投资者。如果债务人的信用状况发生变化或产生信用违约行为，势必会造成与其相关联的信用衍生品的价值出现波动，对 CRT 市场中的银行和投资者形成冲击，当信用衍生品价值波动带来的损失率大于给定的阈值 θ 时，就会造成银行和投资者发生类似的信用违约行为，并在 CRT 市场上相互传染，逐级放大，最终形成 CRT 市场信用风险的传染效应。

本节对 CRT 市场上信用风险传染的研究，主要探讨债务人的信用状况对 CRT 市场投资者形成的冲击效应。为了充分考虑债务人信用违约风险的传染效应，本节将在 Basso 和 Barro（2005）的基础上提出信用衍生品的离散时间价值传染模型。该模型主要采用结构化方法，聚焦信用衍生品中债务人的信贷资产价值波动对 CRT 市场投资者信用状况的传染效应。当债务人的信贷资产价值波动造成投资者的损失率大于阈值 θ 时，投资者就会产生信用违约。根据 Jarrow 和 Yu（2001），本节假设信用衍生品主要由两类债务人的信贷资产构成，即核心债务人和微型债务人。如果核心债务人发生信用违约，将直接影响微型债务人发生信用违约，造成债务人的信用违约传染，进而引起 CRT 市场上投资者发生信用违约。如果部分微型债务人发生信用违约，这对核心债务人的信用违约概率将不产生任何影响，不会引发 CRT 市场上投资者发生信用违约。但是，当大量微型债务人发生信用违约且违约累积损失率大于阈值 θ 时，CRT 市场上投资者就会发生信用违约。假设债务人 s 的信用违约对银行拥有的信用衍生品的传染性影响主要由三部分组成：行业环境冲击、历史违约传染及随机扰动项。因此，债务人 s 的信用违约对银行节点 i 拥有的信用衍生品的时间价值传染模型为

$$VC_{s(i)}(t) = H_{s(i)}(t) + P_{s(i)}(t) + \varepsilon_{s(i)}(t) \tag{5-22}$$

式中，$s=1,2,\cdots$；$t=0,1,2,\cdots$；$i \in I_m$。$\varepsilon_{s(i)}(t)$ 为随机扰动残差项，它代表行业因素之外的环境（包括宏观经济环境、金融环境、政策环境、法律法规等）的变化对债务人信用违约的扰动影响，而且 $\varepsilon_{s(i)}(t)$ 服从 $E[\varepsilon_{s(i)}(t)] = 0$ 和 $D[\varepsilon_{s(i)}(t)] = \sigma_{\varepsilon_s}$ 的正态分布。

为了克服 Duffie 模型（Duffie et al.，2007）忽略可能存在的信用风险传染效应而

导致的相关性低估问题，谢尚宇等（2011）通过在状态变量中包含的行业特有因素刻画行业间可能存在的信用风险传染效应来扩展 Duffie 模型。因此，本节在此基础上，用一个因子模型描述行业环境 $H_{s(i)}(t)$ 对信用衍生品的风险传染，其具体模型如下：

$$H_{s(i)}(t) = \sum_{l=1}^{L} [\alpha_l^{s(i)} Y_l(t)] \tag{5-23}$$

式中，$l = 1, 2, \cdots, L$ 表示不同的行业类型；$Y_l(t)$ 表示 l 行业的特有因素，如该行业已违约个体占该行业个体总数的比例、全行业总负债等，用来描述已违约债务人对其他债务人信用违约的影响；α_l^s 表示 l 行业的特有因素对债务人信用违约的影响程度，$|\alpha_l^s| \leqslant 1$。

对于债务人 s 的历史信用违约传染效应 $P_s(t)$，主要刻画所观测到的债务人 s 的历史信用违约给银行带来的风险。假设在 t 时刻债务人 s 的信用违约给银行节点 i 带来风险的测度为 $D_{s(i)}(t)$，它是相对于经济系统中 t 时刻所观察到的平均违约率 $p(t)$ 来说的，其数学表达式为

$$D_{s(i)}(t) = p(t) - \left[\sum_{v \in \psi_s(t)} I_v(t) w_{sv}(t) + p(t) m_s(t) \right] \tag{5-24}$$

式中，$\psi_s(t)$ 表示信用衍生品所包含的债务人中核心债务人组成的集合；$w_{sv}(t)$ 表示核心债务人 v 在信用衍生品中的重要程度，$w_{sv}(t) = \dfrac{核心债务人 v 的信贷资产价值}{信用衍生品价值}$，$w_{sv} > \theta$，这表明核心债务人 v 的信用状况变化带来的损失率可能会大于给定的阈值 θ，而且，当核心债务人 v 发生信用违约或破产等严重信用事件时，其造成的损失率必定会大于给定的阈值 θ，引发信用风险传染效应；$m_s(t) = 1 - \sum_{v \in \psi_s(t)} w_{sv}(t)$ 表示信用衍生品所包含的微型债务人的重要程度。$I_v(t)$ 是 t 时刻信用衍生品所包含的核心债务人 v 信用违约状况的示性函数。

$$I_v(t) = \begin{cases} 1 & 核心债务人 v 在 t 时刻发生信用违约 \\ 0 & 其他 \end{cases} \tag{5-25}$$

由式（5-24）可知，当 t 时刻信用衍生品所包含债务人的信用违约率大于 $p(t)$ 时，银行的风险测度 $D_s(t)$ 为负值；当 t 时刻信用衍生品所包含债务人的信用违约率等于 $p(t)$ 时，银行的风险测度 $D_s(t)$ 为零；当 t 时刻信用衍生品所包含债务人的信用违约率小于 $p(t)$ 时，银行的风险测度 $D_s(t)$ 为正值。因此，债务人的信用状况将影响信用衍生品的风险水平，也影响银行系统的信用风险水平。

假设银行节点 i 拥有的信用衍生品中，债务人的历史信用违约对银行风险测度的影响具有长期记忆性，而且该记忆性的影响效应具有指数衰减特征（Basso and Barro, 2005；Barro and Basso, 2010）。设银行节点 i 的债务人历史信用违约时间为 τ（$\tau \geqslant 1$），

则其历史信用违约对银行节点 i 当前财务风险的影响因子为 $\lambda_{s(i)}$（$0 \leqslant \lambda_s < 1$）。因此，$t$ 时刻银行节点 i 的风险测度为

$$P_{s(i)}(t) = \sum_{\tau=1}^{\infty} \lambda_{s(i)}^{\tau} D_{s(i)}(t-\tau) \qquad (5\text{-}26)$$

即

$$P_{s(i)}(t) = \sum_{\tau=1}^{\infty} \lambda_{s(i)}^{\tau} \left[p(t-\tau) - \left[\sum_{v \in \psi_s(t-\tau)} I_v(t-\tau)w_{sv}(t-\tau) + p(t-\tau)m_s(t-\tau) \right] \right] \qquad (5\text{-}27)$$

式（5-27）描述了银行节点 i 拥有的信用衍生品所包含债务人的历史信用违约对银行节点 i 当前风险的传染效应。由 Barro 和 Basso（2010）的研究可知，在所有实际应用中 $\lambda_{s(i)}$ 的取值是充分小的，仅有 $\sum_{\tau=1}^{\infty} \lambda_{s(i)}^{\tau} p(t-\tau)$ 在实际应用中是不可忽略的。因此，银行转移的信用衍生品的离散时间价值传染模型为

$$VC_{s(i)}(t) = H_{s(i)}(t) + P_{s(i)}(t) + \varepsilon_{s(i)}(t)$$

$$= \sum_{l=1}^{L} [\alpha_l^{s(i)} Y_l(t)] + \sum_{\tau=1}^{\infty} \lambda_{s(i)}^{\tau} \left[p(t-\tau) - \left[\sum_{v \in \psi_s(t-\tau)} I_v(t-\tau)w_{sv}(t-\tau) + p(t-\tau)m_s(t-\tau) \right] \right] + \varepsilon_{s(i)}(t) \qquad (5\text{-}28)$$

式（5-28）通过信用衍生品的离散时间价值来反映银行节点向投资者节点所转移的信用衍生品中含有的风险水平。

5.3.3.2　CRT 市场上信用风险传染的熵空间模型

为了提高资本流动性，降低信用风险的集中度，银行会将高于平均风险水平的信贷资产和低风险的信贷资产进行优化设计和标准化，通过 CRT 市场将其转移给 CRT 市场上的机构投资者，实现银行系统信用风险的分散和转移，提高资本的流动性和利用效率，提升银行经营效益。式（5-21）通过数学模型的形式描述了银行节点向投资者节点转移信用衍生品的概率，而式（5-28）进一步刻画了银行节点向投资者节点所转移的信用衍生品中含有的风险水平。因此，CRT 市场上银行节点 i 与投资者节点 j 之间的信用风险传染模型可由式（5-21）和式（5-28）得到，即 CRT 市场上信用风险传染的熵空间模型为

$$\pi_{ij} = a_i b_j h_j \frac{(1+\sigma_{ij} c_j) k Q_i^a Q_j^b}{\left(\dfrac{d_{ij}}{v_{ij}} \right)^{\xi}} \eta_{ij}^{1-\beta_j-c_j} \left[\sum_{l=1}^{L} [\alpha_l^{s(i)} Y_l(t)] \right.$$

$$\left. + \sum_{\tau=1}^{\infty} \lambda_{s(i)}^{\tau} \left[p(t-\tau) - \left[\sum_{v \in \psi_s(t-\tau)} \delta_v(t-\tau)w_{sv}(t-\tau) + p(t-\tau)m_s(t-\tau) \right] \right] + \varepsilon_{s(i)}(t) \right]$$

$$\qquad (5\text{-}29)$$

模型的约束条件为

$$\sum_i a_i b_j h_j \frac{(1+\sigma_{ij}c_j)kQ_i^a Q_j^b}{\left(\dfrac{d_{ij}}{v_{ij}}\right)^\xi} \eta_{ij}^{\,1-\beta_j^{1-c_j}} = h_j \qquad (5\text{-}30)$$

$$\sum_j a_i b_j h_j \frac{(1+\sigma_{ij}c_j)kQ_i^a Q_j^b}{\left(\dfrac{d_{ij}}{v_{ij}}\right)^\xi} \eta_{ij}^{\,1-\beta_j^{1-c_j}} = 1 \qquad (5\text{-}31)$$

式中，$a_i \in [0,1]$；$b_j \in [0,1]$；$i \in I_m$；$j \in I_n$；k、a、b、ξ 为经验系数；π_{ij} 表示 CRT 市场上投资者节点 j 由于银行节点 i 转移信用风险而可能遭受到的信用风险水平。由式（5-29）~式（5-31）组成的数学规划问题可知，CRT 市场信用风险传染的熵空间模型既能够最大化 CRT 市场上信用风险传染的信息熵，也能够清晰地刻画银行节点与投资者节点之间的空间距离和传输能力、银行节点的资产质量、银行节点的信用风险转移能力、投资者节点的资产规模、投资者节点的风险偏好程度、投资者节点所处区域的金融发展水平及区域间金融发展的趋同性水平等因素对 CRT 市场信用风险传染效应的影响和作用机制。

5.3.4 CRT 市场上信用风险传染的仿真分析

在缺乏大量实证检验的时间序列数据时，数值仿真模拟分析相对来说就成为最有效的检验方法。因此，本节在考虑不同参数值的情况下进行数值仿真模拟分析。本节考虑的信用衍生品主要由中小企业的信用贷款组合构成。现在取 CRT 市场上银行节点数 $m = 500$，投资者节点数 $n = 200$，经济系统中信用违约平均概率 $p = 0.06$，历史信用违约的影响因子 $\lambda_s = 0.15$，外部环境的扰动程度 $\sigma = 0.4$，经验系数 $a = b = 1$、$\xi = 0.9$、$k = 0.08$。为了简便计算仿真，假定 CRT 市场上流动的信用衍生品数量为 10 000，银行节点 i 拥有的信用衍生品数量服从（20，16）正态分布。同时，假定所有信用衍生品所包含的核心债务人和微型债务人的比值为 3∶7。对于行业特有因素的影响，本节采用一个漂移参数为 0.5，波动率为 0.08，长期均值为 1 的均值回复过程的因子模拟。

5.3.4.1 银行的影响力、资产质量与信用风险转移能力的影响分析

在 CRT 市场上，对于信用风险投资者来说，一方面，银行的影响力和资产质量具有一定程度的"认证效应"，它既能吸引投资者购买银行拥有的风险资产，获取高额利润，也能降低投资者的风险甄别意识，潜在地增加了投资者的风险水平，加强了 CRT 市场信用风险的传染效应。另一方面，银行的信用风险转移能力

是 CRT 市场信用风险传染的关键因素，它既能让银行更加合理地转移和分散其拥有的信用风险，提高资本的利用效率和流动性，获取更高的利润和发展空间，也加强了信用风险的传染效应，提高了信用风险传染的概率。根据 5.3.4 节的参数设置，模拟银行的影响力、资产质量及信用风险转移能力对 CRT 市场信用风险传染的影响机制，如图 5-3 和图 5-4 所示。

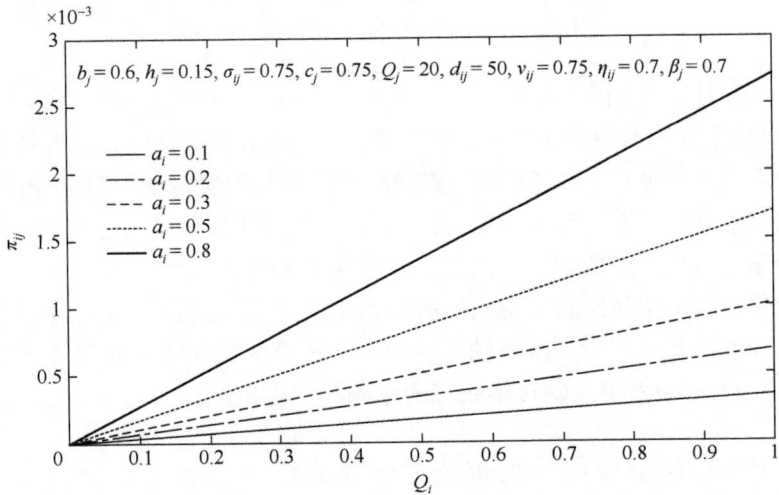

图 5-3　银行的影响力与资产质量对 CRT 市场信用风险传染的影响仿真示意图

由图 5-3 可知：CRT 市场信用风险传染效应与银行的影响力和资产质量呈正相关关系。这是因为，在 CRT 市场上银行的影响力与资产质量的"认证效应"对投资者具有很强的正反馈作用，使得银行很容易把信用风险传染给信用风险接受者（即 CRT 市场上的投资者），潜在地加剧了 CRT 市场信用风险传染。然而，为了长远发展、整体效益最大化和金融系统的稳定，银行不会利用其影响力与资产质量的"认证效应"而肆意增加投资者的风险和金融市场的系统性风险。

由图 5-4 可知：CRT 市场信用风险传染效应与银行的信用风险转移能力呈边际递减的正相关关系。这是因为，一方面银行的信用风险转移过程也必然是信用风险的传染过程，是银行将贷款人的信用风险传递给 CRT 市场上投资者的过程；另一方面，银行的信用风险转移能力主要依赖于金融创新，通过更加科学有效的 CRT 工具创新，对金融资源优化重组，并对信用风险分散配置，实现信用风险的转移和分散，提高经营效率和效益，而且金融创新在其中既会加强信用风险的潜在传染力度和广度，也会带来新的信用风险（谢尚宇等，2011）。然而，金融创新是一个缓慢进行的发展过程，其所带来的信用风险传染空间是有限的、边际递减的。

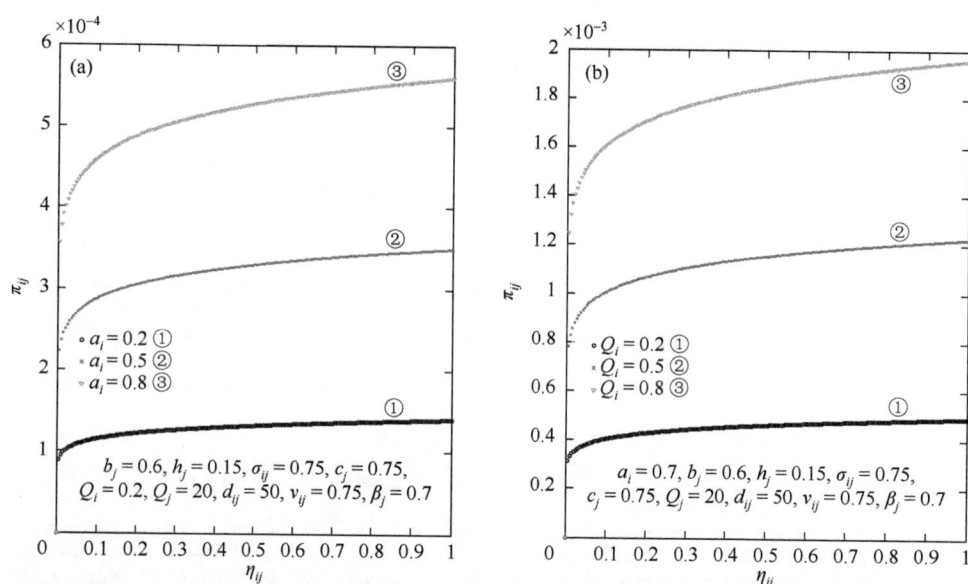

图 5-4 银行的信用风险转移能力对 CRT 市场信用风险传染的影响仿真示意图

此外，由图 5-4 还可以发现：随着银行的影响力与资产质量的"认证效应"的加强，银行的信用风险转移能力对 CRT 市场信用风险传染的影响被显著提升，而且银行资产质量的影响显著高于银行影响力。为了更加清晰地刻画银行的影响力、资产质量与信用风险转移能力对 CRT 市场信用风险传染影响的敏感性，下面在选取参数 $b_j = 0.6$、$h_j = 0.15$、$\sigma_{ij} = 0.75$、$c_j = 0.75$、$Q_j = 20$、$d_{ij} = 50$、$v_{ij} = 0.75$、$\beta_j = 0.7$ 的情况下，对 a_i、Q_i 和 η_{ij} 进行敏感性分析，如表 5-2 所示。

表 5-2 银行的影响力、资产质量与信用风险转移能力对 CRT 市场信用风险传染影响的敏感性分析

η_{ij}	a_i	Q_i					
		0.01	0.1	0.2	0.3	0.5	0.8
0.1	0.1	2.874×10^{-6}	2.874×10^{-5}	5.748×10^{-5}	8.622×10^{-5}	1.437×10^{-4}	2.299×10^{-4}
	0.2	5.748×10^{-6}	5.748×10^{-5}	1.150×10^{-4}	1.724×10^{-4}	2.874×10^{-4}	4.599×10^{-4}
	0.3	8.622×10^{-6}	8.622×10^{-5}	1.724×10^{-4}	2.587×10^{-4}	4.311×10^{-4}	6.898×10^{-4}
	0.5	1.437×10^{-5}	1.437×10^{-4}	2.874×10^{-4}	4.311×10^{-4}	7.185×10^{-4}	1.150×10^{-3}
	0.8	2.299×10^{-5}	2.299×10^{-4}	4.599×10^{-4}	6.898×10^{-4}	1.150×10^{-3}	1.839×10^{-3}
0.2	0.1	3.049×10^{-6}	3.049×10^{-5}	6.098×10^{-5}	9.148×10^{-5}	1.525×10^{-4}	2.439×10^{-4}
	0.2	6.098×10^{-6}	6.098×10^{-5}	1.220×10^{-4}	1.830×10^{-4}	3.049×10^{-4}	4.879×10^{-4}

续表

η_{ij}	a_i	Q_i					
		0.01	0.1	0.2	0.3	0.5	0.8
0.2	0.3	9.148×10^{-6}	9.148×10^{-5}	1.830×10^{-4}	2.744×10^{-4}	4.574×10^{-4}	7.318×10^{-4}
	0.5	1.525×10^{-5}	1.525×10^{-4}	3.049×10^{-4}	4.574×10^{-4}	7.623×10^{-4}	1.220×10^{-3}
	0.8	2.439×10^{-5}	2.439×10^{-4}	4.879×10^{-4}	7.318×10^{-4}	1.220×10^{-3}	1.951×10^{-3}
0.3	0.1	3.156×10^{-6}	3.156×10^{-5}	6.313×10^{-5}	9.469×10^{-5}	1.578×10^{-4}	2.525×10^{-4}
	0.2	6.313×10^{-6}	6.313×10^{-5}	1.263×10^{-4}	1.894×10^{-4}	3.156×10^{-4}	5.050×10^{-4}
	0.3	9.469×10^{-6}	9.469×10^{-5}	1.894×10^{-4}	2.841×10^{-4}	4.735×10^{-4}	7.576×10^{-4}
	0.5	1.578×10^{-5}	1.578×10^{-4}	3.156×10^{-4}	4.735×10^{-4}	7.891×10^{-4}	1.263×10^{-3}
	0.8	2.525×10^{-5}	2.525×10^{-4}	5.050×10^{-4}	7.576×10^{-4}	1.263×10^{-3}	2.020×10^{-3}
0.5	0.1	3.297×10^{-6}	3.297×10^{-5}	6.594×10^{-5}	9.891×10^{-4}	1.649×10^{-4}	2.638×10^{-4}
	0.2	6.594×10^{-6}	6.594×10^{-5}	1.319×10^{-4}	1.978×10^{-4}	3.297×10^{-4}	5.275×10^{-4}
	0.3	9.891×10^{-6}	9.891×10^{-5}	1.978×10^{-4}	2.967×10^{-4}	4.946×10^{-4}	7.913×10^{-4}
	0.5	1.649×10^{-5}	1.649×10^{-4}	3.297×10^{-4}	4.946×10^{-4}	8.243×10^{-4}	1.319×10^{-3}
	0.8	2.638×10^{-5}	2.638×10^{-4}	5.275×10^{-4}	7.913×10^{-4}	1.319×10^{-3}	2.110×10^{-3}
0.8	0.1	3.432×10^{-6}	3.432×10^{-5}	6.864×10^{-5}	1.030×10^{-4}	1.716×10^{-4}	2.746×10^{-4}
	0.2	6.864×10^{-6}	6.864×10^{-5}	1.373×10^{-4}	2.059×10^{-4}	3.432×10^{-4}	5.491×10^{-4}
	0.3	1.030×10^{-5}	1.030×10^{-4}	2.059×10^{-4}	3.089×10^{-4}	5.148×10^{-4}	8.237×10^{-4}
	0.5	1.716×10^{-5}	1.716×10^{-4}	3.432×10^{-4}	5.148×10^{-4}	8.580×10^{-4}	1.373×10^{-3}
	0.8	2.746×10^{-5}	2.746×10^{-4}	5.491×10^{-4}	8.237×10^{-4}	1.373×10^{-3}	2.196×10^{-3}

　　通过敏感性分析进一步检验了上述结论，而且发现：银行资产质量的"认证效应"对 CRT 市场信用风险传染的影响比银行的影响力和信用风险转移能力更为显著；银行的影响力对 CRT 市场信用风险传染的影响比银行的信用风险转移能力更为显著。

5.3.4.2　投资者的风险偏好程度、风险集中度、影响力与资产规模的影响分析

　　在 CRT 市场上，机构投资者作为银行信用风险转移的终端，其风险偏好程度、

风险集中度、影响力与资产规模等影响着银行信用风险转移的行为,更影响着CRT市场信用风险的传染效力和影响程度。因此,下面进一步通过仿真模拟考察投资者的风险偏好程度、风险集中度、影响力与资产规模等对CRT市场信用风险传染的影响,如图5-5所示。

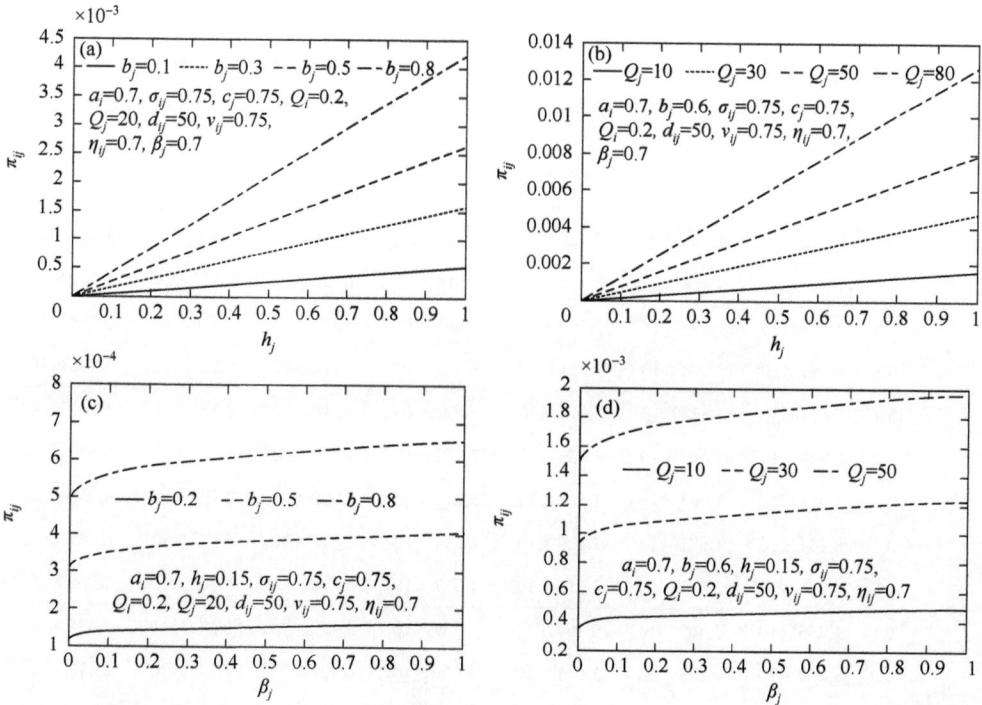

图 5-5　投资者的风险偏好程度、风险集中度、影响力与资产规模对 CRT 市场信用风险传染的影响仿真示意图

由图 5-5 可知:CRT 市场信用风险传染与投资者的风险偏好程度、风险集中度、影响力与资产规模呈正相关关系,而且投资者风险偏好程度的影响是边际递减的。此外,随着投资者影响力和资产规模的增加,投资者的风险集中度和风险偏好程度对 CRT 市场信用风险传染的影响逐渐被强化。为了更好地描述投资者的风险偏好程度、风险集中度与资产规模对 CRT 市场信用风险传染影响的敏感性,下面在选取参数 $a_i = 0.7$、$b_j = 0.65$、$\sigma_{ij} = 0.75$、$c_j = 0.75$、$Q_i = 0.2$、$d_{ij} = 50$、$v_{ij} = 0.75$ 的情况下,对 h_j、Q_j 和 β_j 进行敏感性分析,如表 5-3 所示。

表 5-3　投资者的风险偏好程度、风险集中度与资产规模对 CRT 市场信用风险传染影响的敏感性分析

β_j	h_j	Q_j						
		1	2	3	10	20	50	80
0.1	0.1	1.513×10^{-5}	3.026×10^{-5}	4.538×10^{-5}	1.513×10^{-4}	3.026×10^{-4}	7.564×10^{-4}	1.210×10^{-3}
	0.2	3.026×10^{-5}	6.051×10^{-5}	9.077×10^{-5}	3.026×10^{-4}	6.051×10^{-4}	1.513×10^{-3}	2.421×10^{-3}
	0.3	4.538×10^{-5}	9.077×10^{-5}	1.362×10^{-4}	4.538×10^{-4}	9.077×10^{-4}	2.269×10^{-3}	3.631×10^{-3}
	0.5	7.564×10^{-5}	1.513×10^{-4}	2.269×10^{-4}	7.564×10^{-4}	1.513×10^{-3}	3.782×10^{-3}	6.051×10^{-3}
	0.8	1.210×10^{-4}	2.421×10^{-4}	3.631×10^{-4}	1.210×10^{-3}	2.421×10^{-3}	6.051×10^{-3}	9.682×10^{-3}
0.2	0.1	1.571×10^{-5}	3.143×10^{-5}	4.714×10^{-5}	1.571×10^{-4}	3.143×10^{-4}	7.857×10^{-4}	1.257×10^{-3}
	0.2	3.143×10^{-5}	6.285×10^{-5}	9.428×10^{-5}	3.143×10^{-4}	6.285×10^{-4}	1.571×10^{-3}	2.514×10^{-3}
	0.3	4.714×10^{-5}	9.428×10^{-5}	1.414×10^{-4}	4.714×10^{-4}	9.428×10^{-4}	2.357×10^{-3}	3.771×10^{-3}
	0.5	7.857×10^{-5}	1.571×10^{-4}	2.357×10^{-4}	7.857×10^{-4}	1.571×10^{-3}	3.928×10^{-3}	6.285×10^{-3}
	0.8	1.257×10^{-4}	2.514×10^{-4}	3.771×10^{-4}	1.257×10^{-3}	2.514×10^{-3}	6.285×10^{-3}	1.006×10^{-2}
0.5	0.1	1.671×10^{-5}	3.342×10^{-5}	5.013×10^{-5}	1.671×10^{-4}	3.342×10^{-4}	8.354×10^{-4}	1.337×10^{-3}
	0.2	3.342×10^{-5}	6.683×10^{-5}	1.003×10^{-4}	3.342×10^{-4}	6.683×10^{-4}	1.671×10^{-3}	2.673×10^{-3}
	0.3	5.013×10^{-5}	1.003×10^{-4}	1.504×10^{-4}	5.013×10^{-4}	1.003×10^{-3}	2.506×10^{-3}	4.010×10^{-3}
	0.5	8.354×10^{-5}	1.671×10^{-4}	2.506×10^{-4}	8.354×10^{-4}	1.671×10^{-3}	4.177×10^{-3}	6.683×10^{-3}
	0.8	1.337×10^{-4}	2.673×10^{-4}	4.010×10^{-4}	1.337×10^{-3}	2.673×10^{-3}	6.683×10^{-3}	1.069×10^{-2}
0.8	0.1	1.735×10^{-5}	3.469×10^{-5}	5.204×10^{-5}	1.735×10^{-4}	3.469×10^{-4}	8.673×10^{-4}	1.388×10^{-3}
	0.2	3.469×10^{-5}	6.938×10^{-5}	1.041×10^{-4}	3.469×10^{-4}	6.938×10^{-4}	1.735×10^{-3}	2.775×10^{-3}
	0.3	5.204×10^{-5}	1.041×10^{-4}	1.561×10^{-4}	5.204×10^{-4}	1.041×10^{-3}	2.602×10^{-3}	4.163×10^{-3}
	0.5	8.673×10^{-5}	1.735×10^{-4}	2.602×10^{-4}	8.673×10^{-4}	1.735×10^{-3}	4.336×10^{-3}	6.938×10^{-3}
	0.8	1.388×10^{-4}	2.775×10^{-4}	4.163×10^{-4}	1.388×10^{-3}	2.775×10^{-3}	6.938×10^{-3}	1.110×10^{-2}

通过表 5-3 的敏感性分析进一步验证了上述结论，而且发现：在投资者的风险偏好程度、风险集中度与资产规模对 CRT 市场信用风险传染的影响中，投资者的风险集中度的影响最为显著，投资者的资产规模次之，投资者的风险偏好程度最小。

5.3.4.3　空间距离与传输能力的影响分析

地理空间距离的存在不可避免地造成了个体之间存在不同程度的信息不对称性（Carling and Lundberg，2005），而区域间空间传输能力可以在很大程度上降低信息不对称性、信息传输成本及 CRT 交易成本。因此，下面将通过仿

真模拟进一步考察空间距离与传输能力对 CRT 市场信用风险传染的影响，如图 5-6 所示。

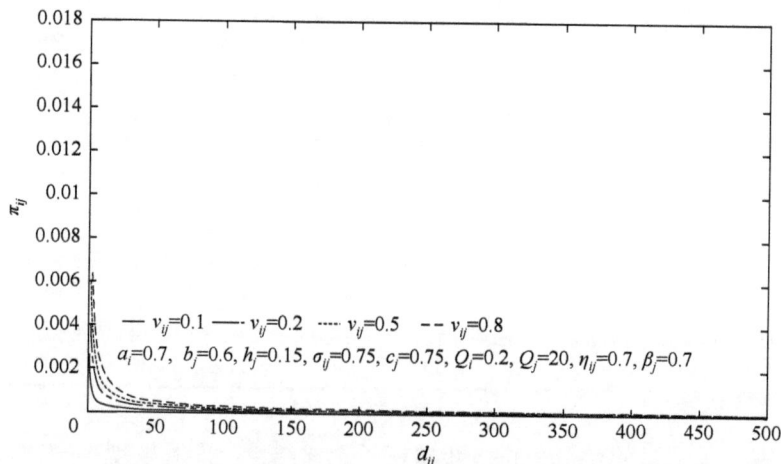

图 5-6 空间距离与传输能力对 CRT 市场信用风险传染的影响仿真示意图

由图 5-6 可知：空间距离对 CRT 市场的信用风险传染的影响具有较显著的"本地效应"，而且空间传输能力改变了空间距离的影响。这是因为，一方面空间距离增加了个体之间的信息不对称性和新的信用风险产生的可能性，也增加了 CRT 交易成本，降低了银行和投资者之间信用风险转移的概率和个体对事件及其结果的感知可能性（佘升翔等，2012），进而降低了 CRT 市场信用风险传染效应的效力。另一方面，空间传输能力在很大程度上改善了银行和投资者之间的信息不对称性，降低了 CRT 交易成本，进而提高了信用风险转移的概率，增加了 CRT 市场信用风险传染的可能性。下面在选取参数 $a_i = 0.7$、$b_j = 0.6$、$h_j = 0.15$、$\sigma_{ij} = 0.75$、$c_j = 0.75$、$Q_i = 0.2$、$Q_j = 20$、$\beta_j = 0.7$ 的情况下，对 d_{ij} 和 v_{ij} 进行敏感性分析，如表 5-4 所示。

表 5-4 空间距离与传输能力对 CRT 市场信用风险传染影响的敏感性分析

d_{ij}	v_{ij}									
	0.1	0.2	0.3	0.4	0.5	0.6	0.7	0.8	0.9	1
1	2.620×10^{-3}	4.888×10^{-3}	7.041×10^{-3}	9.122×10^{-3}	1.115×10^{-2}	1.314×10^{-2}	1.509×10^{-2}	1.702×10^{-2}	1.893×10^{-2}	2.081×10^{-2}
2	1.404×10^{-3}	2.620×10^{-3}	3.773×10^{-3}	4.888×10^{-3}	5.976×10^{-3}	7.041×10^{-3}	8.089×10^{-3}	9.122×10^{-3}	1.014×10^{-2}	1.115×10^{-2}

续表

d_{ij}	v_{ij}									
	0.1	0.2	0.3	0.4	0.5	0.6	0.7	0.8	0.9	1
5	6.154×10^{-4}	1.148×10^{-3}	1.654×10^{-3}	2.143×10^{-3}	2.620×10^{-3}	3.087×10^{-3}	3.546×10^{-3}	3.999×10^{-3}	4.446×10^{-3}	4.888×10^{-3}
10	3.298×10^{-4}	6.154×10^{-4}	8.864×10^{-4}	1.148×10^{-3}	1.404×10^{-3}	1.654×10^{-3}	1.900×10^{-3}	2.143×10^{-3}	2.383×10^{-3}	2.620×10^{-3}
50	7.748×10^{-5}	1.446×10^{-4}	2.082×10^{-4}	2.698×10^{-4}	3.298×10^{-4}	3.886×10^{-4}	4.464×10^{-4}	5.034×10^{-4}	5.597×10^{-4}	6.154×10^{-4}
100	4.152×10^{-5}	7.748×10^{-5}	1.116×10^{-4}	1.446×10^{-4}	1.767×10^{-4}	2.082×10^{-4}	2.392×10^{-4}	2.698×10^{-4}	3.000×10^{-4}	3.298×10^{-4}
1000	5.227×10^{-6}	9.754×10^{-6}	1.405×10^{-5}	1.820×10^{-5}	2.225×10^{-5}	2.622×10^{-5}	3.012×10^{-5}	3.396×10^{-5}	3.776×10^{-5}	4.152×10^{-5}

通过表 5-4 的敏感性分析进一步验证了上述结论，而且发现：空间传输能力既增强了 CRT 市场信用风险传染的"本地效应"，同时也增加了 CRT 市场信用风险传染的空间广度和范围。

5.3.4.4　区域间金融发展水平与趋同性水平的影响分析

金融发展伴随着经济的发展，进而带来金融创新和金融服务业的发展（张维等，2008）。同时，区域间金融发展有利于实现资本的积聚与集中，提高资源的使用效率、社会经济效率、社会的投资水平和金融资本的流动性，增加投资者的风险偏好程度和风险集中度。此外，区域间金融发展的趋同性有助于区域间金融资本的流动，增加 CRT 交易的概率和活性。接下来，通过数值仿真模拟考察区域间金融发展水平及趋同性水平对 CRT 市场信用风险传染的影响，如图 5-7 所示。

由图 5-7 可知：CRT 市场信用风险传染与区域间金融发展的趋同性水平呈正相关关系。而且，当 $\sigma_{ij}<0$ 时，CRT 市场信用风险传染与区域间金融发展水平呈负相关关系；当 $\sigma_{ij}\geqslant0$ 时，CRT 市场信用风险传染与区域间金融发展水平呈正相关关系。这表明，对于同质性区域来说，投资者所在区域的金融发展水平越高，CRT 市场信用风险传染的概率越大；而对于异质性区域来说，投资者所在区域的金融发展水平越高，CRT 市场信用风险传染越弱。下面在选取参数 $a_i=0.7$、$b_j=0.6$、$h_j=0.15$、$Q_i=0.2$、$Q_j=20$、$d_{ij}=50$、$v_{ij}=0.75$、$\eta_{ij}=0.7$、$\beta_j=0.7$ 的情况下，对 σ_{ij} 和 c_j 进行敏感性分析，如表 5-5 所示。

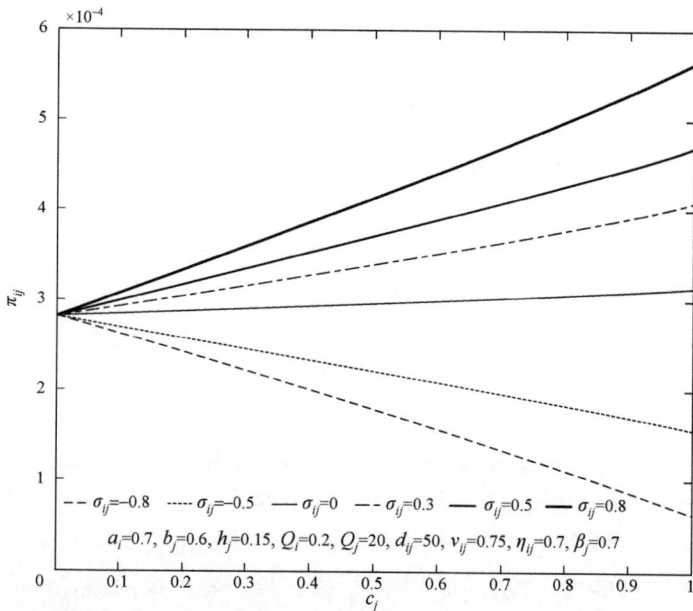

图 5-7 区域间金融发展水平与趋同性水平对 CRT 市场信用风险传染的影响仿真示意图

表 5-5 区域间金融发展水平与趋同性水平对 CRT 市场信用风险传染影响的敏感性分析

σ_{ij}	c_j									
	0.1	0.2	0.3	0.4	0.5	0.6	0.7	0.8	0.9	1
−0.9	2.586×10^{-4}	2.352×10^{-4}	2.115×10^{-4}	1.873×10^{-4}	1.626×10^{-4}	1.375×10^{-4}	1.118×10^{-4}	8.563×10^{-5}	5.881×10^{-5}	3.134×10^{-5}
−0.5	2.700×10^{-4}	2.582×10^{-4}	2.462×10^{-4}	2.341×10^{-4}	2.218×10^{-4}	2.092×10^{-4}	1.965×10^{-4}	1.835×10^{-4}	1.702×10^{-4}	1.567×10^{-4}
0	2.842×10^{-4}	2.869×10^{-4}	2.897×10^{-4}	2.926×10^{-4}	2.957×10^{-4}	2.989×10^{-4}	3.023×10^{-4}	3.058×10^{-4}	3.095×10^{-4}	3.134×10^{-4}
0.1	2.870×10^{-4}	2.926×10^{-4}	2.984×10^{-4}	3.043×10^{-4}	3.105×10^{-4}	3.168×10^{-4}	3.234×10^{-4}	3.303×10^{-4}	3.374×10^{-4}	3.448×10^{-4}
0.2	2.899×10^{-4}	2.983×10^{-4}	3.070×10^{-4}	3.160×10^{-4}	3.252×10^{-4}	3.348×10^{-4}	3.446×10^{-4}	3.547×10^{-4}	3.652×10^{-4}	3.761×10^{-4}
0.4	2.955×10^{-4}	3.098×10^{-4}	3.244×10^{-4}	3.394×10^{-4}	3.548×10^{-4}	3.706×10^{-4}	3.869×10^{-4}	4.037×10^{-4}	4.210×10^{-4}	4.388×10^{-4}
0.8	3.069×10^{-4}	3.328×10^{-4}	3.592×10^{-4}	3.862×10^{-4}	4.139×10^{-4}	4.424×10^{-4}	4.715×10^{-4}	5.015×10^{-4}	5.324×10^{-4}	5.641×10^{-4}

通过表 5-5 的敏感性分析进一步验证了上述结论，而且发现：CRT 市场信用风险传染具有"聚类效应"，即银行和投资者所处区域间金融发展水平的相似性越高，CRT 市场信用风险传染概率越大，反之亦然。

5.4 本章小结

　　CRT网络中信用风险传染已逐渐成为学术界和政策制定者关注的热点。首先，考虑银行向CRT市场的投资者转移信贷风险，以及债务人对信贷状况的变化对投资者的影响，基于熵空间交互理论探讨了CRT网络中信用风险的传染效应，并将CRT网络中银行和投资者之间的空间距离与非线性耦合、银行的信用风险转移能力与投资者的风险偏好相结合，建立了CRT网络信用风险传染的熵空间模型。通过数值模拟和敏感性分析，研究了债务人信贷违约对CRT市场投资者违约率的影响。其次，考虑到CRT市场上经济行为主体的空间距离因素、地理区位的异质性及投资者的有限理性，通过CRT市场上交易对手信用风险传染熵空间模型的构建和数值仿真分析，发现基于熵空间理论的CRT网络中信用风险传染模型能够很好地反映银行节点与投资者节点之间的空间距离和传输能力、银行的资产质量、银行的信用风险转移能力、投资者的资产规模、投资者的风险偏好程度、投资者所处区域的金融发展水平，以及银行和投资者所处区域间金融发展的趋同性水平等因素对CRT市场信用风险传染效应的影响和作用机制。

6 金融市场信用风险传染的网络演化模型研究

第 5 章针对 CRT 市场交易对手信用风险传染的空间结构及交易对手行为特征，将经典金融经济学理论中信用风险传染源自于外部随机扰动因素的假设，扩展到 CRT 市场交易对手信用风险传染是由交易对手间空间结构、非线性耦合及交易对手行为因素等相互作用，以及由此产生的内部不稳定性和系统外部随机扰动的交互影响和作用而产生的。在此基础上，突破了经典金融经济学理论的线性范式的标准分析框架的约束，将熵空间的理论方法应用到 CRT 市场交易对手信用风险传染研究中，并在新的分析方法下，探索了交易对手间空间结构、非线性耦合及交易对手行为因素等交互影响下，CRT 市场交易对手间信用风险传染效应的空间距离、非线性耦合及交易对手行为的交互影响机制及其演化。本章将在第 5 章的基础上，针对信用风险持有者[①]的心理与行为因素、信用风险持有者间的关联机制、信用风险持有者构成金融网络的结构特性、市场监管者的行为、市场流动性等内外因素，利用复杂网络理论与方法，针对金融市场信用风险传染过程中经济行为主体行为因素的影响，主要从以下三个方面进行建模：①构建经济行为主体行为因素影响下金融市场信用风险传染的网络非线性演化模型；②构建经济行为主体行为因素与市场流动性因素交互影响下金融市场信用风险传染的网络非线性演化模型，并分别借助随机占优理论和数值模拟仿真技术，深入探讨金融市场信用风险传染中所涉经济行为主体行为因素及经济行为主体所构成金融网络的结构特性，对金融市场信用风险传染动态演化的非线性影响机制；③构建网络节点优先删除下金融市场信用风险传染的网络演化模型。

6.1 引　　言

现代金融市场中，复杂的信贷关系网络将复杂系统中的各类债权人和债务人联系起来。一旦信用关系被破坏，信用事件将会被触发，导致信贷资产的价值大幅度下滑，引发金融市场的信用风险传染，特别是 CRT 市场。CDS 和 CDO 的出现，不仅增加了信用风险投资者群体的复杂性，而且加强了信用风险投资者之间的信用风险传染效应。债权人与债务人之间复杂的信用关系具有双重作用。一方面，复杂的信用联系增加了金融系统的稳定性，包括那些利用银行间市场发展可

---

① 信用风险持有者，主要是指金融市场上持有信用风险产品的投资者，一般简称为"信用风险持有者"或"信用风险投资者"。

以保护他们免受流动性风险的关系（Kahn and Santos，2005；Cocco et al.，2009）和那些利用信用风险转移市场分散金融系统的风险（Baur and Joossens，2006；Wagner and Marsh，2007；Neyer and Heyde，2010）。另一方面，信用风险传染和金融系统的脆弱性也是由债权人和债务人之间的复杂信用关系所致（Kahn and Santos，2005；Allen and Carletti，2006；Santos，2006；Chen et al.，2015b），尤其是信用风险持有者间信用风险的传染效应（Chen et al.，2014，2015b；Bo and Capponi，2015）。在金融市场上，信用资产的价值或价格波动将引发信用风险持有者间信用风险的传染效应，从而最终导致金融危机。许多研究表明，信用资产与信用风险投资者的心理偏见之间复杂的相互关系，以及少数金融机构初始违约对资产价格的连锁效应可能会触发更多轮违约，其他金融机构不得不降低它们的资产价值（Cifuentes et al.，2005；Shin，2008；Chen et al.，2013b，2015a）。

信用风险持有者和金融市场监管者的行为因素对信用风险传染具有重要影响，尤其是投资者情绪。行为金融认为，市场投资者不是"理性的"而是"有限理性的"，而且他们的信念存在系统性偏差，导致他们并非基于基本信息进行交易，称为"情绪"（Zouaoui et al.，2011）。一些金融经济学家也认识到市场有情绪波动，很快，资产评估和投资者情绪之间的联系成为金融经济学家深思的主题。理性资产定价理论常常假定投资者情绪的影响（de Long et al.，1990），导致价格波动和风险传染的产生。现有一些理论研究为建立投资者情绪与资产价格的关系提供了模型（de Long et al.，1990；Barberis et al.，1998；Kent et al.，2001；Baker and Wurgler，2007），在这些模型中投资者有两种类型：理性套利者和非理性交易者（Baker and Stein，2004）。Baker 和 Stein（2004）发现整体情绪，特别是整体情绪的全局组成部分，是国家一级市场回报的逆向预测。Baker 和 Wurgler（2006，2007）预测广泛的情绪波动将对硬套利和难以估值的股票产生更大的影响，这表现出高"情绪"（Glushkov，2005）。因此，几项理论研究表明投资者情绪主要影响投资者个人投资决策（Lin et al.，2006）。Baker 和 Wurgler（2006）指出基于情绪的错误定价和限制性套利是由一些投资者、噪声交易者的无知需求引起的。一些重要的理论研究（Hertel et al.，2000；Loewenstein et al.，2001；Yuen and Lee，2003；Raghunathan and Corfman，2004）表明，过度乐观或悲观的噪声交易者持续买入或卖出致使资产被错误定价，并会持续一段时间。近年来，理论研究发现，投资者情绪在市场之间具有传染性（Baker et al.，2012），为研究投资者情绪如何引发风险扩散提供了线索。信用风险投资者的行为影响一直是信用风险传染研究的关注点（Allen and Carletti，2006；Santos，2006；Neyer and Heyde，2010；Chen and He，2012；Chen et al.，2014，2015b）。

随着复杂网络理论的显著发展，有一些学者已经发现在金融系统中由复杂的信用联系带来了信用风险传染（Allen and Gale，2000）。Allen 和 Gale（2000）的研究工作表明，传染的扩散在很大程度上取决于银行之间的相互关联模式。自此，许多学者应用复杂的网络理论构建金融系统的复杂结构，分析金融系统尤其是银行系统的风险传染。一些理论研究已经发现，网络结构对信用风险传染至关重要（Barro and Basso，2010；Chen and He，2012），如随机网络（Iori et al.，2006；Chen and He，2012）和分层网络（Nier et al.，2008；Teteryatnikova，2010；Canedo and Jaramillo，2009；Georg and Poschmann，2010；Gai and Kapadia，2010；Li，2011）。这些理论研究通过银行之间的直接联系证实银行系统的风险传染，而另一些则通过间接联系分析风险传染（Dasgupta，2004；Babus，2006；Jorion and Zhang，2009；Bo and Capponi，2015）。现有研究表明，网络结构可以显著地影响信用风险的传染。

6.2　金融市场信用风险传染的驱动机制分析

6.2.1　金融市场信用风险传染的心理机制

金融市场信用风险传染是金融市场上常见的很复杂的社会现象，也是一种典型的社会群体心理行为。行为金融研究表明，在金融市场相对平静的环境中，信用风险持有者个体的关注点相对分散、情绪相对稳定，他们构成的金融网络是稳定、安全的，即便存在部分个体在时间和空间活动上具有一致性，但是个体之间很难达到心理活动的一致性。然而，一旦一个或多个强有力的信用违约事件发生，就会对金融市场产生强烈刺激，立即吸引绝大多数信用风险持有者个体，在很短的时间内产生很强的激动情绪，形成一个"心理群体"，这时即便是分散在较疏远的信息终端上的信用风险持有者也可能迅速加入这个"心理群体"，并不断加速信用风险的传染，提升"心理群体"的激动情绪指数，严重时会造成信用危机或金融危机。1998年的东南亚金融危机、2008年的美国次贷危机及其后的欧债危机等带来的连锁反应就是很典型的例子。因此，从社会群体心理学角度来说，金融市场信用风险传染也是信用风险的传染者和被传染者之间在信息、心理、行为等方面的双向互动交流和感染的过程。从传染渠道来看，金融市场信用风险传染主要包括信用风险持有者之间的关系、个体持有信用风险资产的结构特征、信用风险的转移、宏观政策波动及新闻媒介传染五种方式。从传染过程来看，主要包括信息甄别与筛选→信息认同与强化→市场信息同化→市场剧烈震荡。从心理与行为角度来看，金融市场信用风险的传染主要包括对信息的关注与疑虑→心理的认同与情绪激动→情绪的升华与感染→心理群体→个体行为的趋同效应→危机爆发。这种心理与行为过程主要包含以下四方面的原因。

1）利益是金融市场信用风险传染的心理基础。在金融市场上，利益是信用风险持有者关注的核心。信用事件的发生往往会带来金融市场上信用风险资产价格的轻微波动，很可能会造成信用风险持有者巨大的利益损失。因此，一旦信用事件的发生引起金融市场波动超出了信用风险持有者的预期，危及自身的相关利益，他们就会产生心理恐慌及非理性的情绪和行为，并通过社会关系和各种媒介将非理性行为和激动情绪向邻近或远程的个体传染，逐渐在市场上形成"心理群体"，加快信用风险的传染速度，加剧金融市场信用风险资产价格的剧烈波动，进一步扩大信用风险的传染范围。

2）群体依赖性构成了金融市场信用风险传染的心理支撑。在金融市场信用事件发生前后，绝大多数信用风险持有者都极为关注市场信息的变化和市场的运行方向对自己是否有利。为了保护自己的利益，个体对群体的依赖性相对于金融市场平静时更为强烈，对群体行为的变化更加敏感。因此，对群体的依赖性在很大程度上为信用风险的传染提供了一种心理支撑作用，并不断加快信用风险的传染速度。

3）信息的不完全性和不对称性是加快金融市场信用风险传染的现实条件。在金融市场上，信息的不完全性和不对称性是各类信息被扭曲或篡改、不利消息被快速传播或放大的根结所在，更是金融市场信用风险传染的沃土。因此，在市场信息不完全和不对称的情况下，一旦金融市场上出现相关信用事件，就可能会改变市场信息的均衡状态，对不利于自己的信息总是以极其关注的态度和行为加以证实或否定，导致在市场信息不完全和个体间信息不对称下，诸多真实信息在传播过程中被扭曲或篡改，经过多次反复的交互影响，信用风险持有者的信息不断被同化，其恐慌心理和非理性行为不断得到强化，不断地提高了信用风险的传染速度和影响范围。

4）信用事件的影响力是金融市场信用风险传染的内在动力。在金融市场上，信用风险持有者极为关注自身的利益安全，一旦具有较强影响力的信用事件发生必然会助推更多的个体以极其关注的态度关注该事件，并产生一系列非理性的行为，最终一步步加快金融市场信用风险传染的速度，扩大了金融市场信用风险传染的影响范围。

6.2.2　金融市场信用风险传染的行为机制

金融市场信用风险传染是一系列社会心理、经济行为、信息传播等复杂过程的集合体。由于市场信息的不完全性和不对称性，在信用事件发生后，信用风险持有者总是以极其关注的态度去确认该信用事件是否会对自己产生不利影响，以及影响程度有多大。在其确认的过程中，信用风险持有者会保持与其他信用风险持有者进行认知、意见、信息和心理活动的多重双向交流，信息失真、认知偏差、情绪感染、非理性行为等逐渐形成并不断强化，最终形成趋向一致的心理活动，并不断感染其他信用风险持有者的情绪和行为，加快信用风险的传染和影响范围。

金融市场信用风险传染不仅是利益损失的驱动传染过程，也是金融市场行为主体之间相互博弈的过程。金融市场信用风险传染是信用风险持有者自己或与其他信用风险持有者之间在心理认知、信息甄别、行为趋向等方面的博弈。一方面，一部分信用风险持有者为了保护自己的利益通过互联网、新闻媒体、报纸等多种介质发布一些虚假或篡改的积极信息、片面的积极评论等提振市场信心，降低市场的担忧和恐惧，如2009年欧债危机初见端倪之时，全球三大评级公司下调希腊主权评级，但金融界仍通过各种途径发布一系列积极信息、评论和研究报告，坚持希腊经济体系小，发生债务危机影响不会扩大的积极观点，提振金融市场信心。而也有一部分信用风险投机者为了获取更多利益，千方百计地通过散播一些消极信息和评论、报告等蛊惑人心，降低市场信心，增加信用风险持有者的心理恐慌和激动情绪，这种手段也是国际知名评级机构高盛集团常用的。另一方面，政府也会针对市场的动向采取各种干预措施，如2008年的美国次贷危机爆发后，世界各地的中央银行不断向金融市场注资救市，并在很短时间内起到过积极作用，但是也给一些投机分子制造恐慌提供了佐证。在整个金融市场信用风险传染过程中，个体自我博弈、个体之间的博弈、个体与政府的博弈等各种形式始终贯穿其中，不断加剧金融市场信用风险传染的动态性、复杂性和非线性等，进而加剧金融市场信用风险传染的涌现效应。其演化过程如图6-1所示。

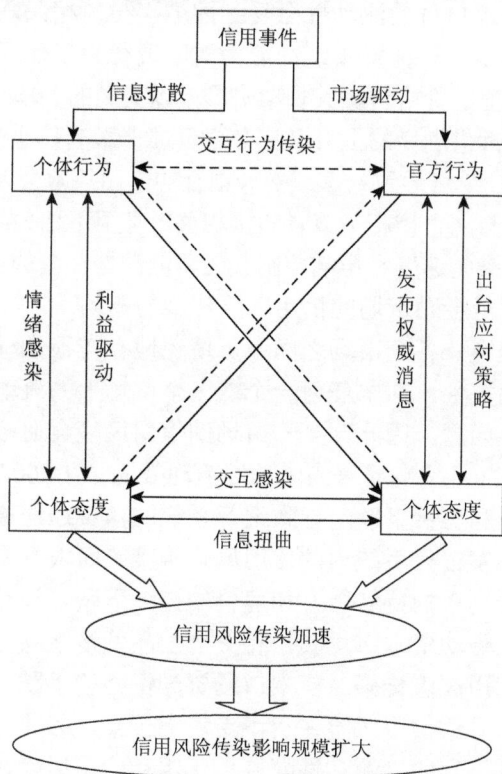

图6-1　金融市场信用风险传染的心理与行为影响示意图

6.2.3　金融市场信用风险传染的市场流动性驱动机制

在金融市场上，信用风险传染也是信用风险投资者心理行为与市场流动性交互作用的结果，市场流动性问题也正成为影响金融系统稳定和各类金融风险传染的重要因素，它既可以通过金融机构、企业和家庭的资产负债表直接发挥作用，也可以通过资产价格间接地发挥作用。这也表明，市场流动性对金融市场信用风险传染的驱动作用比较广泛，主要包括以下几个方面。

（1）市场流动性对银行系统信用风险传染的驱动

银行系统中的信贷关系由银行同业风险分担或银行共同参与的支付清算系统所导致，即使银行"经济基础变量"之间是相互独立的，银行之间的信贷关系也会使银行经营业绩之间有很强的相关性（韩剑，2009）。当银行系统受到不确定性流动性冲击时，贷出方银行会由于借入方银行的破产而发生资本损失，如果这个溢出效应超出自身的资本缓冲，信用风险就会由借入方银行向贷出方银行传染，严重时会导致银行系统崩溃（陈国进和马长峰，2010）。因此，当一家或部分银行发生信用事件后，除了自身的流动性会受到冲击，与其相关联的银行的流动性也会立即受到扰动或冲击，一些资本缓冲能力弱的银行为了保证流动性稳定，一定会以低于"公平"价值的价格售卖其长期资产或以更高的利率进行拆借，而银行资产价格的下降或同业拆借利率的上升又势必会反过来影响其他银行资产的价值，增加银行的系统性风险，最终导致一家或部分银行的信用风险会随着流动性通过银行资产市场传染给其他与之直接相关或者间接相关，甚至不相关的银行。而且，银行系统内部信用风险传染的速度和影响范围会随着流动性冲击的增加而增加。

（2）市场流动性对金融市场间信用风险传染的驱动

在整个金融系统中，各个市场之间不可避免地存在很大程度上的资产相关性和经济行为主体的相关性，其中任何一个或多个市场上的流动性问题势必会导致其他市场产生流动性问题。因此，某一市场的信用风险会通过流动性的变化在多个市场间进行传染，并且呈现显著的流动性驱动效应。以2008年的美国次贷危机为例，基准利率上升和房价下跌，导致银行系统的信贷违约增加，银行系统的流动性受到冲击，并引发银行系统内的信用风险传染。而银行系统内的信用风险传染又势必会致使基准利率的持续上升和房价的持续下跌，导致次级抵押贷款支持证券市场价值缩水，带动资本市场其他相关衍生品价格下跌，引发资本市场流动性危机和金融市场信用风险传染。资本市场资产价格的下跌，又会引起货币市场流动性的紧缩，进而导致信用风险在货币市场上传染。因此，在流动性驱动下，在多个市场之间形成不利的"流动性螺旋"，驱动信用风险在多个市场之间反复交叉传染，在极端情况下会导致金融危机的发生。

因此，市场流动性正成为信用风险在单个金融市场内部传染和多市场间传染的核心渠道和纽带，而且对金融市场信用风险传染的速度和影响范围具有显著的驱动效应，并呈现出"DNA 双螺旋链"特征。

6.3 金融市场信用风险传染的网络演化模型构建与分析

6.3.1 经济行为主体行为影响下金融市场信用风险传染的网络演化模型

6.3.1.1 前提假设

假设 1：金融市场信用风险传染的基础是金融市场上持有信用风险资产个体之间的关联机制。按照个体在信用风险资产方面的相关关系，假设信用风险持有者之间的关联机制是 $[0,+\infty)$ 上可分割的变量。

假设 2：在金融市场信用风险传染过程中，金融市场上信用风险持有者的网络结构保持不变。

假设 3：金融市场上信用风险持有者被信用风险传染的概率与信用风险持有者间的关联程度、风险态度、风险抵御能力和金融市场监管者的监控强度四方面因素有关。

如果用节点表示信用风险持有者个体（简称个体），那么金融市场信用风险传染就可以用金融网络来抽象刻画。假设金融市场信用风险传染是包含有限个体的金融网络，令 $N=1,2,\cdots,n$。假设 λ 表示金融市场上信用风险的平均传染率；$\beta_k(t)$ 表示度为 k 被信用风险传染的个体在整个网络中所占的比例；ρ 为金融市场监管者对信用风险的监控强度，且 $\rho\in[1,+\infty)$；δ 表示金融市场上信用风险持有者个体之间的关联程度，$\delta\in(0,+\infty)$。其中，$0<\delta<1$ 用来刻画两个间接个体之间的关联程度，如金融产品结构、市场结构、资产结构的相似性特征；$\delta\geqslant1$ 表示两个直接关联个体之间的关联程度，如相互业务关联程度、相互持有的信用资产比例等，而且 δ 越大表示他们之间的关联越强；ζ 表示信用事件的影响力度，且 $\zeta>0$。ζ 越大表示信用事件的影响力越强，引发的信用资产价格波动越大。$\gamma(\zeta)$ 表示个体对金融市场信用风险传染的态度和情绪，刻画信用事件影响力对金融市场个体行为的影响，且 $0\leqslant\gamma(\zeta)$，$\gamma'(\zeta)>0$，$\gamma''(\zeta)>0$，这表明信用事件的影响力对个体风险规避的影响是边际递增的；θ 表示金融市场上个体对金融市场信用风险传染的应急能力或抵御能力，且 $\theta\in[1,+\infty)$。

6.3.1.2 金融市场信用风险传染的网络演化模型构建

在金融市场信用风险持有者构成的金融网络中，信用风险传染倾向于度较大且与已被信用风险传染个体的关联性较大的个体。因此，这样的金融网络中，一方面度大的个体容易被信用风险传染；另一方面，与已被信用风险传染个体的关联性较大的个体容易被信用风险传染，然后作为金融市场信用风险传染源去传染其他个体，从而导致信用风险在金融市场上的传播速度比均匀网络上更快。Eboli（2004）认为，金融系统中这种传染机制与网络流动的物理现象是相似的。Lopez（2008）认为，该类问题可以用平均场方法进行刻画。因此，令 $P(k)$ 表示金融网络中度为 k 的个体的度分布，则金融网络中的平均度为 $\langle k \rangle = \sum_k kP(k)$，其中 $0 < k < n$。因此，在金融市场上度为 k' 的个体被信用风险传染的概率可以表示为

$$\Theta(k',t) = P(k'|k) = \frac{\sum_{k'} k'P(k')\beta_{k'}(t)}{\langle k \rangle} \tag{6-1}$$

式中，$\beta_{k'}(t)$ 表示在 t 时刻度为 k' 的个体在整个金融网络中所占的比例。因此，度为 k' 的个体被度为 k 的个体传染信用风险的概率依赖于金融网络结构，而且，随着 k'、$P(k')$ 和 $\beta_{k'}$ 单调递增。对于上面给定的金融网络结构，金融市场信用风险传染过程可以看作是一个马尔科夫过程。因此，对于本节给定假设下的金融网络，任意度为 k 且被传染信用风险的个体在整个金融网络中所占的比例 β_k，满足下列微分方程：

$$\frac{d\beta_k(t)}{dt} = \frac{\lambda k\delta\gamma(\zeta)[1-\beta_k(t)]}{\rho\theta} \frac{\sum_k kP(k)\beta_k(t)}{\langle k \rangle} - \eta\beta_k(t) \tag{6-2}$$

式中，等号右边第一项表示被传染信用风险的单位个体导致健康个体被信用风险传染的平均密度增加量，是金融市场信用风险传染的产生项；第二项表示被信用风险传染个体以恢复率 η 速度恢复到健康状态，是金融市场信用风险传染的湮灭项。令 $\upsilon = \dfrac{\lambda}{\eta}$ 表示金融市场上信用风险的传染效率。因此，当 $\dfrac{d\beta_k(t)}{dt} = 0$ 时，可以得到金融市场信用风险传染系统均衡状态下度为 k 的个体被信用风险传染的比例：

$$\beta_k(t) = \frac{\upsilon\dfrac{k\delta\gamma(\zeta)}{\rho\theta}\dfrac{\sum_k kP(k)\beta_k(t)}{\langle k \rangle}}{1 + \upsilon\dfrac{k\delta\gamma(\zeta)}{\rho\theta}\dfrac{\sum_k kP(k)\beta_k(t)}{\langle k \rangle}} \tag{6-3}$$

即

$$\beta_k(t) = \frac{\upsilon\dfrac{k\delta\gamma(\zeta)}{\rho\theta}\Theta(k,t)}{1 + \upsilon\dfrac{k\delta\gamma(\zeta)}{\rho\theta}\Theta(k,t)} \tag{6-4}$$

因此，对于不完全金融市场来说，$0<\beta_k(t)<1$，即任何信用事件的发生都会导致信用风险在金融市场信用风险持有者之间相互传染，但永远不会发生所有信用风险持有者都被信用风险传染的情况。将式（6-1）代入式（6-4）可以得到一个自治方程：

$$\Theta(k,t)=\frac{\upsilon\frac{\delta\gamma(\zeta)}{\rho\theta}}{\langle k\rangle}\sum_k\frac{k^2P(k)\Theta(k,t)}{1+\upsilon\frac{k\delta\gamma(\zeta)}{\rho\theta}\Theta(k,t)} \tag{6-5}$$

式（6-5）刻画了金融市场信用风险传染系统达到均衡状态时，个体被信用风险传染的概率$\Theta(k,t)$满足的条件及其影响因素，它与任意被信用风险传染个体的密度$\beta_k(t)$是一一对应的。令$\Theta=\Theta(k,t)$，很明显，$\Theta=0$总是方程（6-5）的平凡解。但这种平凡解并不是金融市场信用风险传染理论研究所关注的，金融市场信用风险传染研究中关注的重点是$\Theta\neq0$的情形。由式（6-5）可以得到金融市场信用风险传染的非零阈值：

$$\upsilon_c=\frac{\langle k\rangle}{\left\langle\frac{\delta\gamma(\zeta)}{\rho\theta}k^2\right\rangle}，或\upsilon_c=\frac{\langle k\rangle}{\frac{\delta\gamma(\zeta)}{\rho\theta}\langle k^2\rangle}$$

根据复杂网络理论，$\langle k\rangle\ll\langle k^2\rangle$。因此，在假设条件下给定的金融网络，$\langle k\rangle<\frac{\delta\gamma(\zeta)}{\rho\theta}\langle k^2\rangle<\langle k^2\rangle$。因此，$0<\upsilon_c=\frac{\langle k\rangle}{\frac{\delta\gamma(\zeta)}{\rho\theta}\langle k^2\rangle}\to0$，也就是说，任何信用事件的发生所造成的金融市场信用风险传染效率都大于零。这很好地解释了为什么任何信用事件都会引起信用风险在金融市场上相互传染，且较强影响力的信用事件的发生很容易导致信用风险在金融网络中快速传染，并引发"蝴蝶效应"。

为了对金融市场信用风险传染演化动态进行有效刻画，进一步需要对金融市场信用风险传染系统的均衡状态及其演化机制进行深入分析。下面将利用式（6-5）分析、推导金融市场信用风险传染系统中个体之间的相互关联机制、个体的风险态度、个体的风险抵御能力、金融市场的监控强度、金融网络的结构特征对金融市场信用风险传染行为及其演化的影响和作用机制。

6.3.1.3　金融市场信用风险传染演化动态的理论分析

（1）经济行为主体行为因素的影响分析

在金融网络中，个体的行为因素对金融市场信用风险传染的影响至关重要，它既影响着金融市场的运行和效率，也影响着金融市场信用风险传染的效率和速度。令Θ^*、β_k^*分别表示金融市场信用风险传染系统达到均衡状态时，个体被信用风险传染的概率、度为 k 的个体被信用风险传染的规模，并且 $\Theta^* \in (0,1)$、$\beta_k^* \in (0,1)$。

定理 6.1：对于任意度为 K 的网络来说，当金融市场信用风险传染系统达到均衡状态时，信用风险在金融网络个体之间的传染效果满足以下性质。

性质 1：在不完全市场下，金融市场信用风险传染系统存在唯一的均衡点 $\Theta^* > 0$；

性质 2：在不完全市场下，信用风险的传染规模是个体之间的关联程度 δ、信用事件的影响力 ξ、个体的风险态度 $r(\xi)$ 的单调递增凹函数，是金融市场监管者的监管强度 ρ 和个体的风险抵御能力 θ 的单调递减凸函数。

证明：令

$$f_K(\Theta) = \sum_k \frac{\upsilon \dfrac{\delta\gamma(\zeta)}{\rho\theta} k^2 P(k)\Theta}{\langle k \rangle \left(1 + \alpha \dfrac{\delta\gamma(\zeta)}{\rho\theta} k\Theta\right)} \tag{6-6}$$

因为 $f_K'(\Theta) = \dfrac{\partial f_K(\Theta)}{\partial \Theta} = \sum_k \dfrac{\upsilon \dfrac{\delta\gamma(\zeta)}{\rho\theta} k^2 P(k)}{\langle k \rangle \left(1 + \upsilon \dfrac{\delta\gamma(\zeta)}{\rho\theta} k\Theta\right)^2} > 0$，$f_K''(\Theta) = \dfrac{\partial^2 f_K(\Theta)}{\partial \Theta^2} =$

$-\sum_k \dfrac{2\upsilon^2 \left[\dfrac{\delta\gamma(\zeta)}{\rho\theta}\right]^2 k^3 P(k)}{\langle k \rangle \left(1 + \upsilon \dfrac{\delta\gamma(\zeta)}{\rho\theta} k\Theta\right)^3} < 0$，所以 $f_K(\Theta)$ 是关于 Θ 的单调递增凹函数。因为

$f_K(1) = \sum_k \dfrac{\upsilon \dfrac{\delta\gamma(\zeta)}{\rho\theta} k^2 P(k)}{\langle k \rangle \left(1 + \upsilon \dfrac{\delta\gamma(\zeta)}{\rho\theta} k\right)} < \sum_k \dfrac{\upsilon \dfrac{\delta\gamma(\zeta)}{\rho\theta} k^2 P(k)}{\langle k \rangle \upsilon \dfrac{\delta\gamma(\zeta)}{\rho\theta} k} = 1$，$f_K(0) = 0$，所以 $\Theta =$

$\sum_k \dfrac{\upsilon \dfrac{\delta\gamma(\zeta)}{\rho\theta} k^2 P(k)\Theta}{\langle k \rangle \left(1 + \upsilon \dfrac{\delta\gamma(\zeta)}{\rho\theta} k\Theta\right)}$ 在 $[0,1]$ 上至少存在一个不动点，最多存在两个不动点，如图 6-2

所示。又因为，对于金融市场上信用风险持有者构成的金融网络来说，$0 < \dfrac{\langle k \rangle}{\langle k^2 \rangle} \to 0$

且 $\upsilon \dfrac{\delta\gamma(\zeta)}{\rho\theta} > \dfrac{\langle k \rangle}{\langle k^2 \rangle}$，所以 $f_K'(\Theta)\big|_{\Theta=0} > 1$。由图 6-2 可知，$\Theta = \sum_k \dfrac{\upsilon \dfrac{\delta\gamma(\zeta)}{\rho\theta} k^2 P(k)\Theta}{\langle k \rangle \left(1 + \upsilon \dfrac{\delta\gamma(\zeta)}{\rho\theta} k\Theta\right)}$

在 $[0,1]$ 上存在唯一的均衡状态，且 $\Theta^* > 0$。因此，定理 6.1 性质 1 成立。

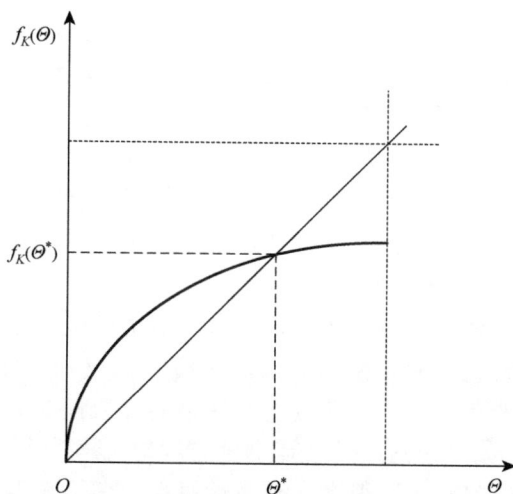

图 6-2 金融市场信用风险传染系统均衡关系图

由式（6-4）可知，当金融市场信用风险传染系统达到均衡状态时，在个体之间的关联程度 δ 的影响下，信用风险的传染规模满足：$\dfrac{\partial \beta_k(t)}{\partial \delta} = \dfrac{\upsilon \dfrac{k\gamma(\zeta)}{\rho\theta}\Theta}{\left[1 + \upsilon \dfrac{k\delta\gamma(\zeta)}{\rho\theta}\Theta\right]^2} > 0$，

$\dfrac{\partial^2 \beta_k(t)}{\partial \delta^2} = -\dfrac{2\upsilon \left[\dfrac{k\gamma(\zeta)}{\rho\theta}\Theta\right]^2}{\left[1 + \upsilon \dfrac{k\delta\gamma(\zeta)}{\rho\theta}\Theta\right]^3} < 0$，故信用风险的传染规模 $\beta_k(t)$ 是关于 δ 的单调递增凹函数。

同理可得，$\dfrac{\partial \beta_k(t)}{\partial \gamma(\zeta)} > 0$，$\dfrac{\partial^2 \beta_k(t)}{\partial (\gamma(\zeta))^2} < 0$；$\dfrac{\partial \beta_k(t)}{\partial \zeta} > 0$，$\dfrac{\partial^2 \beta_k(t)}{\partial \zeta^2} < 0$；$\dfrac{\partial \beta_k(t)}{\partial \rho} < 0$，$\dfrac{\partial^2 \beta_k(t)}{\partial \rho^2} > 0$；$\dfrac{\partial \beta_k(t)}{\partial \theta} < 0$，$\dfrac{\partial^2 \beta_k(t)}{\partial \theta^2} > 0$。即信用风险的传染规模是个体的风险态度 $r(\xi)$ 和信用事件的影响力 ξ 的单调递增凹函数，是金融市场监管者的监管强度 ρ 和个体的风险抵御能力 θ 的单调递减凸函数。因此，定理 6.1 的性质 2 成立。

从定理 6.1 可以看出，在不完全金融市场条件下，金融市场信用风险传染的均衡状态及传染速度与个体之间的关联程度 δ、个体的风险态度 $r(\xi)$、信用事件的影响力 ξ、金融市场监管者的监管强度 ρ 和个体的风险抵御能力 θ 有关。在不完全市场条件下，只要有信用事件，总会引发金融市场信用风险传染。在其他条件不变的情况下，个体对风险较为敏感时，个体的风险态度会加速信用风险的影响范围。换句话说，风险规避型个体会加速信用风险的传染和影响。在既定条件下，个体的风险抵御能力和金融市场监管者的监管强度会减小信用风险的传染及其影响，而金融网络中个体之间的关联程度会增加信用风险的传染。同时，对于具有较大影响力的信用事件的发生，会增加金融市场信用风险持有者的恐惧心理和非理性行为，提高信用风险的速度和影响范围，严重时导致"蝴蝶效应"。该结论对于金融市场监管者制定有效的信用风险监管策略具有重要意义。

（2）金融网络结构的影响分析

为了更好地考察网络结构特征对金融市场信用风险传染效果的影响，通过借助随机占优方法研究信用风险持有者的网络平均度和网络异质性[①]的变化对金融市场信用风险传染的影响。在这里，网络的异质性主要是指网络中相邻节点度分布的差异性，如 WS 网络的节点度分布均匀，异质性很低，而 BA 无标度网络相邻节点的度分布差异性很大，异质性极高。假设金融市场上信用风险持有者构成的金融网络 K 和 K' 的度分布为 P 和 P'。根据随机占优的准则，可以得到以下定理。

定理 6.2：当 $\upsilon\dfrac{\delta\gamma(\zeta)}{\rho\theta} > \dfrac{\langle k \rangle}{\langle k^2 \rangle}$ 时，如果金融网络 K' 的平均度大于金融网络 K 的平均度，则在其他条件不变的情况下，金融网络 K' 中个体被信用风险传染的概率的均衡值 $\Theta^{*'}$ 大于金融网络 K 中个体被信用风险传染的概率的均衡值 Θ^*。

证明：假设原定理不成立，即如果金融网络 K' 的平均度大于金融网络 K 的平均度，那么金融网络 K' 中个体被信用风险传染的概率的均衡值 $\Theta^{*'}$ 小于或等于金融网络 K 中个体被信用风险传染的概率的均衡值 Θ^*，即

$$\Theta^* \geqslant \Theta^{*'} = f_{K'}(\Theta^*) \tag{6-7}$$

由定理 6.1 可知，当 $\upsilon\dfrac{\delta\gamma(\zeta)}{\rho\theta} > \dfrac{\langle k \rangle}{\langle k^2 \rangle}$ 时，金融网络中个体被信用风险传染的概率的均衡值 Θ^* 是唯一的，且 $\Theta^* > 0$。

令

$$F(k) = \frac{\upsilon\dfrac{\delta\gamma(\zeta)}{\rho\theta} k^2\Theta}{\langle k \rangle \left(1 + \upsilon\dfrac{k\delta\gamma(\zeta)}{\rho\theta}\Theta\right)} \tag{6-8}$$

---

① Jackson（2006）及王长春和陈超（2012）认为，严格一阶随机占优可以表示网络平均度的变化，严格二阶随机占优可以表示网络异质性的变化。

因为 $\dfrac{\partial F(k)}{\partial k} = \dfrac{\upsilon \dfrac{\delta\gamma(\zeta)}{\rho\theta} k\Theta \left(2 + \upsilon \dfrac{\delta\gamma(\zeta)}{\rho\theta} k\Theta\right)}{\langle k \rangle \left(1 + \upsilon \dfrac{k\delta\gamma(\zeta)}{\rho\theta}\Theta\right)^2} > 0$，所以 $F(k)$ 是关于 k 的单调递增

函数。根据随机占优条件可知，如果金融网络 K' 的平均度大于金融网络 K 的平均度，那么，P' 严格一阶随机占优 P。又因为，对于 P' 严格一阶随机占优 P，有 $\sum\limits_k F(k)P'(k) > \sum\limits_k F(k)P(k)$，即对于任意的 $\Theta > 0$，有 $f_{K'}(\Theta) > f_K(\Theta)$。因而，对于任意的 $\Theta^* > 0$，有 $f_{K'}(\Theta^*) > f_K(\Theta^*)$。由式（6-7）可得，$\Theta^* \geqslant f_{K'}(\Theta^*) > f_K(\Theta^*)$，这与 $\Theta^* = f_K(\Theta^*)$ 相矛盾。因此原定理成立。（证毕）

定理 6.3：当 $\upsilon \dfrac{\delta\gamma(\zeta)}{\rho\theta} > \dfrac{\langle k \rangle}{\langle k^2 \rangle}$ 时，如果金融网络 K' 的异质性高于金融网络 K 的

异质性，则在其他条件不变的情况下，金融网络 K' 中个体被信用风险传染的概率的均衡值 $\Theta^{*'}$ 小于金融网络 K 中个体被信用风险传染的概率的均衡值 Θ^*。

证明：假设原定理不成立，即如果金融网络 K' 的异质性高于金融网络 K 的异质性，那么金融网络 K' 中个体被信用风险传染的概率的均衡值 $\Theta^{*'}$ 大于或等于金融网络 K 中个体被信用风险传染的概率的均衡值 Θ^*。根据式（6-5）式（6-6），可以得到：

$$\Theta^* \leqslant \Theta^{*'} = f_{K'}(\Theta^*) \tag{6-9}$$

由定理 6.1 可知，当 $\upsilon \dfrac{\delta\gamma(\zeta)}{\rho\theta} > \dfrac{\langle k \rangle}{\langle k^2 \rangle}$ 时，金融网络中个体被信用风险传染的概

率的均衡值 Θ^* 是唯一的，且 $\Theta^* > 0$。由式（6-8）可知，$\dfrac{\partial^2 F(k)}{\partial k^2} > 0$，因此 $F(k)$ 是

关于 k 的凹函数。根据 Jackson（2006），如果金融网络 K' 的异质性高于金融网络 K 的异质性，那么 P 二阶严格随机占优 P'。又因为，如果 P 二阶严格随机占优 P'，那么 $\sum\limits_k F(k)P(k) > \sum\limits_k F(k)P'(k)$，即对于任意的 $\Theta > 0$，有 $f_K(\Theta) > f_{K'}(\Theta)$。因而，对于任意的 $\Theta^* > 0$，有 $f_K(\Theta^*) > f_{K'}(\Theta^*)$。由式（6-7）可得，$\Theta^* \leqslant f_{K'}(\Theta^*) < f_K(\Theta^*)$，这与 $\Theta^* = f_K(\Theta^*)$ 相矛盾。因此原定理成立。（证毕）

定理 6.4：当 $\upsilon \dfrac{\delta\gamma(\zeta)}{\rho\theta} > \dfrac{\langle k \rangle}{\langle k^2 \rangle}$ 时，如果金融网络 K' 的平均度大于金融网络 K 的

平均度，则金融网络 K' 中被信用风险传染的个体比例的均衡值 $\beta_k^{*'}$ 大于金融网络 K 中被信用风险传染的个体比例的均衡值 β_k^*。

证明：根据定理 6.2 可知，当金融网络 K' 的平均度大于金融网络 K 的平均度

时，$\Theta^{*'} > \Theta^*$。因此，对任意的 $k > 0$，都有 $\beta^{*'}(k) > \beta^*(k)$，且 $\sum_k \beta^{*'}(k) > \sum_k \beta^*(k)$。

因此，$\sum_k \beta^{*'}(k)P'(k) > \sum_k \beta^*(k)P'(k)$，即 $\beta_k^{*'} > \sum_k \beta^*(k)P'(k)$。

由式（6-4）可得，$\dfrac{\partial \beta_k(t)}{\partial k} = \dfrac{\upsilon\dfrac{\delta\gamma(\zeta)}{\rho\theta}\Theta}{\left(1 + \upsilon\dfrac{k\delta\gamma(\zeta)}{\rho\theta}\Theta\right)^2} > 0$，即 $\beta_k(t)$ 是关于 k 的单调递

增函数。根据随机占优条件可知，如果金融网络 K' 的平均度大于金融网络 K 的平均度，那么，P' 严格一阶随机占优 P。因此，当金融网络 K' 的平均度大于金融网络 K 的平均度时，有 $\sum_k \beta^*(k)P'(k) > \sum_k \beta^*(k)P(k) = \beta_k^*$。综上可得，当金融网络 K' 的平均度大于金融网络 K 的平均度时，有 $\beta_k^{*'} > \beta_k^*$。因此，定理 6.3 成立。（证毕）

由定理 6.2 和定理 6.4 可知，在其他条件不变的情况下，金融网络越密集，金融市场信用风险传染的影响范围越广。这主要是因为越密集的金融网络，信用风险持有者之间交互影响的频率越高，金融网络中的信用风险持有者在信用风险发生时的行为一致性和趋同效应较强，信用风险的传染速度被加快，金融市场信用风险传染的影响规模增加。由定理 6.3 可知，金融网络中个体的异质性越高，越不利于信用风险在金融网络中的传染和扩散，这是因为异质性较高的网络，节点度分布的差异性较大，个体之间相互交流的障碍较大，信息在该网络上传播的阻力较大，导致信用风险在网络上的传染机会被降低。

6.3.1.4 数值模拟分析

为了进一步刻画金融市场信用风险传染的演化动态特征，按照网络异质性特征选取三种网络进行仿真实验。其中，WS 网络中节点长距离连接的概率为 0.05，指数网络的度分布为 $P(k) \propto e^{-\frac{\varepsilon k}{2m}}$，BA 网络的度分布为 $P(k) \propto \dfrac{2m^2}{k^3}$。选取 1000 个个体，取 $m_0 = m = 5$，通过仿真实验观察在持有信用风险资产个体之间的关联程度、个体的风险态度、个体的风险抵御能力和金融市场监管者的监控强度等因素的影响下，随着时间的推移被信用风险传染的个体规模 $\beta_k = \sum_k \beta(k)P(k)$ 的变化情况，如图 6-3 所示。

图 6-3 表明：①个体之间的关联程度和个体的风险态度对金融市场信用风险传染的影响较显著，随着个体之间的关联程度或个体风险规避心理的增加，金融市场

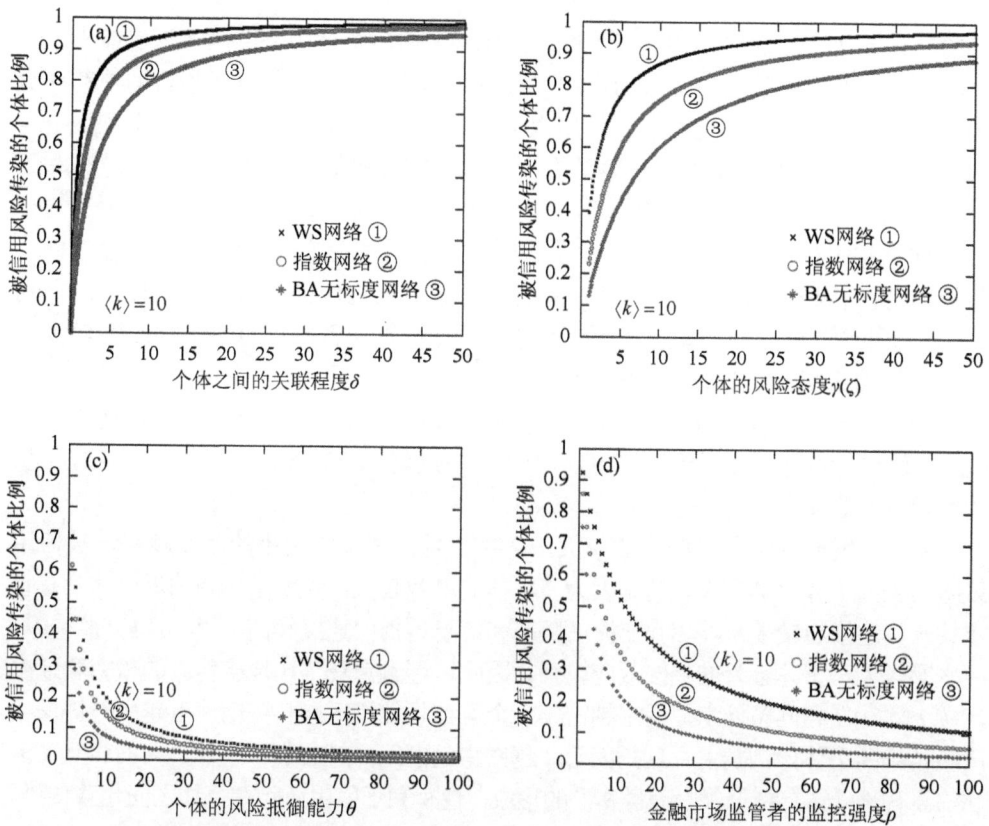

图 6-3 经济行为主体行为因素对金融市场信用风险传染的影响

信用风险传染的速度显著增加。而且，在 WS 网络中金融市场信用风险传染的速度最快，在 BA 无标度网络中金融市场信用风险传染的速度最慢。这是因为，在 WS 网络中个体之间处于直接关联的边较多，"心理群体"形成的机会较大，行为趋同效应发生的可能性较大，故信用风险在个体之间的传染速度就快。而在 BA 无标度网络中，大多数个体存在少量的直接关联的连接边，个体之间相互交流或信息传播的速度和机会相对较小，金融市场信用风险传染的抑制性较高，因此，信用风险的传染速度相对比较慢。②个体的风险抵御能力和金融市场监管者的监控强度对金融市场信用风险传染具有较强的抑制作用。而且，这种抑制作用在 BA 无标度网络中表现最显著，在 WS 网络中表现较弱。这是因为，BA 无标度网络中大多数个体具有很少的直接关联的连接边，较小的力量就能对信息和恐惧心理在该网络上传染起很强的抑制作用。而 WS 网络中个体之间的直接关联的连接边相对较多且相似性较高，弱小的力量很难在该网络上发挥较大的抑制作用。③个体的风险抵御能力相对于金融市场监管者的监控强度对金融市场信用风险传染的抑制作用更强。这是因为，外部因素总是通过内在因素起作用，当个体内在的风险抵御能力很强时，外部市场行为的变化所起的作用就会被削弱或抑制。但当个体内在的风险抵御能力很弱时，外部市场行为的变化所起的作用就会很快引起共振，并加速扩散，即使存在金融市场外部监管作用，这种监管作用也很难改变个体的趋同行为和内在特征。

同时，图 6-3 还表明：金融网络中个体之间连接边的异质性越低，越有利于金融市场信用风险传染；个体之间连接边的异质性越高，对金融市场信用风险传染的抑制作用越强。这是因为，对于 WS 网络，个体之间连接边的异质性较低，各类信息的传播和影响较为便捷，金融市场信用风险传染的阻力作用较小。而对于 BA 无标度网络，个体之间连接边的异质性较高，各类信息传播的阻力较大，金融市场信用风险传染的抑制作用较强。

为了进一步验证金融网络的结构特征对金融市场信用风险传染演化动态的影响，在假定行为因素综合值不变的情况下，通过对 1000 个个体的金融网络进行仿真实验，如图 6-4 所示。

图 6-4 表明：①个体的度数越大，金融市场信用风险传染的速度越快，被信用风险传染的个体比例越大。这是因为，个体的度数越大，说明个体与邻近个体具有直接关联的连接边较多，其相互交流的频率和信息传播的速度较高，"心理群体"的形成概率较大，个体行为的趋同效应较强。因此，金融市场信用风险传染的概率和速度就较大。②在相同条件下，网络越密集，金融市场信用风险传染的速度越大，被信用风险传染的个体比例越大。这是因为，越密集的网络，越有利于个体之间的相互交流和信息传播，越有利于"心理群体"的形成，越有利于信用风险在个体之间相互传染。

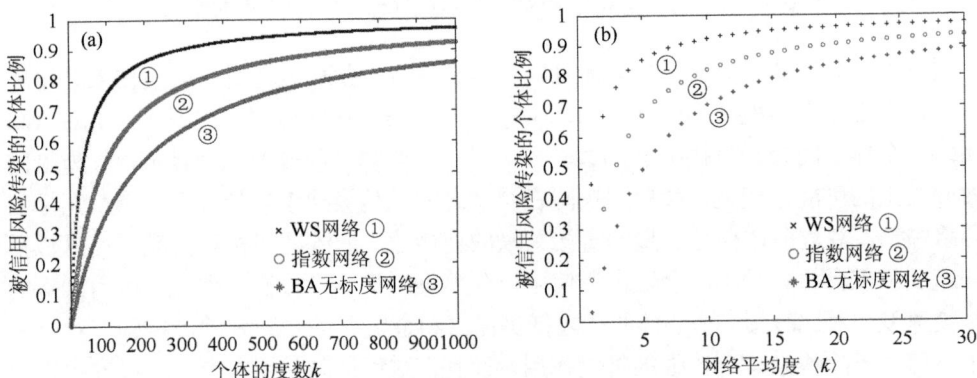

图 6-4　金融网络结构对金融市场信用风险传染的影响

为了更加清晰地刻画金融市场信用风险持有者的行为因素与网络结构特性对金融市场信用风险传染演化动态影响的敏感性，进一步通过数值算例进行金融市场信用风险传染规模的敏感性分析。当金融市场监管者的监管强度 $\rho = 10$，信用风险有效传染率 $\upsilon = 0.4$ 时，在持有信用风险资产个体之间的关联程度、个体的风险态度、个体的风险抵御能力的影响下，对三种网络结构中被信用风险传染个体规模的平均值进行敏感性分析，如表 6-1 所示。从金融市场信用风险传染的敏感性分析可以看出，敏感性分析的结果与仿真的结果是一致的，进一步验证了定理 6.2～定理 6.4 的正确性。

表 6-1　金融市场信用风险传染规模的敏感性分析

| 行为因素变量 | | 金融市场信用风险传染规模 β_k | | | | | | | | |
| | | WS 网络 | | | 指数网络 | | | BA 无标度网络 | | |
		$\langle k \rangle = 5$	$\langle k \rangle = 10$	$\langle k \rangle = 15$	$\langle k \rangle = 5$	$\langle k \rangle = 10$	$\langle k \rangle = 15$	$\langle k \rangle = 5$	$\langle k \rangle = 10$	$\langle k \rangle = 15$
δ	0.1	0.0253	0.0348	0.0457	0.0207	0.0298	0.0401	0.0186	0.0271	0.0369
	0.5	0.0923	0.1378	0.1839	0.0857	0.1252	0.1713	0.0614	0.1006	0.1435
	0.8	0.1012	0.1429	0.1891	0.0902	0.1287	0.1749	0.0798	0.1098	0.1581
	1	0.1286	0.1901	0.2714	0.1269	0.1782	0.2534	0.0964	0.1473	0.2193
	5	0.1709	0.2635	0.3927	0.1439	0.2301	0.3427	0.1293	0.2167	0.3286
	10	0.2216	0.3164	0.4279	0.1825	0.2742	0.3841	0.1587	0.2573	0.3654
θ	1	0.2216	0.3164	0.4279	0.1825	0.2742	0.3741	0.1587	0.2573	0.3654
	5	0.2023	0.2892	0.4018	0.1527	0.2374	0.3486	0.1279	0.2289	0.3376
	10	0.1892	0.2594	0.3742	0.1203	0.2081	0.3149	0.0937	0.1989	0.3096
	15	0.1687	0.2281	0.3563	0.1076	0.1769	0.2843	0.0824	0.1671	0.2789
	20	0.1434	0.2074	0.3287	0.0947	0.1476	0.2571	0.0697	0.1294	0.2491
$r(\zeta)$	0.1	0.2023	0.2892	0.4018	0.1527	0.2374	0.3486	0.1279	0.2289	0.3376
	0.5	0.2217	0.3044	0.4179	0.1639	0.2509	0.3627	0.1387	0.2432	0.3601
	1	0.2308	0.3203	0.4351	0.1766	0.2658	0.3767	0.1496	0.2594	0.3761
	2	0.2481	0.3389	0.4527	0.1907	0.2831	0.3923	0.1621	0.2763	0.3943
	5	0.2643	0.3576	0.4876	0.2174	0.3017	0.4129	0.1889	0.2944	0.4037

6.3.2　经济行为主体情绪和市场流动交互作用下金融市场信用风险传染的网络演化模型

6.2.2 节深入探讨了金融市场上信用风险持有者与监管者的行为因素对金融市场信用风险传染演化的影响机制，但却忽略了市场流动性的驱动影响。在金融市场上，信用风险持有者的心理与行为的变化往往会受到市场流动性的驱动影响，而且信用风险持有者的行为也会影响市场流动性，两者具有较强的交互作用。因此，在 6.2.2 节的基础上，本节将考虑市场流动性的影响，主要探讨信用风险持有者的行为与市场流动性交互作用下，金融市场信用风险传染的非线性演化动态及其影响机制。

6.3.2.1　模型构建

在金融市场上，信用风险的传染效应是一种典型的金融风险扩散现象，其表现形式和作用机理具有典型的非线性。Eboli（2004）认为，金融系统中这种传染与网络上的病毒传染具有较大程度的相似机制或行为。在金融市场上，投资者情绪和市场流动性在金融市场信用风险传染过程中扮演着关键角色，金融市场信用风险传染效应往往是投资者情绪传染和市场流动性传染的非线性叠加的最终结果，而且两种行为具有显著的复杂的交互驱动特征。假设金融市场上信用风险传染可分解为投资者情绪传染和市场流动性传染，而且在传染过程中两种传染行为具有不同的传染率 λ_1 和 λ_2（$\lambda_1 \neq \lambda_2$）。其中，λ_1 表示投资者情绪传染的传染率，λ_2 表示市场流动性传染的传染率。在金融市场上，由信用风险投资者构成的金融网络中，每一个节点代表一个信用风险投资者个体（简称个体）。个体与个体之间具有两种主要的连接方式：直接关联和间接关联。直接关联是指个体之间具有信用风险产品持有关系或其他相关的信用业务关系。间接关联是指个体持有的信用风险产品在结构、市场结构、债务人和债权人等方面具有相似性或同一性。假设个体之间的关联性为可分割连续变量 δ。其中，$0 < \delta < 1$ 表示个体之间是间接关联，δ 值表示这种间接关联的程度。$1 \leqslant \delta < +\infty$ 表示个体之间是直接关联，δ 值表示这种直接关联的程度。

假设金融网络中个体处于三种状态：①易被信用风险传染；②被投资者情绪传染；③被市场流动性传染。设 $\rho_{1,k}(t)$ 表示 t 时刻具有度 k 的个体中被投资者情绪传染的个体密度，$\rho_{2,k}(t)$ 表示 t 时刻具有度 k 的投资者个体中被市场流动性传染的个体密度。在金融市场上，对于易被传染的个体来说，由于与易被传染个体的关联可能被信用风险传染，而对于被信用风险传染的个体来说，自身的行为校正、外部力量的引入和宏观经济条件的恢复等使其可能恢复到易被传染状态，因此，假设 γ_1、γ_2 分别为被个体情绪和市场流动性传染后各自的恢复率。根据平均场理论，将所有的个体根据其具有的度分为不同的组，即将具有相同度的个体归为同一组。对于金融市场上给定的金融网络结构，金融市场信用风险传染过程可以看作为一个马尔科夫过程。Lopez（2008）认为，对于该类问题可以用平均场方法进行刻画。因此，根据 Eboli（2004）和 Lopez（2008）的研究成果，可以得到在平均场理论下，度为 k 且被传染信用风险的个体密度 $\rho_{1,k}(t)$ 和 $\rho_{2,k}(t)$ 满足下列微分方程：

$$\frac{\mathrm{d}\rho_{1,k}(t)}{\mathrm{d}t} = \alpha\lambda_1 k\delta[1 - \rho_{1,k}(t) - \rho_{2,k}(t)]\Theta_1(t) - \gamma_1\rho_{1,k}(t) \tag{6-10}$$

$$\frac{\mathrm{d}\rho_{2,k}(t)}{\mathrm{d}t} = \beta\lambda_2 k\delta[1 - \rho_{1,k}(t) - \rho_{2,k}(t)]\Theta_2(t) - \gamma_2\rho_{2,k}(t) \tag{6-11}$$

式中，$\Theta_1(t)$ 表示一条边指向一个被投资者情绪传染的个体的概率，且 $0 \leqslant \Theta_1(t) \leqslant 1$。$\Theta_2(t)$ 表示一条边指向一个被市场流动性传染的个体的概率，且 $0 \leqslant \Theta_2(t) \leqslant 1$。$\alpha$ 表示市场流动性对个体情绪的驱动系数，$\alpha'_{\rho_{1,k}(t)} > 0$，$\alpha''_{\rho_{1,k}(t)} < 0$；$\beta$ 表示个体情绪对市场流动性的驱动系数，$\beta'_{\rho_{2,k}(t)} > 0$，$\beta''_{\rho_{2,k}(t)} < 0$。根据行为金融相关理论和研究文献，$\alpha > \beta$。

令 $P(k)$ 表示金融网络中度为 k 的个体的度分布，则金融网络中的平均度为 $\langle k \rangle = \sum_k kP(k)$，其中 $0 < k < n$。条件概率 $P(k'|k)$ 表示从具有度 k 的个体中随机选择一条边恰好连向度为 k' 的个体的概率。根据复杂网络理论可知：

$$P(k'|k) = \frac{k'P(k')}{\langle k \rangle} \tag{6-12}$$

因此，在金融市场上度为 k' 的个体被信用风险传染的概率可以表示为

$$\Theta_1(k',t) = P(k'|k) = \frac{\sum\limits_{k'} k'P(k')\rho_{1,k'}(t)}{\langle k \rangle} \tag{6-13}$$

$$\Theta_2(k',t) = P(k'|k) = \frac{\sum\limits_{k'} k'P(k')\rho_{2,k'}(t)}{\langle k \rangle} \tag{6-14}$$

由式（6-13）和式（6-14）可知，Θ_1 和 Θ_2 依赖度 k' 及其概率分布 $P(k')$。令 $\dfrac{\mathrm{d}\rho_{1,k}(t)}{\mathrm{d}t} = 0$ 和 $\dfrac{\mathrm{d}\rho_{2,k}(t)}{\mathrm{d}t} = 0$，由式（6-10）和式（6-11）可得

$$\rho_{1,k}(t) = \frac{\alpha\delta\mu_1 k\Theta_1(t)}{1 + \alpha\delta\mu_1 k\Theta_1(t) + \beta\delta\mu_2 k\Theta_2(t)} \tag{6-15}$$

$$\rho_{2,k}(t) = \frac{\beta\delta\mu_2 k\Theta_2(t)}{1 + \alpha\delta\mu_1 k\Theta_1(t) + \beta\delta\mu_2 k\Theta_2(t)} \tag{6-16}$$

其中，$\mu_1 = \dfrac{\lambda_1}{\gamma_1}$，$\mu_2 = \dfrac{\lambda_2}{\gamma_2}$。$\mu_1$ 和 μ_2 分别为投资者情绪传染和市场流动性传染的有效传染率。将式（6-15）和式（6-16）代入式（6-13）和式（6-14），经整理可得

$$\Theta_1(k',t) = \frac{\alpha\delta\mu_1}{\langle k \rangle} \sum_{k'} \frac{k'^2 P(k')\Theta_1(t)}{1 + \alpha\delta\mu_1 k'\Theta_1(t) + \beta\delta\mu_2 k'\Theta_2(t)} \tag{6-17}$$

$$\Theta_2(k',t) = \frac{\beta\delta\mu_2}{\langle k \rangle} \sum_{k'} \frac{k'^2 P(k')\Theta_2(t)}{1 + \alpha\delta\mu_1 k'\Theta_1(t) + \beta\delta\mu_2 k'\Theta_2(t)} \tag{6-18}$$

6.3.2.2 模型的理论分析

根据上述推理可知，$(\Theta_1, \Theta_2) = (0,0)$ 是式（6-17）和式（6-18）的平凡解。而

在金融市场信用风险传染过程中，式（6-17）和式（6-18）的非平凡解相对于平凡解来说具有更加重要的理论价值和现实意义，特别是 $\Theta_1 \neq 0$ 且 $\Theta_2 \neq 0$。因此，只需考虑 $\Theta_1 \neq 0$ 且 $\Theta_2 \neq 0$ 的情况。

（1）投资者情绪与市场流动性的影响分析

在金融市场上，投资者情绪与市场流动性之间的交互关系对金融市场信用风险传染的影响至关重要，它决定着信用风险的传染速度和规模。设 (Θ_1^*, Θ_2^*)、(ρ_1^*, ρ_2^*) 分别为交互驱动环境下金融市场信用风险传染系统达到均衡状态时，个体被投资者情绪传染和市场流动性传染的概率和规模，并且 $\Theta_1^* \in (0,1)$，$\Theta_2^* \in (0,1)$，$\rho_1^* \in (0,1)$，$\rho_2^* \in (0,1)$。

定理 6.5：对于任意度为 Q 的信用风险投资者构成的金融网络来说，当 $\alpha\delta\mu_1 > \dfrac{\langle k \rangle}{\langle k^2 \rangle}$ 且 $\beta\delta\mu_2 > \dfrac{\langle k \rangle}{\langle k^2 \rangle}$ 时，金融市场信用风险传染系统存在唯一正值局部渐近稳定均衡点 (Θ_1^*, Θ_2^*)。

证明：令

$$f_1(\Theta_1) = \frac{\alpha\delta\mu_1}{\langle k \rangle} \sum_k \frac{k^2 P(k)\Theta_1}{1 + \alpha\delta\mu_1 k\Theta_1 + \beta\delta\mu_2 k\Theta_2} \tag{6-19}$$

$$f_2(\Theta_2) = \frac{\beta\delta\mu_2}{\langle k \rangle} \sum_k \frac{k^2 P(k)\Theta_2}{1 + \alpha\delta\mu_1 k\Theta_1 + \beta\delta\mu_2 k\Theta_2} \tag{6-20}$$

由式（6-19）和式（6-20）可知，$\dfrac{\partial f_1(\Theta_1)}{\partial \Theta_1} = \dfrac{\alpha\delta\mu_1}{\langle k \rangle} \sum_k \dfrac{k^2 P(k)(1 + \beta\delta\mu_2 k\Theta_2)}{(1 + \alpha\delta\mu_1 k\Theta_1 + \beta\delta\mu_2 k\Theta_2)^2} > 0$，

$\dfrac{\partial f_1(\Theta_1)}{\partial \Theta_2} = -\dfrac{\alpha\delta\mu_1}{\langle k \rangle} \sum_k \dfrac{\beta\delta\mu_2 k^3 P(k)\Theta_1}{(1 + \alpha\delta\mu_1 k\Theta_1 + \beta\delta\mu_2 k\Theta_2)^2} < 0$，$\dfrac{\partial f_2(\Theta_2)}{\partial \Theta_2} = \dfrac{\beta\delta\mu_2}{\langle k \rangle} \sum_k \dfrac{k^2 P(k)(1 + \alpha\delta\mu_1 k\Theta_1)}{(1 + \alpha\delta\mu_1 k\Theta_1 + \beta\delta\mu_2 k\Theta_2)^2}$

> 0，$\dfrac{\partial f_2(\Theta_2)}{\partial \Theta_1} = -\dfrac{\beta\delta\mu_2}{\langle k \rangle} \sum_k \dfrac{\alpha\delta\mu_1 k^3 P(k)\Theta_2}{(1 + \alpha\delta\mu_1 k\Theta_1 + \beta\delta\mu_2 k\Theta_2)^2} < 0$。因为

$$f_1(1) = \frac{\alpha\delta\mu_1}{\langle k \rangle} \sum_k \frac{k^2 P(k)}{1 + \alpha\delta\mu_1 k + \beta\delta\mu_2 k\Theta_2} < \frac{\alpha\delta\mu_1}{\langle k \rangle} \sum_{k'} \frac{k^2 P(k)}{\alpha\delta\mu_1 k} = 1 \tag{6-21}$$

$$f_2(1) = \frac{\beta\delta\mu_2}{\langle k \rangle} \sum_k \frac{k^2 P(k)}{1 + \alpha\delta\mu_1 k\Theta_1 + \beta\delta\mu_2 k} < \frac{\beta\delta\mu_2}{\langle k \rangle} \sum_k \frac{k^2 P(k)}{\beta\delta\mu_2 k} = 1 \tag{6-22}$$

又因为 $\dfrac{\partial^2 f_1(\Theta_1)}{\partial\Theta_1\partial\Theta_2}\Big|_{\Theta_1=0} > 0$，$\dfrac{\partial^2 f_2(\Theta_2)}{\partial\Theta_2\partial\Theta_1}\Big|_{\Theta_2=0} > 0$。因此，当且仅当 $\dfrac{\partial f_1(\Theta_1)}{\partial \Theta_1}\Big|_{\Theta_1=0,\Theta_2=0} = $

$\dfrac{\alpha\delta\mu_1\langle k^2 \rangle}{\langle k \rangle} > 1$，$\dfrac{\partial f_2(\Theta_2)}{\partial \Theta_2}\Big|_{\Theta_1=0,\Theta_2=0} = \dfrac{\beta\delta\mu_2\langle k^2 \rangle}{\langle k \rangle} > 1$，即 $\alpha\delta\mu_1 > \dfrac{\langle k \rangle}{\langle k^2 \rangle}$，$\beta\delta\mu_2 > \dfrac{\langle k \rangle}{\langle k^2 \rangle}$ 时，

式（6-17）和式（6-18）存在唯一正值非平凡解。即当 $\alpha\delta\mu_1 > \dfrac{\langle k\rangle}{\langle k^2\rangle}$，$\beta\delta\mu_2 > \dfrac{\langle k\rangle}{\langle k^2\rangle}$ 时，金融市场信用风险传染系统存在唯一正值均衡点 (Θ_1^*,Θ_2^*)。下面进一步研究系统均衡点 (Θ_1^*,Θ_2^*) 的局部稳定性。

再令

$$F_1(\Theta_1)=\frac{\alpha\delta\mu_1}{\langle k\rangle}\sum_k\frac{k^2P(k)\Theta_1}{1+\alpha\delta\mu_1 k\Theta_1+\beta\delta\mu_2 k\Theta_2}-\Theta_1 \tag{6-23}$$

$$F_2(\Theta_2)=\frac{\beta\delta\mu_2}{\langle k\rangle}\sum_k\frac{k^2P(k)\Theta_2}{1+\alpha\delta\mu_1 k\Theta_1+\beta\delta\mu_2 k\Theta_2}-\Theta_2 \tag{6-24}$$

因此，式（6-23）和式（6-24）的雅克比矩阵为

$$A=\begin{pmatrix}\dfrac{\alpha\delta\mu_1}{\langle k\rangle}\sum_k\dfrac{k^2P(k)(1+\beta\delta\mu_2 k\Theta_2)}{(1+\alpha\delta\mu_1 k\Theta_1+\beta\delta\mu_2 k\Theta_2)^2}-1 & -\dfrac{\alpha\delta\mu_1}{\langle k\rangle}\sum_k\dfrac{\beta\delta\mu_2 k^3P(k)\Theta_1}{(1+\alpha\delta\mu_1 k\Theta_1+\beta\delta\mu_2 k\Theta_2)^2}\\ -\dfrac{\beta\delta\mu_2}{\langle k\rangle}\sum_k\dfrac{\alpha\delta\mu_1 k^3P(k)\Theta_2}{(1+\alpha\delta\mu_1 k\Theta_1+\beta\delta\mu_2 k\Theta_2)^2} & \dfrac{\beta\delta\mu_2}{\langle k\rangle}\sum_k\dfrac{k^2P(k)(1+\alpha\delta\mu_1 k\Theta_1)}{(1+\alpha\delta\mu_1 k\Theta_1+\beta\delta\mu_2 k\Theta_2)^2}-1\end{pmatrix} \tag{6-25}$$

因为当 $\alpha\delta\mu_1 > \dfrac{\langle k\rangle}{\langle k^2\rangle}$，$\beta\delta\mu_2 > \dfrac{\langle k\rangle}{\langle k^2\rangle}$ 时，金融市场信用风险传染系统存在唯一正值均衡点 (Θ_1^*,Θ_2^*)。因此，$\left.\dfrac{\partial f_1(\Theta_1)}{\partial\Theta_1}\right|_{\Theta_1=\Theta_1^*,\Theta_2=\Theta_2^*}=\dfrac{\alpha\delta\mu_1}{\langle k\rangle}\sum_k\dfrac{k^2P(k)(1+\beta\delta\mu_2 k\Theta_2^*)}{(1+\alpha\delta\mu_1 k\Theta_1^*+\beta\delta\mu_2 k\Theta_2^*)^2}<1$ 且 $\left.\dfrac{\partial f_2(\Theta_2)}{\partial\Theta_2}\right|_{\Theta_1=\Theta_1^*,\Theta_2=\Theta_2^*}=\dfrac{\beta\delta\mu_2}{\langle k\rangle}\sum_k\dfrac{k^2P(k)(1+\alpha\delta\mu_1 k\Theta_1^*)}{(1+\alpha\delta\mu_1 k\Theta_1^*+\beta\delta\mu_2 k\Theta_2^*)^2}<1$，即 $\left.\mathrm{tr}A\right|_{\Theta_1=\Theta_1^*,\Theta_2=\Theta_2^*}<0$。

又因为，当 $\alpha\delta\mu_1 > \dfrac{\langle k\rangle}{\langle k^2\rangle}$，$\beta\delta\mu_2 > \dfrac{\langle k\rangle}{\langle k^2\rangle}$ 时，雅克比行列式 $|A|>0$。根据动态系统稳定性理论可知，金融市场信用风险传染系统的均衡点 (Θ_1^*,Θ_2^*) 是局部渐近稳定的。综上可知，定理 6.5 成立。

推论： 对于任意度为 Q 的信用风险投资者构成的金融网络来说，当 $\alpha\delta\mu_1\leqslant\dfrac{\langle k\rangle}{\langle k^2\rangle}$ 且 $\beta\delta\mu_2\leqslant\dfrac{\langle k\rangle}{\langle k^2\rangle}$ 时，金融市场信用风险传染系统存在唯一的局部渐近稳定均衡点 $(0,0)$。

证明： 根据定理 6.5 及其证明过程可知，当 $\alpha\delta\mu_1\leqslant\dfrac{\langle k\rangle}{\langle k^2\rangle}$，$\beta\delta\mu_2\leqslant\dfrac{\langle k\rangle}{\langle k^2\rangle}$ 时，金融市场信用风险传染系统不存在正值非平凡解。因此，$(\Theta_1,\Theta_2)=(0,0)$ 是金融市场信用风险传染系统唯一的均衡点。

因为，当 $\alpha\delta\mu_1 \leqslant \dfrac{\langle k \rangle}{\langle k^2 \rangle}$，$\beta\delta\mu_2 \leqslant \dfrac{\langle k \rangle}{\langle k^2 \rangle}$ 时，$\left.|A|\right|_{\Theta_1=0,\Theta_2=0} > 0$，且 $\left.\text{tr}A\right|_{\Theta_1=0,\Theta_2=0} < 0$。

根据系统稳定性理论可知，金融市场信用风险传染系统均衡点 $(0,0)$ 是局部渐近稳定。因此，推论成立。

（2）金融网络结构的影响分析

为了更好地刻画金融网络结构对金融市场信用风险传染系统演化动态的影响，采用严格一阶随机占优条件表示金融网络平均度的变化，采用严格二阶随机占优条件表示金融网络异质性的变化（Jackson，2006）。令 $P(k)$ 和 $P'(k)$ 分别为两个金融网络 K' 和 K 的度分布。因此，如果 $P'(k)$ 严格一阶随机占优 $P(k)$，那么金融网络 K' 的平均度大于金融网络 K 的平均度；如果 $P'(k)$ 严格二阶随机占优 $P(k)$，那么金融网络 K' 的异质性高于金融网络 K 的异质性。反之亦然。

定理 6.6：当 $\alpha\delta\mu_1 > \dfrac{\langle k \rangle}{\langle k^2 \rangle}$ 且 $\beta\delta\mu_2 > \dfrac{\langle k \rangle}{\langle k^2 \rangle}$ 时，如果金融网络 K' 的平均度大于金融网络 K 的平均度，则个体被信用风险传染的概率的均衡值 $\Theta_1^{*'} > \Theta_1^*$，$\Theta_2^{*'} > \Theta_2^*$。

证明：假设原命题不成立，即对于金融网络 K' 和 K 来说，如果金融网络 K' 的平均度大于金融网络 K 的平均度，那么金融网络 K' 中个体被信用风险传染的概率的均衡值满足：$\Theta_1^{*'} \leqslant \Theta_1^*$ 且 $\Theta_2^{*'} \leqslant \Theta_2^*$。故

$$\Theta_1^* \geqslant \Theta_1^{*'} = f_{K'}(\Theta_1^*) \tag{6-26}$$

$$\Theta_2^* \geqslant \Theta_2^{*'} = f_{K'}(\Theta_2^*) \tag{6-27}$$

由定理 6.5 可知，当 $\alpha\delta\mu_1 > \dfrac{\langle k \rangle}{\langle k^2 \rangle}$ 且 $\beta\delta\mu_2 > \dfrac{\langle k \rangle}{\langle k^2 \rangle}$ 时，金融市场信用风险传染系统的均衡值满足 $\Theta_1^* > 0$，$\Theta_2^* > 0$。

令

$$f_1(k) = \frac{k^2\alpha\delta\mu_1\Theta_1}{\langle k \rangle(1 + \alpha\delta\mu_1 k\Theta_1 + \beta\delta\mu_2 k\Theta_2)} \tag{6-28}$$

$$f_2(k) = \frac{k^2\beta\delta\mu_2\Theta_2}{\langle k \rangle(1 + \alpha\delta\mu_1 k\Theta_1 + \beta\delta\mu_2 k\Theta_2)} \tag{6-29}$$

故 $\dfrac{\partial f_1(k)}{\partial k} = \dfrac{k\alpha\delta\mu_1\Theta_1(2 + \alpha\delta\mu_1 k\Theta_1 + \beta\delta\mu_2 k\Theta_2)}{\langle k \rangle(1 + \alpha\delta\mu_1 k\Theta_1 + \beta\delta\mu_2 k\Theta_2)^2} > 0$，$\dfrac{\partial f_2(k)}{\partial k} = \dfrac{k\beta\delta\mu_2\Theta_2(2 + \alpha\delta\mu_1 k\Theta_1 + \beta\delta\mu_2 k\Theta_2)}{\langle k \rangle(1 + \alpha\delta\mu_1 k\Theta_1 + \beta\delta\mu_2 k\Theta_2)^2} > 0$。

因此，在金融市场信用风险传染系统均衡点 (Θ_1^*, Θ_2^*) 处，$f_1(k)$ 和 $f_2(k)$ 均是关于 k 的严格单调递增函数。根据随机占优条件可知，如果金融网络 K' 的平均度大于金融网络 K 的平均度，那么，P' 严格一阶随机占优 P。又因为，对于 P' 严格一阶随机占优 P，有 $\sum\limits_k f_1(k)P'(k) > \sum\limits_k f_1(k)P(k)$，$\sum\limits_k f_2(k)P'(k) > \sum\limits_k f_2(k)P(k)$。

即对于任意的 $\Theta_1 > 0$，$\Theta_2 > 0$，均有 $f_{1,K'}(\Theta_1) > f_{1,K}(\Theta_1)$，$f_{2,K'}(\Theta_2) > f_{2,K}(\Theta_2)$。因而，对于任意的 $\Theta_1^* > 0$，$\Theta_2^* > 0$，均有 $f_{1,K'}(\Theta_1^*) > f_{1,K}(\Theta_1^*)$，$f_{2,K'}(\Theta_2^*) > f_{2,K}(\Theta_2^*)$。由式（6-26）和式（6-27）可得，$\Theta_1^* \geqslant \Theta_1^{*'} = f_{1,K'}(\Theta_1^*) > f_{1,K}(\Theta_1^*)$，$\Theta_2^* \geqslant \Theta_2^{*'} = f_{2,K'}(\Theta_2^*) > f_{2,K}(\Theta_2^*)$，这与 $\Theta_1^* = f_{1,K}(\Theta_1^*)$，$\Theta_2^* = f_{2,K}(\Theta_2^*)$ 相矛盾。因此原命题成立。（证毕）

定理 6.7：当 $\alpha\delta\mu_1 > \dfrac{\langle k \rangle}{\langle k^2 \rangle}$ 且 $\beta\delta\mu_2 > \dfrac{\langle k \rangle}{\langle k^2 \rangle}$ 时，如果金融网络 K' 的异质性大于金融网络 K 的异质性，则个体被信用风险传染的概率的均衡值 $\Theta_1^{*'} < \Theta_1^*$，$\Theta_2^{*'} < \Theta_2^*$。

证明同定理 6.6（略）。

定理 6.8：当 $\alpha\delta\mu_1 > \dfrac{\langle k \rangle}{\langle k^2 \rangle}$ 且 $\beta\delta\mu_2 > \dfrac{\langle k \rangle}{\langle k^2 \rangle}$ 时，如果金融网络 K' 的平均度大于金融网络 K 的平均度，则金融市场信用风险传染的影响范围的均衡值满足：$\rho_1^{*'} > \rho_1^*$，$\rho_1^{*'} > \rho_2^*$。

证明：根据定理 6.6 可知，当金融网络 K' 的平均度大于金融网络 K 的平均度时，$\Theta_1^{*'} > \Theta_1^*$ 且 $\Theta_2^{*'} > \Theta_2^*$。因此，对任意的 $k > 0$，都有 $\rho_1^{*'}(k) > \rho_1^*(k)$，$\rho_2^{*'}(k) > \rho_2^*(k)$，且 $\sum_k \rho_1^{*'}(k) > \sum_k \rho_1^*(k)$，$\sum_k \rho_2^{*'}(k) > \sum_k \rho_2^*(k)$。因此，$\sum_k \rho_1^{*'}(k)P'(k) > \sum_k \rho_1^*(k)P'(k)$，$\sum_k \rho_2^{*'}(k)P'(k) > \sum_k \rho_1^*(k)P'(k)$，即 $\rho_1^{*'} > \sum_k \rho_1^*(k)P'(k)$，$\rho_1^{*'} > \sum_k \rho_2^*(k)P'(k)$。

由式（6-15）和式（6-16）可得，$\dfrac{\partial \rho_{1,k}(t)}{\partial k} = \dfrac{\alpha\delta\mu_1\Theta_1}{(1 + \alpha\delta\mu_1 k\Theta_1 + \beta\delta\mu_2 k\Theta_2)^2} > 0$，$\dfrac{\partial \rho_{2,k}(t)}{\partial k} = \dfrac{\beta\delta\mu_2\Theta_2}{(1 + \alpha\delta\mu_1 k\Theta_1 + \beta\delta\mu_2 k\Theta_2)^2} > 0$，即 $\rho_{1,k}(t)$ 和 $\rho_{2,k}(t)$ 均是关于 k 的单调递增函数。根据随机占优条件可知，当金融网络 K' 的平均度大于金融网络 K 的平均度时，有 $\sum_k \rho_1^*(k)P'(k) > \sum_k \rho_1^*(k)P(k) = \rho_1^*$，$\sum_k \rho_2^*(k)P'(k) > \sum_k \rho_2^*(k)P(k) = \rho_2^*$。综上可得，当金融网络 K' 的平均度大于金融网络 K 的平均度时，有 $\rho_1^{*'} > \rho_1^*$，$\rho_2^{*'} > \rho_2^*$。因此，定理 6.7 成立。（证毕）

定理 6.6 和定理 6.8 表明，在其他条件相同时，金融网络越密集，越有利于信用风险的传染，信用风险的传染速度越快。这是因为，金融网络越密集，个体之间交互作用的频率就越高，个体情绪与市场流动性之间的交互驱动越强，这便加快了信用风险在金融网络上的传染速度，提高了信用风险在金融网络上的传染效率。由定理 6.7 可知，金融网络的异质性越高，越不利于金融市场信用风险的传染，这是因为异质性较高的网络的节点度分布的差异性较大，节点之间相互交流的障碍较大，信息在该网络上传播和扩散的阻力也较大，导致信用风险在该网络上的传染机会降低。这对于金融市场监管者制定科学有效的金融市场监管措施具有十分重要的指导意义。

6.3.2.3　数值模拟分析

为了进一步刻画投资者情绪、市场流动性对金融市场信用风险传染演化动态的影响机制，按照网络异质性特征选取三种网络进行仿真实验。其中，WS 网络中节点长距离连接的概率为 0.05，指数网络的度分布为 $P(k) \propto e^{\frac{\varepsilon k}{2m}}$，BA 无标度网络的度分布为 $P(k) \propto 2m^2 k^{-3}$。在实验仿真中，我们假设 $\gamma_1 = 0.7$，$\gamma_2 = 0.6$，则 $\mu_1 = \frac{\lambda_1}{0.7} \approx 1.43\lambda_1$，$\mu_2 = \frac{\lambda_2}{0.6} \approx 1.67\lambda_2$。根据有限种群模型，现选取三种网络的规模为 1000 个个体和 $m_0 = m = 2$。通过仿真实验观察在信用持有者情绪、市场流动性、个体之间的关联程度、金融网络结构的影响下，金融市场信用风险传染的演化动态，如图 6-5 和图 6-6 所示。

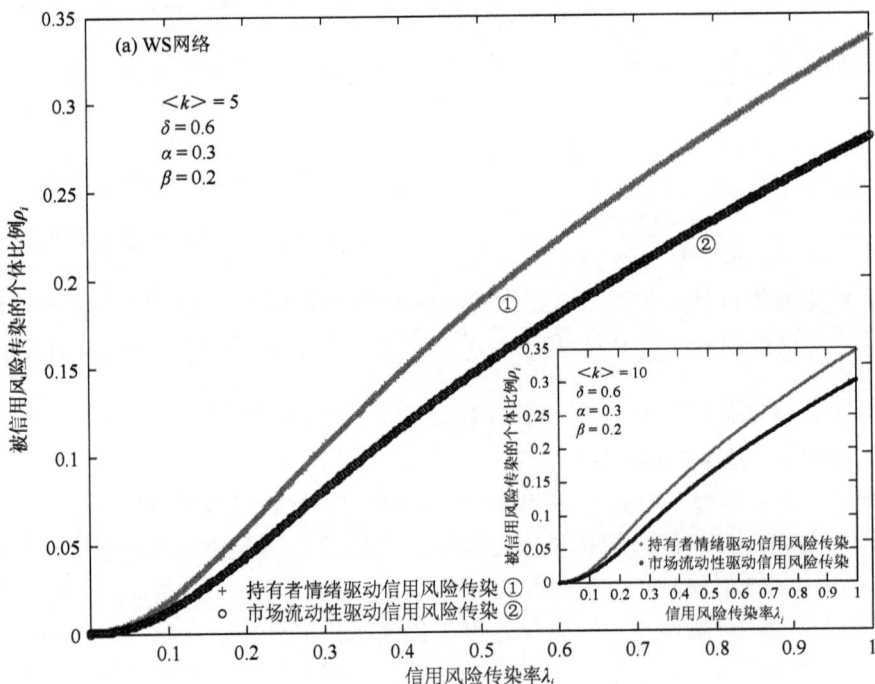

(b) 指数网络

$<k> = 5$
$\delta = 0.6$
$\alpha = 0.3$
$\beta = 0.2$

① 被信用风险传染的个体比例 ρ_i
信用风险传染率 λ_i

+　持有者情绪驱动信用风险传染 ①
○　市场流动性驱动信用风险传染 ②

(c) BA无标度网络

$<k> = 5$
$\delta = 0.6$
$\alpha = 0.3$
$\beta = 0.2$

被信用风险传染的个体比例 ρ_i
信用风险传染率 λ_i

+　持有者情绪驱动信用风险传染 ①
○　市场流动性驱动信用风险传染 ②

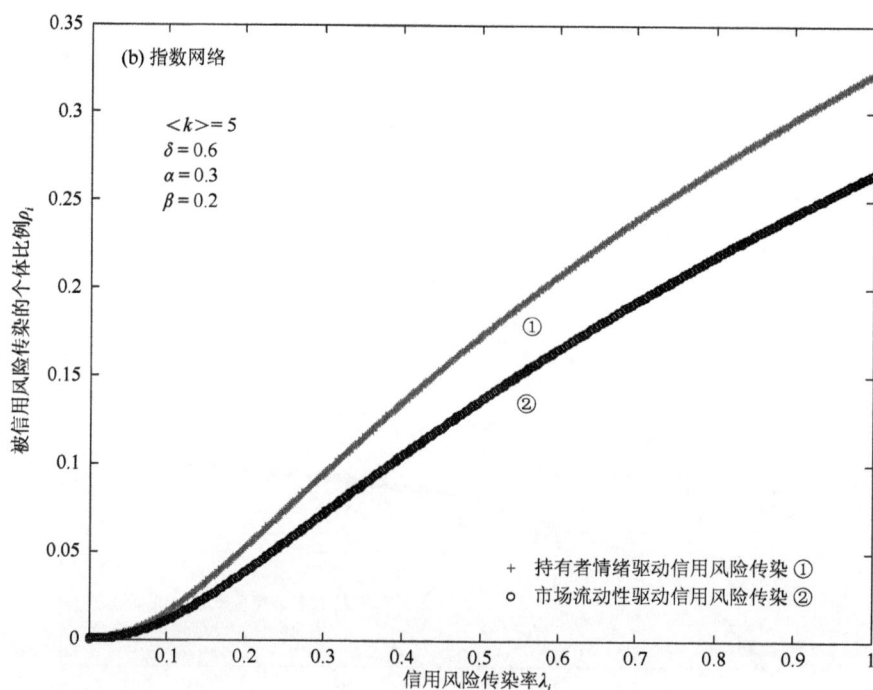

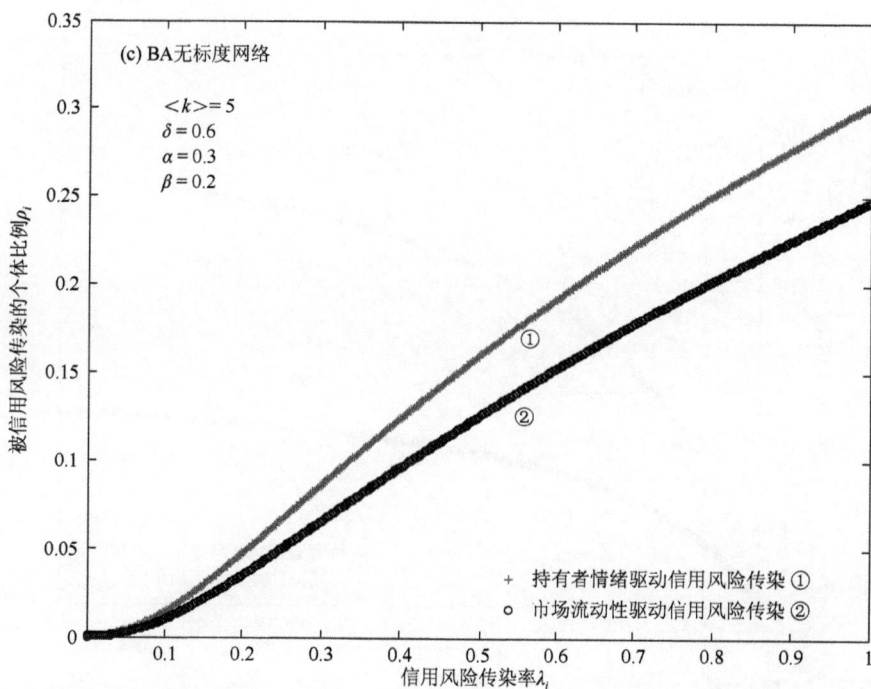

图6-5　被信用风险传染的个体比例 $\rho_i = \sum_k \rho_i(k)P(k)$ 对传染率 λ_i 的变化曲线

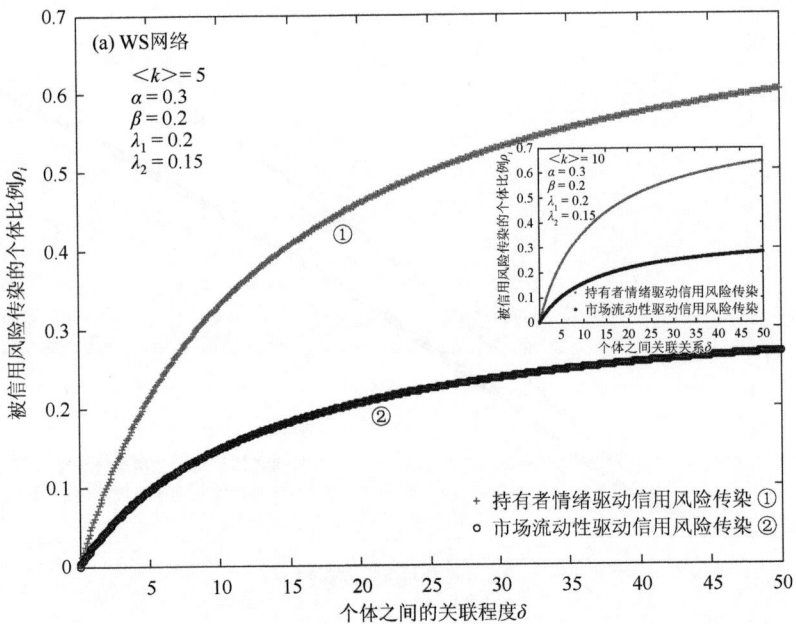

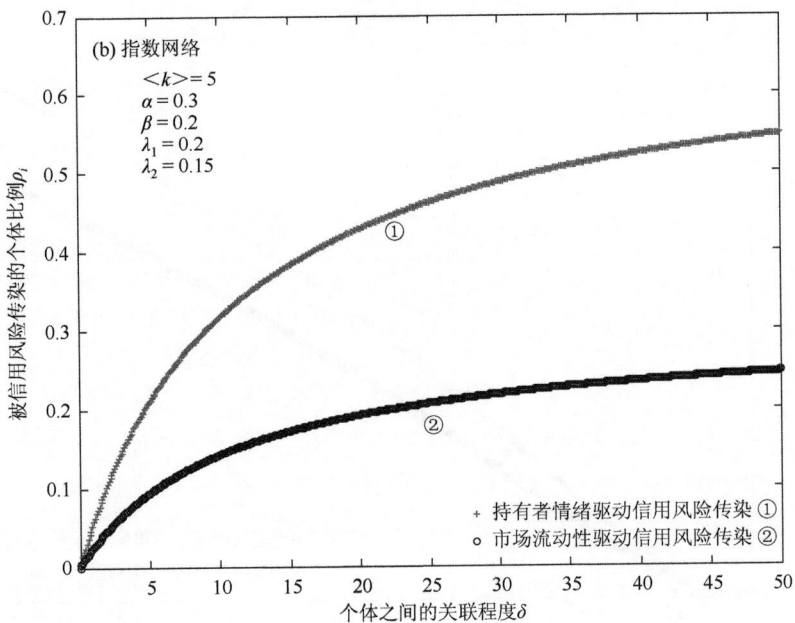

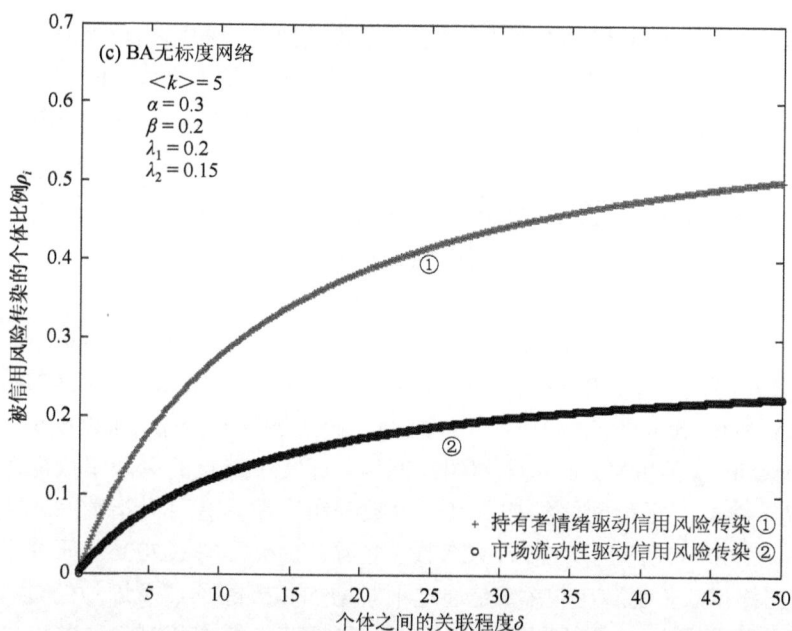

图 6-6　被信用风险传染的个体比例 $\rho_i = \sum_k \rho_i(k)P(k)$ 对个体之间的关联程度 δ 的变化曲线

　　图 6-5 和图 6-6 表明：①在其他条件相同的情况下，信用风险的传染率 λ_i 越大，金融市场信用风险传染的个体比例 ρ_i 越大。而且相同传染率下，投资者情绪传染的个体比例大于市场流动性传染的个体比例。根据行为金融最新研究，在金融市场上，信用风险投资者个体中，多数是抵御风险能力相对较弱的非理性投资者，当市场前景比较乐观时，他们会过于乐观地增持信用风险产品，追逐高额利润；当市场前景比较悲观时，他们也表现得更加悲观，过分规避风险，大幅度减持信用风险产品。信用风险投资者的非理性情绪最终导致信用风险产品价格的大幅度波动，并能够很快在个体之间相互传染，影响其他投资者的决策行为，造成市场流动性不足或过剩，而市场流动性的不足或过剩又会进一步提升投资者的非理性情绪和行为。②由图 6-5（a）和图 6-6（a）可知，在其他条件相同的情况下，网络越密集，金融市场信用风险传染的个体比例就越大。这是因为，网络越密集，越有利于信用风险投资者之间的相互交流和感染，越有利于行为趋同效应的产生，因此，也越有利于信用风险在个体之间相互传染。③在其他条件相同的情况下，个体之间的关联程度越大，越有利于金融市场信用风险传染。这是因为，个体的关联程度越大，越有利于个体之间的相互交流和信息传播，越有利于"心理群体"的形成，因此，也能够增强信用风险投资者情绪和市场流动性的传染速度。④在其他条件相同的情况下，网络的异质性越低，金融市场信用风险传染的个体比例就越大。这是因为，对于

WS 网络，个体之间连接边的异质性较低，各类信息传播和影响较为便捷，金融市场信用风险传染的阻力作用较小。而对于 BA 无标度网络，个体之间连接边的异质性较高，各类信息传播的阻力较大，金融市场信用风险传染的抑制作用较强。

6.4　网络节点优先删除下金融市场信用风险传染演化模型研究

近年来，一些理论研究发现，网络节点和节点间连边的增加和删除对网络结构的影响是较为显著的。Bollobás 和 Riordan（2004b）基于 Barabasi 和 Albert（1999）及 Bollobás 和 Riordan（2004a）研究了网络节点择优删除对网络结构的影响。Sarshar 和 Roychowdhury（2004）研究了自组织网络，证实了节点的有限平均插入和删除率下出现了 BA 无标度网络结构，其中度数分布遵循具有可调指数的幂律分布。Cooper 等（2004）研究了动态的网络节点删除。Moore 等（2006）研究了网络生成过程，网络增长（或潜在收缩）是通过不断增加和删除顶点及连边的过程。Deng 等（2007）引入了一种新的网络增长规则，包括节点增加和删除，并提出了一个演化网络模型来研究节点删除对网络结构的影响。Gu 和 Sun（2008）研究了局部节点删除的演化网络。这些理论研究将节点的删除视为随机的，即节点删除的概率是不变的。然而，少有研究分析网络节点的择优删除。Deo 和 Cami（2007）研究了一种动态随机图模型，其节点具有择优删除机制。

6.4.1　择优删除下信用风险传染的演化网络模型

金融市场信用风险传染网络演化是择优删除网络旧节点的动态过程，在初始状态下，网络中有少量已被其他节点感染信用风险的 m_0 个节点。因此，金融市场信用风险传染网络演化过程如下。

（1）信用风险传染效应

该算法从以下两个方面实现。

1）传染效应：新节点有 m 条边连接到网络中其他已被传染信用风险的节点。随着信用风险传染的演化，节点 i 的受传染路径数量逐渐增加或减少。

2）择优传染：因为这些边连接到已被传染信用风险的节点，所以传染主要来自 m 条边。节点 i 被选择与网络中其他已被传染信用风险的节点 j 进行连接的概率为

$$\Pi_i = \frac{\eta^{(1-\beta_j)\log\theta_j} k_j}{\sum_h \eta^{(1-\beta_h)\log\theta_h} k_h} \tag{6-30}$$

式中，η 是信用风险传染网络的平均适应度，η 的适应度分布为 $f(\eta)$；β_i 是节点 i 对金融市场信用风险传染的风险厌恶情绪；θ_i 是节点 i 对信用风险传染的抵抗能力；$\eta^{(1-\beta_i)\log\theta_i}$ 表示节点 i 的信用风险传染能力，如果 θ_i 越大，则节点 i 的信用风险传染能力越小。此外，如果 β_i 越大，则节点 i 的信用风险传染能力越大。因此，节点 i 的行为因素 β_i 和 θ_i 决定了节点 i 对信用风险的异质性。假设 $\beta_i \in [0,1]$ 和 $\theta_i \in [1,10]$，如果 β_i 越大，则节点 i 对信用风险传染的抵抗能力越强。如果 θ_i 越大，则节点 i 对信用风险传染的抵抗能力越强。

（2）节点的删除

节点 i 的风险厌恶情绪 β_i 将增加节点 i 的删除概率，而节点 i 的抵抗能力 θ_i 将降低节点 i 的删除概率。因此，考虑节点 i 的风险厌恶情绪 β_i 和抵抗能力 θ_i 对信用风险传染的影响。假设从网络择优删除旧节点 i 并且删除该节点的所有边，则择优概率为

$$p_i = \frac{\beta_i}{\theta_i} \tag{6-31}$$

因此，在信用风险传染下节点 i 的择优删除概率与风险厌恶情绪 β_i 呈正相关关系，与节点 i 的抵抗能力 θ_i 呈负相关关系。在一定程度上，这与实际金融市场是一致的。

采用与 Gu 和 Sun（2008）、Dorogovtsev 等（2000）、Sarshar 和 Roychowdhury（2004）、Deng 等（2007）相同的方法进行分析。在金融市场中，节点的删除将影响信用风险传染的行为特征，因而导致其他节点因其间关联而被传染信用风险。为了获取节点删除对信用风险传染效应的信息，令 $D_i(j,t)$ 表示在时间步长 j 被信用风险传染的概率，直到时间步长 t 没有被删除，其中 $t > j$。在每个时间步长，假定所对应节点的择优删除属于独立事件，因此存在 $D_i(j,t+1) = D_i(j,t)[1-(1-p_i)/N(t)]$ 和 $D_i(t,t)=1$，$N(t) = (1-p_i)t$，其中 $N(t)$ 是网络中感染信用风险的节点总数。因此，根据连续极限定理，动态方程 $D_i(j,t)$ 可以表示为

$$\frac{\partial D(j,t)}{\partial t} = -p_i \frac{D_i(j,t)}{N(t)} = \frac{p_i}{p_i-1} \frac{D_i(j,t)}{t} \tag{6-32}$$

由式（6-32）可以得到：

$$D_i(j,t) = \left(\frac{t}{j}\right)^{\frac{p_i}{p_i-1}} \tag{6-33}$$

因此，将式（6-31）代入式（6-33）可以得到 $D_i(j,t)$ 关于风险厌恶情绪 β_i 和抵抗能力 θ_i 的表达式，即

$$D_i(j,t) = \left(\frac{t}{j}\right)^{\frac{\beta_i}{\beta_i-\theta_i}} \tag{6-34}$$

　　可以很容易地确定 $D_i(j,t)$ 与 $t-j$ 呈显著负相关关系，即当 $t-j$ 增加时，$D_i(j,t)$ 快速下降。此外，$D_i(j,t)$ 与节点 i 的风险厌恶情绪 β_i 呈显著负相关关系，与节点 i 的抵抗能力 θ_i 呈显著正相关关系。在金融市场信用风险传染演化过程中，大部分高度连接的节点很容易被删除。这是因为信用风险传染下信用风险易于聚集，进而导致金融资产的大幅度萎缩。为了验证这些关系，对 β_i 和 θ_i 进行了大量的数值模拟。图 6-7 为生存概率 $D_i(j,t)$ 对于 $j=100$ 时不同 β_i 和 θ_i 取值的函数。可以发现，生存概率 $D_i(j,t)$ 在信用风险传染演化过程中为单调递减凹函数。图 6-8 为 $j=100$ 时，在 β_i 和 θ_i 的交互作用下不同时间 t 时的生存概率 $D_i(j,t)$。这与上述结论是一致的。

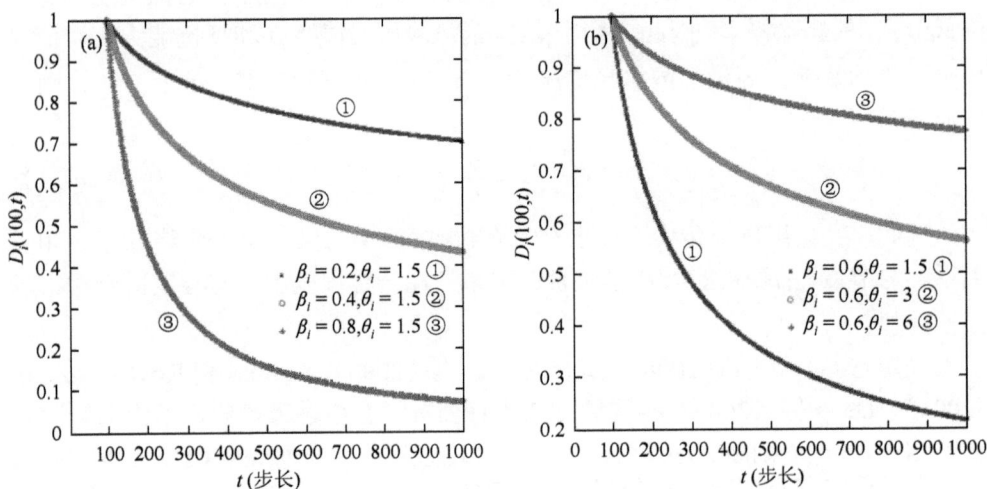

图 6-7　β_i 和 θ_i 影响下被信用风险传染节点从时间步长 100 直到时间步长 t 时没有被删除的生存概率 $D_i(j,t)$

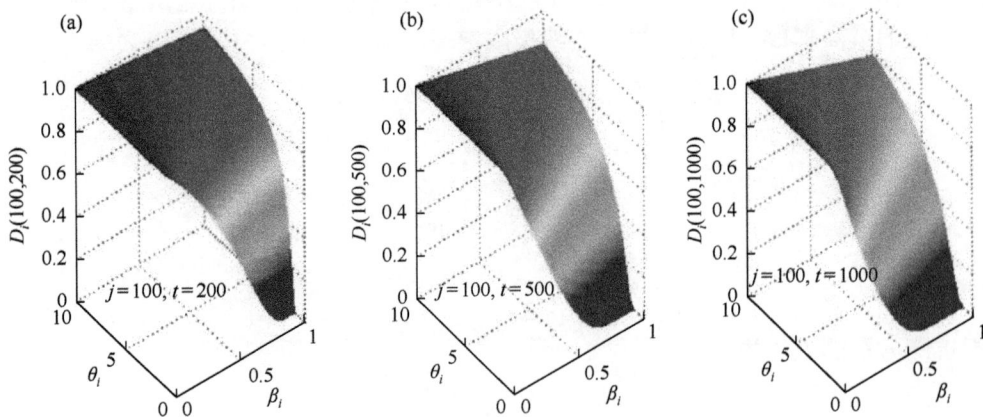

图 6-8　β_i 和 θ_i 的交互影响下节点 i 的生存概率 $D_i(j,t)$

6.4.2 行为因素影响下信用风险传染的网络演化分析

假定初始化传染网络中 $m_0 = 10$ 个节点被信用风险感染，每个时间步长 t 感染一个新的节点，其中 $m = 5$ 条边连接传染网络中被感染信用风险的 $m_0 = 10$ 个节点。

6.4.2.1 传染路径分布和行为因素的影响

假设一个节点在时间步长 j 被感染，而且第 i 个节点在时间 t 仍旧存在。令 $k_i(j,t)$ 为时刻 t 第 i 个节点的传染路径，且 $t > j$。因此，根据连续极限定理，传染路径 $k_i(j,t)$ 预期增加的概率为

$$\frac{\partial k_i(j,t)}{\partial t} = m \frac{k_i(j,t)\eta^{(1-\beta_i)\log\theta_i}}{S(t)} - \frac{\beta_i}{\theta_i}\frac{k_i(j,t)}{N(t)} \tag{6-35}$$

其中：

$$S(t) = \int_0^t D_i(j,t)k_i(j,t)\mathrm{d}j \tag{6-36}$$

式（6-35）的第一项为节点 i 传染路径增加的数量；第二项为由于传染节点的择优删除，第 i 个节点传染路径的消失比例，其发生概率为 $\frac{k_i(j,t)}{N(t)}$。

为了求解 $S(t)$，式（6-35）两边乘以 $D_i(j,t)$，并且 j 从 0 到 t 积分。则

$$\int_0^t D_i(j,t)\frac{\partial k_i(j,t)}{\partial t}\mathrm{d}j = m\eta^{(1-\beta_i)\log\theta_i} - \frac{\dfrac{\beta_i}{\theta_i}}{N(t)}S(t) \tag{6-37}$$

式（6-37）的左边可以变换为

$$\int_0^t D_i(j,t)\frac{\partial k_i(j,t)}{\partial t}\mathrm{d}j = \frac{\partial \int_0^t D_i(j,t)}{\partial t} - k_i(t,t)D_i(t,t) + \frac{\dfrac{\beta_i}{\theta_i}}{N(t)}\int_0^t D_i(j,t)k_i(j,t)\mathrm{d}j \tag{6-38}$$

由式（6-35）~式（6-37）可知，$k_i(t,t) = m$，$D_i(t,t) = 1$，$N(t) = (1-p_i)t = \left(1 - \dfrac{\beta_i}{\theta_i}\right)t$，$S(t) = \int_0^t D_i(j,t)k_i(j,t)\mathrm{d}j$。因此，可以得到：

$$\int_0^t D_i(j,t)\frac{\partial k_i(j,t)}{\partial t}\mathrm{d}j = \frac{\partial S(t)}{\partial t} - m + \frac{\dfrac{\beta_i}{\theta_i}}{N(t)}S(t) \tag{6-39}$$

将式（6-37）代入式（6-39），可以得到：

$$S(t) = m[1 + \eta^{(1-\beta_i)\log\theta_i}]\frac{\theta_i - \beta_i}{\theta_i + \beta_i} \tag{6-40}$$

将式（6-40）代入式（6-35）中，可以得到：

$$\frac{\partial k_i(j,t)}{\partial t} = \frac{mk_i(j,t)\eta^{(1-\beta_i)\log\theta_i}}{m(1+\eta^{(1-\beta_i)\log\theta_i})\dfrac{\theta_i-\beta_i}{\theta_i+\beta_i}} - \frac{\beta_i}{\theta_i-\beta_i}\frac{k_i(j,t)}{t} = \frac{\theta_i\eta^{(1-\beta_i)\log\theta_i}-\beta_i}{(1+\eta^{(1-\beta_i)\log\theta_i})(\theta_i-\beta_i)}\frac{k_i(j,t)}{t}$$

(6-41)

在 $k_i(j,j)=m$ 的条件下，式（6-41）的解为

$$k_i(j,t) = m\left(\frac{t}{j}\right)^{\frac{\theta_i\eta^{(1-\beta_i)\log\theta_i}-\beta_i}{(1+\eta^{(1-\beta_i)\log\theta_i})(\theta_i-\beta_i)}}$$

(6-42)

式（6-35）表明网络中未被删除节点的传染路径取决于信用风险传染网络的平均适应度 η、风险厌恶情绪 β_i 和节点 i 的信用风险传染抵抗能力 θ_i。为了验证这些结论，对 β_i、θ_i 和 η 进行了大量计算实验与仿真。图 6-9 为时间 $j=100$ 时 $k_i(j,t)$ 对不同 β_i、θ_i 和 η 取值的函数，其中 $t>j$。图 6-10 为在时间 $j=100$ 和 $t=1000$ 时，$k_i(j,t)$ 对不同 β_i、θ_i 和 η 取值的函数。基于对图 6-9（a）和图 6-10（a）的综合分析，可以看出节点 i 的传染路径 $k_i(j,t)$ 与节点 i 的风险厌恶情绪 β_i 呈显著正相关关系，节点 i 的风险厌恶情绪 β_i 是单调递增凹函数。图 6-9（b）和图 6-10（b）显示节点 i 的传染路径 $k_i(j,t)$ 与节点 i 的抵抗能力 θ_i 呈显著负相关关系，是节点 i 的抵抗能力 θ_i 的单调递减凹函数。从图 6-9（c）可以看出，节点 i 的传染路径 $k_i(j,t)$ 与信用风险传染网络的平均适应度 η 呈显著正相关关系。从图 6-10（c）可以看出，$k_i(j,t)$ 是 η 的单调递增凸函数。因此，图 6-9 和图 6-10 有效地描述了信

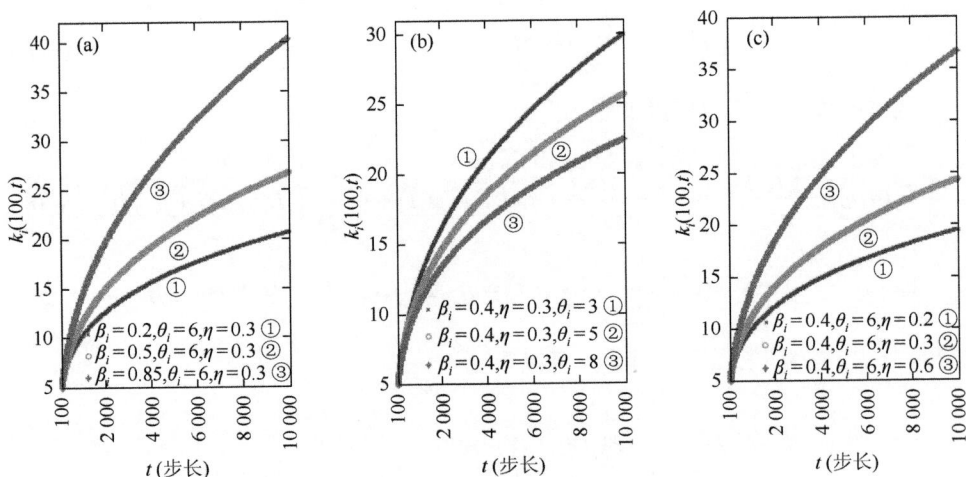

图 6-9　时间 $j=100$ 时信用风险传染网络中被传染节点的传染路径演化

（a）在 $\theta_i=6,\eta=0.3$ 时节点 i 的风险厌恶情绪 β_i 对节点 i 的传染路径的影响；（b）在 $\beta_i=0.4,\eta=0.3$ 时节点 i 的抵抗能力 θ_i 对节点 i 的传染路径的影响；（c）在 $\beta_i=0.4,\theta_i=6$ 时信用风险传染网络的平均适应度 η 对节点 i 的传染路径的影响

用风险传染网络的平均适应度 η、风险厌恶情绪 β_i 和抵抗能力 θ_i 对节点 i 的传染路径 $k_i(j,t)$ 的影响。

为了获得在时间 t 时随机选择节点 i 的传染路径 $k_i(j,t)$ 的概率 $P(k_i,t)$，计算在时间 t 时节点传染路径 $k_i(j,t)$ 的预期数量，并将其除以节点的总数量 $N(t)$，即 $P(k_i,t)=\dfrac{N_{k_i}(t)}{N(t)}$。令 $J_k(t)$ 表示在时间 t 被传染的路径 $k_i(j,t)$ 的所有节点的集合，那么可以得到：

$$P(k_i,t)=\frac{N_{k_i}(t)}{N(t)}=\frac{1}{N(t)}\sum_{j\in J_k(t)}D_i(j,t) \tag{6-43}$$

根据连续时间方法，可以得到：

$$\sum_{j\in J_k(t)}D_i(j,t)=D_i(j,t)\left|\frac{\partial k_i(j,t)}{\partial j}\right|_{j=j_k}^{-1} \tag{6-44}$$

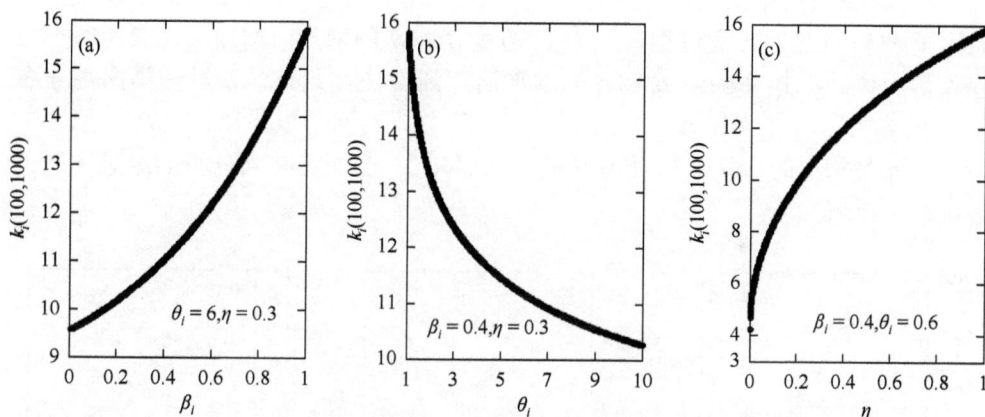

图 6-10　$j=100$ 和 $t=1000$ 时信用风险传染网络中风险厌恶情绪 β_i、抵抗能力 θ_i、平均适应度 η 对节点 i 的传染路径的影响

由式（6-42）可以得到：

$$j_k=t\left(\frac{k_i}{m}\right)\frac{(1+\eta^{(1-\beta_i)\log\theta_i})(\theta_i-\beta_i)}{\beta_i-\theta_i\eta^{(1-\beta_i)\log\theta_i}} \tag{6-45}$$

将式（6-45）代入式（6-34），可以得到：

$$D_i(j_k,t)=\left(\frac{m}{k_i}\right)\frac{(1+\eta^{(1-\beta_i)\log\theta_i})\beta_i}{\beta_i-\theta_i\eta^{(1-\beta_i)\log\theta_i}} \tag{6-46}$$

$$\left|\frac{\partial k_i(j,t)}{\partial j}\right|_{j=j_k}^{-1}=t\frac{(1+\eta^{(1-\beta_i)\log\theta_i})(\theta_i-\beta_i)}{m(\theta_i\eta^{(1-\beta_i)\log\theta_i}-\beta_i)}\left(\frac{k_i}{m}\right)^{-\frac{2\theta_i\eta^{(1-\beta_i)\log\theta_i}+\theta_i-2\beta_i-\beta_i\eta^{(1-\beta_i)\log\theta_i}}{\theta_i\eta^{(1-\beta_i)\log\theta_i}-\beta_i}} \tag{6-47}$$

将式（6-46）和式（6-47）代入式（6-43），可以得到：

$$P(k_i,t) = \frac{(1+\eta^{(1-\beta_i)\log\theta_i})\theta_i}{m(\theta_i\eta^{(1-\beta_i)\log\theta_i}-\beta_i)}\left(\frac{k_i}{m}\right)^{-\frac{2\theta_i\eta^{(1-\beta_i)\log\theta_i}+\theta_i-\beta_i}{\theta_i\eta^{(1-\beta_i)\log\theta_i}-\beta_i}} \tag{6-48}$$

因此，幂律分布的指数为

$$\gamma = 1 + \frac{\theta_i\eta^{(1-\beta_i)\log\theta_i}+\theta_i}{\theta_i\eta^{(1-\beta_i)\log\theta_i}-\beta_i} \tag{6-49}$$

因此，信用风险传染网络的传染路径 k_i 不依赖于时间步长 t，但节点 i 的传染路径 $k_i(j,t)$ 依赖于信用风险传染网络的平均适应度 η、风险厌恶情绪 β_i 和抵抗能力 θ_i，其服从幂律分布。因此，为了验证上述理论分析，通过大量计算实验与仿真，分析信用风险传染网络的平均适应度 η、风险厌恶情绪 β_i 和抵抗能力 θ_i 对节点 i 的传染路径 $k_i(j,t)$ 的影响。图 6-11 为不同 β_i、θ_i、η 取值下信用风险传染网络的传染路径分布 $P(k)$。从图 6-11 可以看出，随着 β_i、θ_i 和 η 的改变，信用风险传染网络的传染路径 $P(k)$ 呈幂分布。随着 β_i 和 θ_i 的增加，图 6-11（a）和 6-11（c）显示了 $P(k)$ 有趣的转变过程，即 $P(k)$ 随着 β_i 和 θ_i 的增加而增加。这表明节点被传染信用风险的概率随着 β_i 和 η 的增加而逐渐增加。此外，η 对传染路径分布 $P(k)$ 的影响比 β_i 更为显著。由图 6-11（b）可知，θ_i 对传染路径分布 $P(k)$ 的影响与 β_i 和 η 是相反的，即 $P(k)$ 随着 θ_i 的增加而减少。因此，仿真分析的结果与理论分析是一致的。

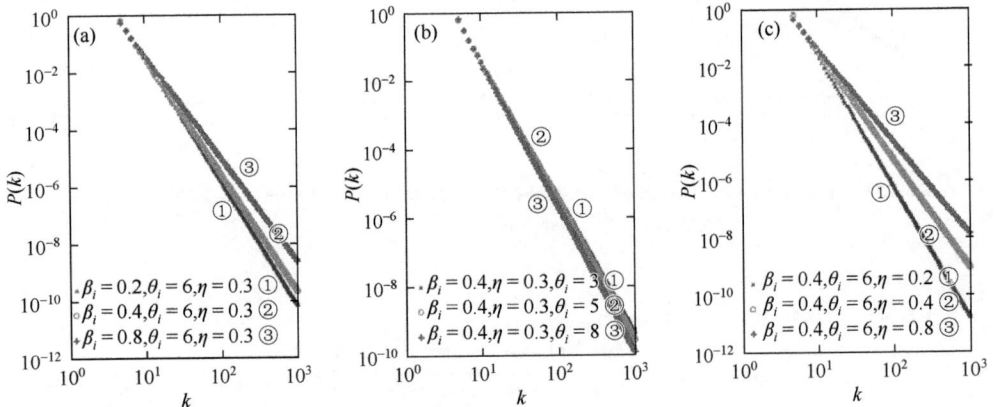

图 6-11　信用风险传染网络规模 $M = 1000$ 和不同 β_i、θ_i 和 η 取值时被传染信用风险的节点的传染路径分布 $P(k)$

6.4.2.2　信用风险传染的平均聚类系数及行为因素的影响

在信用风险传染网络中，平均聚类系数 $\langle C \rangle$ 可以量化为与传染节点相邻的节点传染信用风险的程度。对于网络中被选定带有传染路径 k_i 的节点 i，令 E_i 表示其 k_i 个邻居节点之间的传染路径的数量，则节点 i 的聚类系数 C_i 定义如下：

$$C_i = \frac{2E_i}{k_i(k_i-1)} \tag{6-50}$$

因此，信用风险传染网络的平均聚类系数 $\langle C \rangle$ 可以定义为

$$\langle C \rangle = \frac{\sum_i C_i}{M} = \frac{1}{M}\sum_i \frac{2E_i}{k_i(k_i-1)} \tag{6-51}$$

$\langle C \rangle$ 与信用风险传染的网络规模 M、信用风险传染网络的平均适应度 η、节点 i 的风险厌恶情绪 β_i 和节点 i 的抵抗能力 θ_i 密切相关。通过进行大量的计算实验与仿真直观地描述 M、η、β_i 和 θ_i 对信用风险传染网络的平均聚类系数 $\langle C \rangle$ 的影响。图 6-12 为不同 η、β_i 和 θ_i 取值下 $\langle C \rangle$ 关于网络规模 M 的函数。图 6-13 为不同 M 值下 $\langle C \rangle$ 关于 η、β_i 和 θ_i 的函数。在图 6-13 和图 6-14 中，信用风险传染网络的平均聚类系数 $\langle C \rangle$ 随着信用风险传染网络规模 M 的逐渐增大而降低。

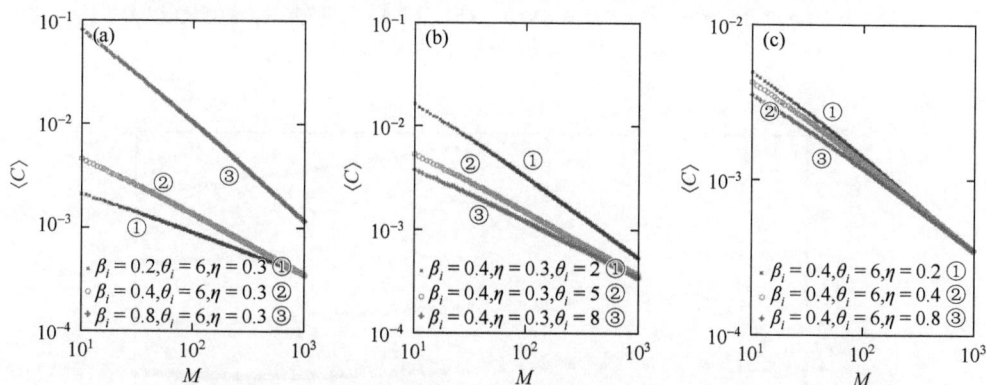

图 6-12　信用风险传染网络的平均聚类系数 $\langle C \rangle$ 关于网络规模 M 的函数

（a）节点 i 对信用风险传染的风险厌恶情绪 β_i；（b）节点 i 对信用风险传染的抵抗能力 θ_i；
（c）信用风险传染网络的平均适应度 η

当信用风险传染的网络规模 M 是常数时，信用风险传染网络的平均聚类系数 $\langle C \rangle$ 随着 β_i 和 η 的增加而增加，并且 θ_i 的作用效果比 η 更显著。然而，θ_i 对平均聚类系数 $\langle C \rangle$ 的影响与 β_i 和 η 相反，即平均聚类系数 $\langle C \rangle$ 随着 θ_i 的增加而逐渐减小。从图 6-13（a）可以看出，β_i 对于平均聚类系数 $\langle C \rangle$ 的影响是单调递增凹函数。然而，θ_i 对平均聚类系数 $\langle C \rangle$ 的影响是单调递减凹函数，如图 6-13（b）所示。由图 6-13（c）可知，当信用风险传染网络规模 $M=1000$ 时，随着 η 增大平均聚类

系数 $\langle C \rangle$ 曲线尾部呈现上升特征。然而，当信用风险传染网络规模 $M = 500$ 时，平均聚类系数 $\langle C \rangle$ 曲线尾部呈现下降特征。转变过程是随着信用风险传染的网络规模 M 逐渐增加而逐步变化的过程，如图 6-14 所示。

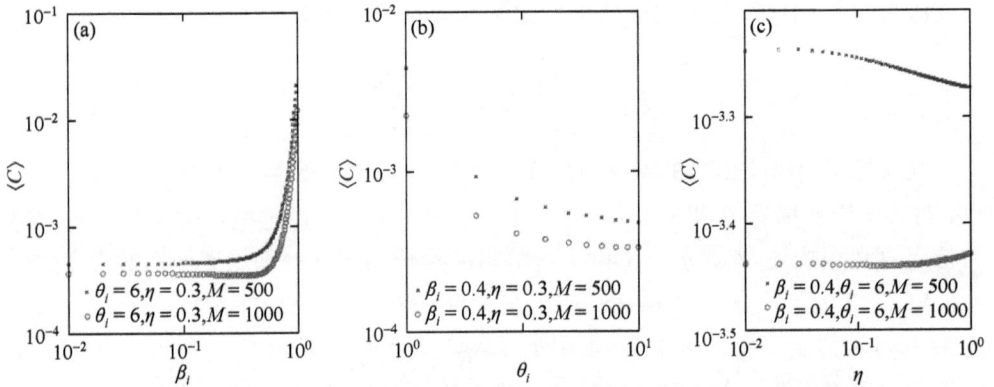

图 6-13　网络规模 $M = 500$ 和 $M = 1000$ 下信用风险传染网络的平均聚类系数 $\langle C \rangle$ 的函数

（a）节点 i 对信用风险传染的风险厌恶情绪 β_i；（b）节点 i 对信用风险传染的抵抗能力 θ_i；
（c）信用风险传染网络的平均适应度 η

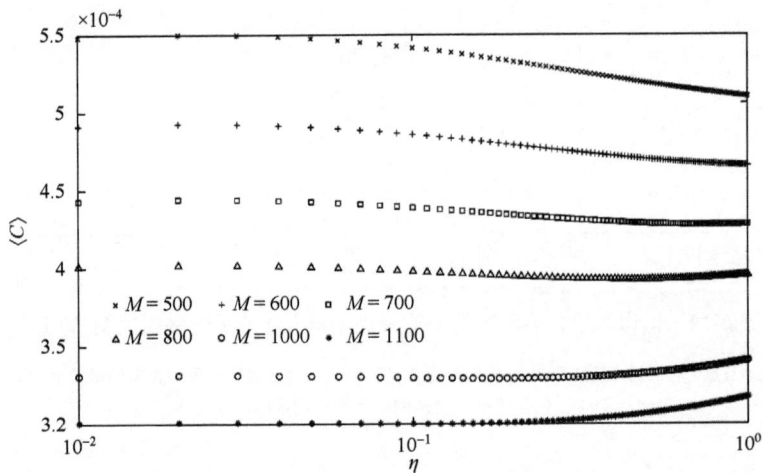

图 6-14　对于不同的网络规模 M，信用风险传染网络的平均聚类系数 $\langle C \rangle$ 关于信用风险传染网络的平均适应度 η 的函数（ $\beta_i = 0.4$ ， $\theta_i = 0.6$ ）

6.5　本　章　小　结

在金融市场上，信用风险传染效应的产生包含诸多宏微观的不确定因素和个体的心理与行为因素，如市场环境、市场流动性、政策环境、个体的风险态度、市场监管者的行为等。这些因素在很大程度上影响着金融市场信用风险传染的演化动态过程。本章在现有研究的基础上，综合运用行为金融和复杂网络理论，分别构建了经济行为主体行为因素影响下，金融市场信用风险传染网络演化模型和经济行为主体行为与市场流动性交互影响下的金融市场信用风险传染网络演化模型，借助随机占优理论进行了相应的理论分析，并通过数值模拟仿真对理论分析的结果进行了进一步验证。

首先，将个体之间的关联程度、个体的风险态度、个体的风险抵御能力、金融市场监管者的监控强度、个体的网络结构特征等因素融入金融市场信用风险传染研究中，运用平均场方法建立了金融市场信用风险传染的网络演化模型，借助随机占优理论对这些因素的影响机制进行了理论分析，并通过数值模拟仿真进行了理论分析的验证和直观刻画。研究结果认为：①在不完全市场中，金融市场信用风险传染系统存在唯一的正值均衡点，而且金融市场信用风险传染的规模是个体之间的关联程度、个体的风险态度和信用事件的影响力的单调递增凹函数，是金融市场监管者的监控强度和个体的风险抵御能力的单调递减凸函数；②金融网络平均度越大，信用风险的传染概率越大，金融市场信用风险传染的影响范围越广；③金融网络异质性越大，信用风险的传染概率越小，金融市场信用风险传染的影响范围越小。

然后，在上述研究的基础上，进一步考虑市场流动性因素与经济行为主体行为因素的交互影响，进一步利用复杂网络理论和平均场方法构建了金融市场信用风险传染的网络演化模型，借助随机占优理论对经济行为主体行为因素、市场流动性因素及网络结构因素对金融市场信用风险传染演化的影响机制进行了理论分析，通过数值模拟仿真对理论分析进行了进一步验证，得到了一系列具有重要理论价值和管理意义的命题和结论：①金融市场信用风险传染系统存在唯一正的局部渐近稳定均衡点的充要条件为 $\alpha\delta\mu_1 > \dfrac{\langle k \rangle}{\langle k^2 \rangle}$ 且 $\beta\delta\mu_2 > \dfrac{\langle k \rangle}{\langle k^2 \rangle}$；②个体之间的关联程度越大，个体被信用风险传染的概率和比例越大；③金融网络越密集，个体被信用风险传染的概率和比例越大；④金融网络异质性越低，个体被信用风险传染的比例越大。

最后，更进一步考虑金融市场信用风险传染网络的平均适应度、投资者风险规避情绪及金融网络节点的择优删除行为，设计了具有择优删除机制的信用网络风险传染算法，构建了具有节点择优删除机制的信用风险传染的网络演化模型，研究金融市场信用风险的传染效应及其网络演化行为。通过理论分析和数值模拟，得到了一系列具有重要理论价值和管理意义的命题和结论：①网络传染路径分布随着信用风险传染平均适应度和投资者风险厌恶情绪的增加而逐渐增加，但随着节点风险抵御能力的增加而逐渐减小。②信用风险传染网络的平均适应度和投资者风险厌恶情绪提升了平均聚类系数，而投资者风险抵御能力降低了平均聚类系数。同时，网络规模也降低了平均聚类系数。

这些结论对于揭示金融市场信用风险传染复杂的非线性机制，制定有效、合理、科学的信用风险管理策略具有重要的理论价值和现实意义。但是上述理论研究却忽略了金融市场信用风险传染内在固有的非线性因素与外部随机扰动因素的交互影响，这也为第 7 章进一步深入研究提供了思路。

7 金融市场信用风险传染的非线性动力学演化模型研究

在第5章和第6章中，作者将经济行为主体空间结构因素、心理与行为因素、市场流动性因素和金融网络结构因素等引入金融市场信用风险传染研究中，利用复杂网络、行为金融、熵空间交互理论、随机占优等理论方法和数值仿真模拟技术，深入探讨了金融市场信用风险传染所涉经济行为主体的空间距离因素、区域间金融发展因素、行为因素、网络结构因素、市场流动性因素对金融市场信用风险传染演化动态的影响机制。然而，忽略了对金融市场信用风险传染的非线性相互作用，以及由此产生的内部不稳定性和外部随机扰动的交互作用对金融市场信用风险传染非线性演化影响的考察。因此，本章在第5章和第6章研究的基础上，进一步考虑金融市场信用风险传染内在固有的非线性因素和外部随机扰动因素的协同影响，借鉴非线性理论中的研究方法和工具，分别构建内在固有的非线性因素交互作用下的金融市场信用风险传染的非线性动力学演化模型，以及内在固有的非线性因素和外部随机扰动因素的协作影响下，金融市场信用风险传染的非线性动力学演化模型，并从非线性动力学和混沌理论视角着重探析金融市场信用风险传染内在固有的非线性因素和外部随机扰动因素对金融市场信用风险传染演化动态的影响和作用机制。

7.1 引　　言

近年来，复杂非线性动力学为理解现代经济和金融系统高度复杂非线性的动态提供了可选择的科学方法（Ma and Chen，2001a，2001b；Chian et al.，2006；Gao and Ma，2009；Wu et al.，2009，2010；Chen et al.，2013a，2013b）。在现实的金融和经济体系中，复杂的非线性动力学现象得到了充分研究，包括不规则增长（Day，2001）、汇率波动（Hsieh，1989）、混沌股票市场行为（Hsieh，1991）、商业周期波动（Puu and Sushko，2004）、牛鞭效应（Xin et al.，2010）和风险传染（Chen et al.，2013a，2013b）。上述现象呈现出复杂的动力学行为，包括 Hopf 分岔、逆分岔、混沌和分形。在这些行为类型中，混沌和分岔是存在非线性金融系统中的复杂现象，也是经济和金融动力学研究中重要的问题。在金融领域中，由于金融系统中非线性因素之间的交互作用，各种各样的金融问题复杂性的叠加及其演化过程从低维度向高维度转变，多样性和复杂性在金融体系的内部结构中已经变得很明显。因此，经济和金融体系表现出极其复杂的现象和外部特征（Ma and Chen，2001a，2001b），如混沌现象和 Hopf 分岔（Chian et al.，2006；Gao and Ma，2009；Chen et al.，2013a，2013b；Dowrick et al.，2004；Zhang，2012）。对于一个信用风险传染系统来说，其结构的不稳定性是固有的。此外，任何适当的扰动可以在这个具有动态特性的系统中诱导突然的"性质"或拓扑结构的改变。因此，研究信用风险传染的复杂非线性动力学不仅可以描述信用风险传染系统内部复杂性的作用，还能对信用风险管理提供理论和实践指导。

近年来，随机时滞系统在许多领域已经备受关注，如生物领域、经济和金融领域（Chen et al.，2013a，2013b；Chen，2008a，2008b；Wang et al.，2010）等。众所周知，时滞在数学金融模型中是重要的因素。此外，最近几年众多学者在对金融复杂动力学进行研究时，在随机微分方程的时滞项上产生了新的兴趣。事实上，利用随机时滞微分方程描述金融动力学系统在经济和金融领域占据至关重要的位置。这是因为一些经济和金融现象不能纯粹使用微分方程对其进行详尽的刻画。在现实金融市场中，时滞的产生通常是因为信息和噪声的传播速度及物质和能量的运输速度是有限的（Wu and Zhu，2008）。在现实金融系统中会频繁遇到时滞，这也是造成金融系统不稳定性的主要原因。信用风险传染系统是一个非常复杂的非线性系统，与人和固有的时滞等众多复杂的因素相关（Chen et al.，2013b）。

综上所述，有关时滞随机金融体系的问题是一个具有理论和实际意义的话题。同时，信用风险传染的研究表明，时滞能造成如 Hopf 分岔和混沌行为等各种各样的动态行为。因此，构建信用风险传染的时滞效应模型，并在此基础上研究时滞对信用风险传染的影响是十分必要的。

7.2　基于时滞微分方程的金融市场信用风险传染非线性动力学演化模型

近几年，国内外很多学者研究了事件在具有长距离网络连接上的传播和响应特征。Newman 和 Watts（1999）、Moukarzel（1999）在不考虑时间延时和各种非线性因素的情形下，给出了事件在网络中按照恒定速度传播的动力学模型。Yang（2001）则在他们研究的基础上，考虑了非线性因素和事件在长距离连接上的时间延时，构建了更为合理的动力学模型。这些为研究金融市场信用风险传染模型的构建提供了理论基础与新的思路和方法。

7.2.1 基于向量场视角的金融市场信用风险传染平衡点及其稳定性分析

7.2.1.1 模型构建

在金融市场上信用风险所涉经济行为主体构成的复杂关系网络中，主要存在直接业务关系和间接业务关系两种经济行为，而这两种经济行为也正是构成金融市场复杂的关系网络的连接方式。信用风险在这两种行为方式上的传染行为往往由于市场信息、流动性和噪声的影响而都具有时间延迟效应，但信用风险在间接业务关系上的传染行为，往往由于业务关联机制造成的信息和流动性传染还具有非线性耦合（或非线性阻力）特征。这些特征与复杂网络上信息传播的机理十分吻合。根据复杂网络相关理论，假设金融市场信用风险所涉经济行为主体之间复杂的关系网络中直接业务关系为 Newman-Watts 长度连接，而间接业务关系为长距离连接。因此，本章在 Yang（2001）研究的基础上，考虑金融市场上信用风险所涉经济行为主体关系网络长距离连接上的时间延时和非线性阻力，即金融市场上信用风险所涉经济行为主体之间复杂的关系网络中，连接长度非均匀性和信用违约信息在该关系网络上传播拥塞等导致的非线性阻力，提出金融市场信用风险传染的动力学模型，其表达式也是一个非线性时滞微分方程。因此，金融市场上信用风险传染的非线性动力学演化模型为

$$\begin{cases} \dfrac{\mathrm{d}N(t)}{\mathrm{d}t} = \lambda k_1 - N(t) + \lambda k_2 N(t-\tau) - \mu\xi[\lambda k_2 N(t-\tau)]^2 & t \geqslant 0 \\ N(t) = \phi(t) & -\tau \leqslant t \leqslant 0 \end{cases} \tag{7-1}$$

式中，$N(t)$ 表示金融市场上信用风险所涉经济行为主体构成的关系网络中被信用风险传染的个体数量；ξ 为 Newman-Watts 长度标度；k_1 表示与被信用风险传染的个体连接距离为 Newman-Watts 长度标度的个体数量；k_2 表示与被信用风险传染的个体具有长距离连接的个体数量；λ 表示信用风险的有效传染率；μ 表示金融市场上信用风险所涉经济行为主体构成关系网络中非线性相互作用的系数（即非线性阻力系数）；$\phi(t)$ 为已知连续函数；τ 表示信用风险在长距离连接上传染的延迟时间，且 τ 为常数。式（7-1）刻画了在 Newman-Watts 长度连接和长距离连接上金融市场信用风险传染演化的非线性时滞动力学机制。

根据一般定义，当式（7-1）等于 0 时，可以得到金融市场信用风险传染过程的平衡位置。而实际上，对于此类非线性动力学方程所表示的系统，

随着各个参数的变化，其平衡位置可能失稳，出现周期解，导致系统出现振荡，这类现象是因系统发生 Hopf 分岔的结果。对于式（7-1）表述的一类时滞微分方程，Torelli（1989）、Liu 和 Spijker（1990）给出了求解的欧拉算法和数值求解的欧拉格式。现取步长 $h = \dfrac{\tau}{m}$，且 $\theta \in [0,1]$，$m \in N$。根据 Torelli（1989）、Liu 和 Spijker（1990）的方法，对式（7-1）进行欧拉算法处理，可以得到：

$$N_{n+1} = N_n + \lambda k_1 h - h[(1-\theta)N_n + \theta N_{n+1}] + \lambda k_2 h[(1-\theta)N_{n-m} + \theta N_{n-m+1}]$$
$$- \mu \xi \lambda^2 k_2^2 h[(1-\theta)N_{n-m} + \theta N_{n-m+1}]^2 \tag{7-2}$$

式中，N_n 是 $N(t)$ 在 t_n 处的近似值。令 $\tau = (m-\delta)h + \dfrac{h}{2}(0 \leqslant \delta < 1)$，且 $\Omega_h = \{t_n = nh, n \in Z\}$，则 $t_n + \theta h \in [t_n, t_{n+1}]$ 且 $t_n + \theta h - \tau \in [t_{n-m}, t_{n-m+1}]$。利用 θ 配点欧拉公式可以得到：

$$N(t_n + \theta h) \approx \theta[N(t_n) + N(t_{n+1})] \tag{7-3}$$

$$N(t_n + \theta h - \tau) \approx \theta[N(t_{n-m}) + N(t_{n-m+1})] \tag{7-4}$$

利用中点欧拉公式（即 $\theta = \dfrac{1}{2}$）可将式（7-1）转换为

$$N_{n+1} = N_n + \lambda k_1 h - h\left[\frac{N_n + N_{n+1}}{2}\right] + \lambda k_2 h\left[\frac{N_{n-m} + N_{n-m+1}}{2}\right] - \mu \xi \lambda^2 k_2^2 h\left[\frac{N_{n-m} + N_{n-m+1}}{2}\right]^2$$

即

$$N(t_{n+1}) = N(t_n) + \lambda k_1 h - h\left[\frac{N(t_n) + N(t_{n+1})}{2}\right] + \lambda k_2 h\left[\frac{N(t_{n-m}) + N(t_{n-m+1})}{2}\right]$$
$$- \mu \xi \lambda^2 k_2^2 h\left[\frac{N(t_{n-m}) + N(t_{n-m+1})}{2}\right]^2 \tag{7-5}$$

将式（7-3）和式（7-4）代入式（7-5），可以得到：

$$N(t_{n+1}) \approx N(t_n) + \lambda k_1 h - h N\left(t_n + \frac{h}{2}\right) + \lambda k_2 h N\left(t_n + \frac{h}{2} - \tau\right) - \mu \xi \lambda^2 k_2^2 h\left[N\left(t_n + \frac{h}{2} - \tau\right)\right]^2$$

$$\tag{7-6}$$

将 $h = \dfrac{\tau}{m}$ 代入式（7-6），可以得到：

$$N(t_{n+1}) \approx N(t_n) + \frac{\lambda k_1 \tau}{m} - \frac{\tau}{m} N\left(t_n + \frac{\tau}{2m}\right) + \frac{\lambda k_2 \tau}{m} N\left(t_n + \frac{(1-2m)\tau}{2m}\right)$$
$$- \frac{\mu \xi \lambda^2 k_2^2 \tau}{m}\left[N\left(t_n + \frac{(1-2m)\tau}{2m}\right)\right]^2 \qquad (7\text{-}7)$$

因此，对于给定参数 μ、ξ、k_1、k_2、λ 和初始条件 $N(t) = \phi(t)$（$-\tau \leqslant t \leqslant 0$），可利用式（7-7）对金融市场信用风险传染过程进行数值模拟和分析。

7.2.1.2 仿真模拟分析

本节主要试图通过金融市场信用风险传染演化的非线性时滞微分方程，描述信用风险在金融市场信用风险所涉经济行为主体之间传染演化的动力学行为特征及其影响机制。在对方程求解推导过程中易知，参数 μ、ξ、k_1、k_2、λ 和初始条件 $N(t) = \phi(t)$（$-\tau \leqslant t \leqslant 0$）对时滞微分方程解的稳定性都有着直接或间接影响。为了更好地描述金融市场上信用风险所涉经济行为主体构成的关系网络中，信用风险传染过程的动力学行为及其影响因素，主要以信用风险有效传染率 λ 和金融市场上信用风险所涉经济行为主体关系网络中个体之间的非线性阻力系数 μ 为分岔参数，对金融市场信用风险传染演化过程的动力学系统（7-1）平衡位置的稳定性及分岔进行数值模拟。先确定数值算例参数，令 $\tau = 1$、$h = 0.01$、$m = 10$、$\delta = 0.5$、$\xi = 3$、$k_1 = 10$ 和 $k_2 = 25$，初始时刻 $N(t) = 2[\,t \in (-\tau, 0)\,]$。下面，将分别考察金融市场信用风险有效传染率 λ 和金融市场上信用风险所涉经济行为主体关系网络中个体之间的非线性阻力系数 μ，对金融市场信用风险传染过程影响的动力学行为特征。

首先，在金融市场上信用风险所涉经济行为主体构成的关系网络中个体之间的非线性阻力系数恒定，即不妨设 $\mu = 0.03$ 时，考察信用风险有效传染率 λ 对金融市场信用风险传染演化过程的状态轨迹特征及其平衡状态影响的动力学行为，具体如图 7-1～图 7-3 所示。

图 7-1 在非线性阻力系数 $\mu = 0.03$ 时描绘了金融市场信用风险传染过程的状态轨迹曲线，实验结果发现：随着金融市场信用风险有效传染率 λ 的增加，金融市场信用风险传染状态由"双曲衰减"（双曲线的一支）逐渐向"对数高斯衰减"转变，金融市场信用风险传染的影响力度和范围呈非线性速率增加。而且，在经历一段时间后均快速衰减，逐渐恢复到正常状态。这说明信用违约方的违约

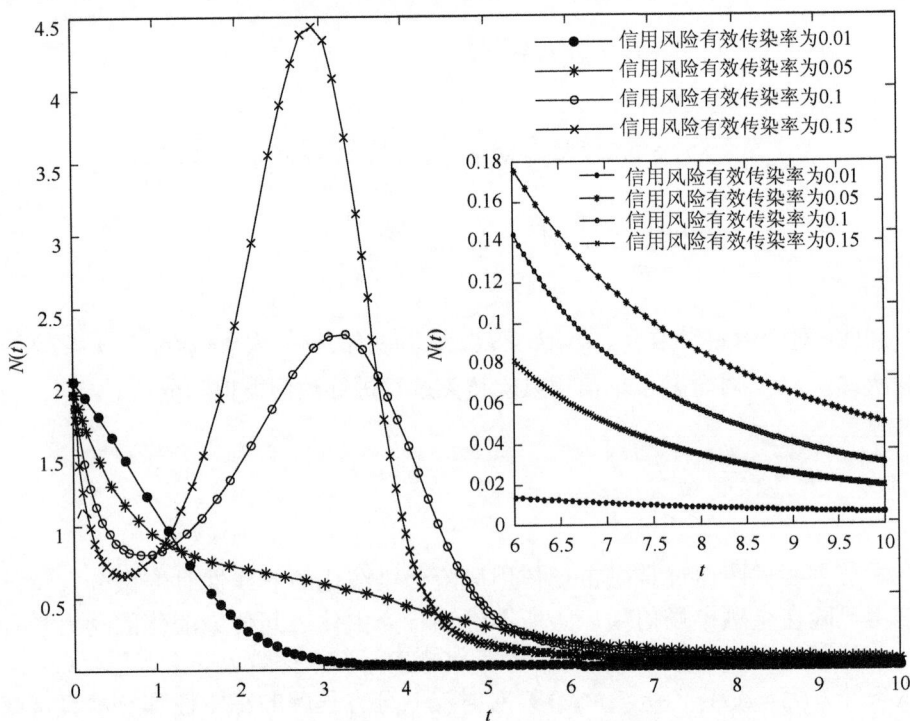

图 7-1　$\mu = 0.03$ 时金融市场信用风险传染过程的状态轨迹曲线

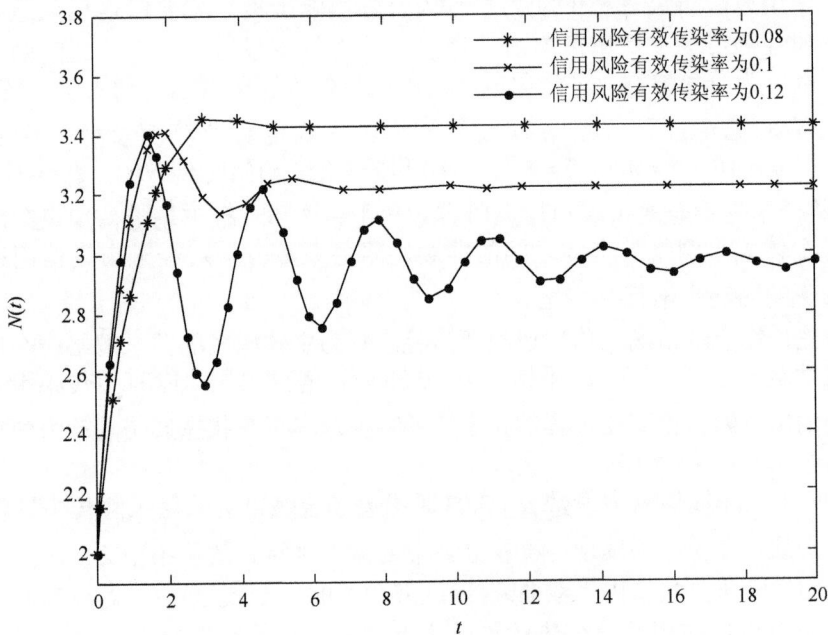

图 7-2　$\mu = 0.03$ 时金融市场信用风险传染过程的阶跃响应

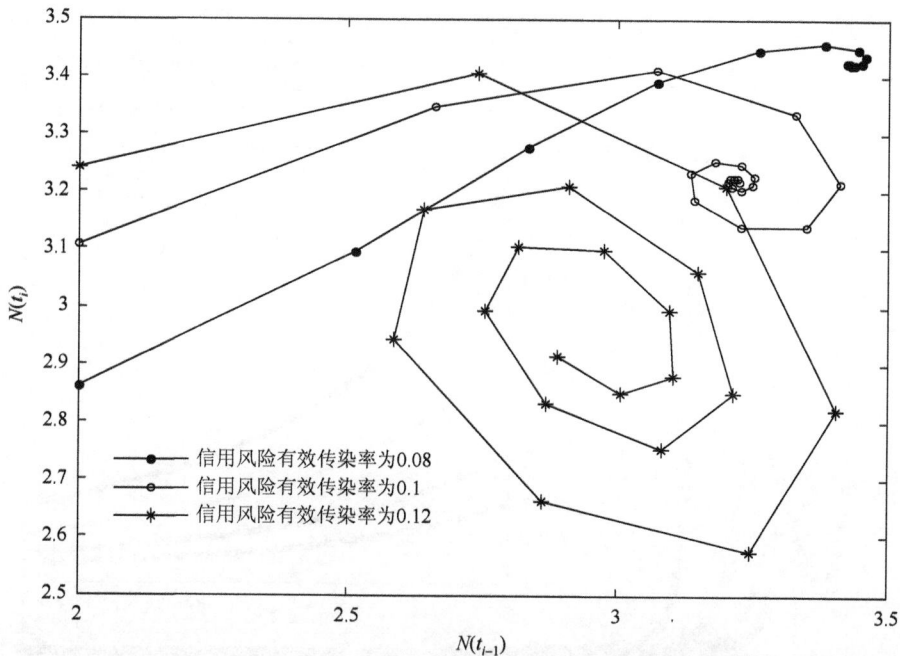

图 7-3　$\mu = 0.03$ 时金融市场信用风险传染过程的相位图

行为在一段时间后对金融市场其他个体的影响逐渐减弱直到微乎其微，最终其违约强度和违约状态只依赖公司自身和宏观经济因素。图 7-2 表明，金融市场信用风险传染模型（7-1）在经历了一段时间的振荡过程之后，振荡幅度和频率逐渐衰减，最后趋于平稳状态。而且，随着金融市场信用风险有效传染率 λ 的增加，振荡幅度和振荡过程均增加，振荡趋于平稳状态所需要的时间大幅度增加。图 7-3 描述的金融市场信用风险传染模型（7-1）的相位图说明，随着金融市场信用风险有效传染率 λ 的增加，金融市场信用风险传染模型（7-1）稳定的定常态将失稳，发生 Hopf 分岔，并出现周期解，即金融市场信用风险传染的幅度和范围出现周期性振荡。而且，金融市场信用风险传染模型（7-1）稳定的定常态及吸引域由点向极限环演变，随着 λ 的增加，极限环半径也逐渐增加。

　　其次，在信用风险有效传染率 $\lambda=0.1$ 时，考察金融市场上信用风险所涉经济行为主体关系网络中个体之间的非线性阻力系数 μ，对金融市场信用风险传染过程的状态轨迹特征及其平衡状态影响的动力学行为，具体如图 7-4～图 7-6 所示。

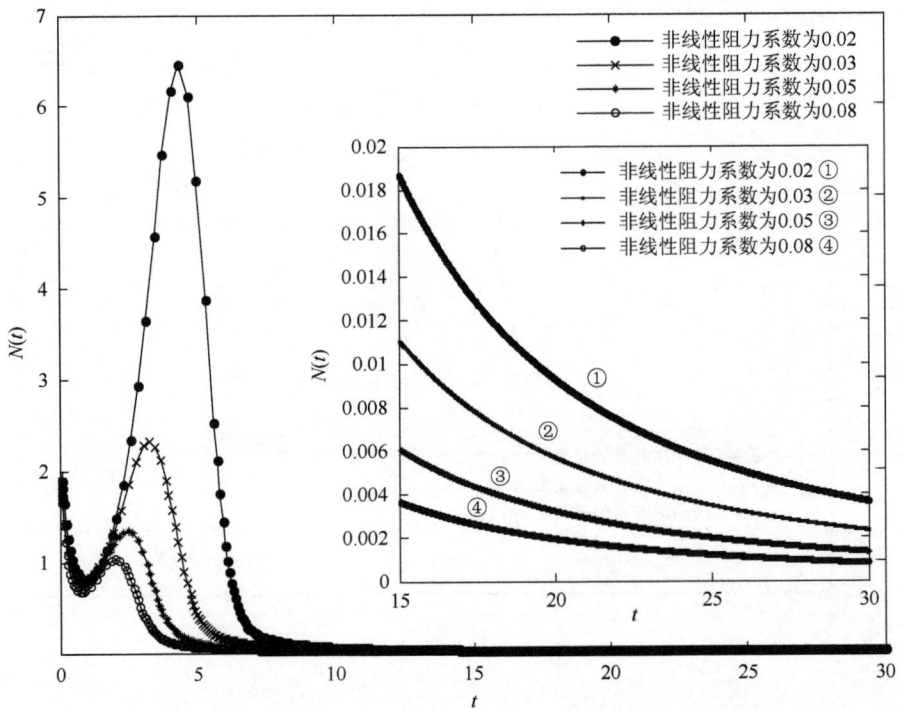

图 7-4　$\lambda = 0.1$ 时金融市场信用风险传染过程的状态轨迹曲线

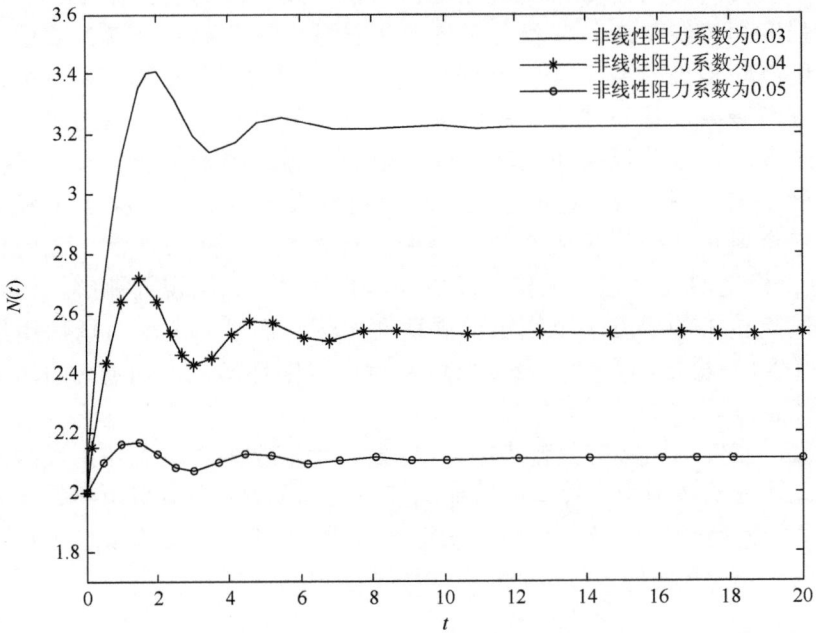

图 7-5　$\lambda = 0.1$ 时金融市场信用风险传染过程的阶跃响应

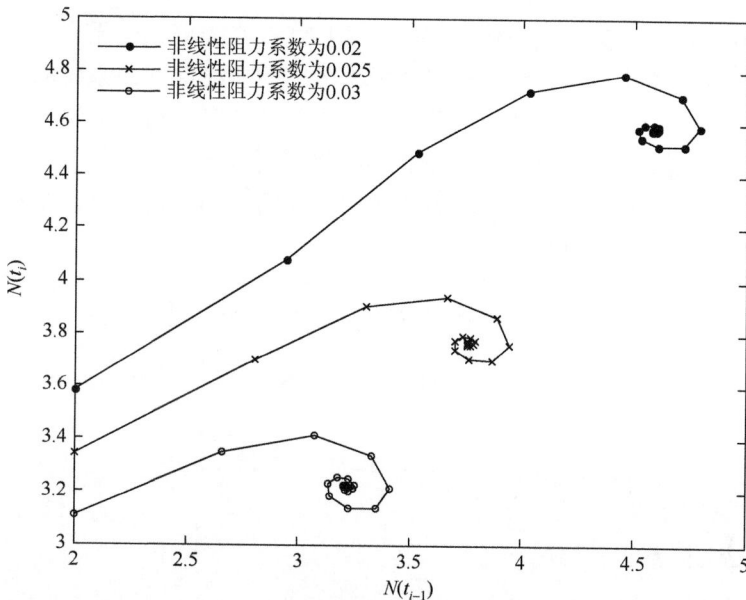

图 7-6　$\lambda = 0.1$ 时金融市场信用风险传染过程的相位图

图 7-4 表明，在信用风险有效传染率 $\lambda = 0.1$ 时，金融市场信用风险传染过程呈现不同的"对数高斯衰减"特征，而金融市场上信用风险所涉经济行为主体关系网络中个体之间的非线性阻力系数 μ 只影响金融市场信用风险传染的幅度和影响范围。图 7-5 表明，在信用风险有效传染率 $\lambda = 0.1$ 时，非线性阻力系数 μ 对金融市场信用风险传染过程达到平稳的时间没有影响，只影响金融市场信用风险传染过程平衡时，金融市场上信用风险所涉经济行为主体关系网络中，被信用风险传染的个体数量 $N(t)$ 的大小。图 7-6 进一步说明了 μ 对金融市场信用风险传染过程的平衡位置吸引因子及金融市场上信用风险所涉经济行为主体关系网络中，被信用风险传染的个体数量 $N(t)$ 影响的敏感性，随着 μ 的增加，金融市场信用风险传染的吸引因子和被信用风险传染的个体数量 $N(t)$ 快速减小。

7.2.2　基于逻辑斯谛映射视角的金融市场信用风险传染稳定性、分岔及混沌

7.2.2.1　理论分析

金融市场信用风险传染的非线性时滞微分方程（7-1）采用向量场的方式对

CRT 过程中金融市场信用风险传染问题进行描述，实验模拟结果表明，图形不直观、不容易识别等特点，导致其对扰动极为敏感的非线性动力系统的分析存在诸多困难，如倍周期轨迹差异性问题等。由于映射具有直观性、易识别、几何性等方面的特点，经常会将连续向量场的非线性问题离散化为映射问题，通过直观地分析映射的不动点来研究非线性动力系统的周期问题和分岔问题。根据差分法，取步长 Δt，则式（7-1）可以转化为

$$N(t-\tau+\Delta t)-N(t-\tau)=\Delta t\{\lambda k_1-N(t)+\lambda k_2 N(t-\tau)-\mu\xi[\lambda k_2 N(t-\tau)]^2\} \quad (7\text{-}8)$$

令 $\Delta t=\tau$，$N(t)=N_{n+1}$，$N(t-\tau)=N_n$，则式（7-8）转化为

$$N_{n+1}=\frac{\lambda k_1\tau}{1+\tau}+\frac{1+\lambda k_2\tau}{1+\tau}N_n-\frac{\mu\xi\tau\lambda^2 k_2^2}{1+\tau}N_n^2 \quad (7\text{-}9)$$

则存在映射 f，f 满足：

$$f:N_n\mapsto N_{n+1} \quad (7\text{-}10)$$

根据映射的不动点定义可知，映射 f 的不动点应该满足 $N_{n+1}=N_n=N^*$。因此，可以得到映射不动点的解析方程：

$$\frac{\mu\xi\tau\lambda^2 k_2^2}{1+\tau}N^{*2}-\frac{\lambda k_2\tau-\tau}{1+\tau}N^*-\frac{\lambda k_1\tau}{1+\tau}=0 \quad (7\text{-}11)$$

因此，由式（7-11）可以解得映射 f 的不动点为

$$N_1^*=\frac{(\lambda k_2\tau-\tau)+\sqrt{(\lambda k_2\tau-\tau)^2+4\mu\xi k_1\tau^2\lambda^3 k_2^2}}{2\mu\xi\tau\lambda^2 k_2^2} \quad (7\text{-}12)$$

$$N_2^*=\frac{(\lambda k_2\tau-\tau)-\sqrt{(\lambda k_2\tau-\tau)^2+4\mu\xi k_1\tau^2\lambda^3 k_2^2}}{2\mu\xi\tau\lambda^2 k_2^2} \quad (7\text{-}13)$$

很明显，$N_2^*<0$ 恒成立，这与现实情况不符，所以映射 f 与现实相符的不动点只有 N_1^*。根据映射的定义及李雅普诺夫运动稳定性定义可知，不动点的运动稳定性取决于映射导算子的特征根，即 Floquet 乘子（Seydel，1998；张家忠，2010）。因此，不动点 N_1^* 的稳定性可由 Floquet 乘子确定，即

$$Dg\big|_{N^*}=1-\frac{\sqrt{(\lambda k_2\tau-\tau)^2+4\mu\xi k_1\tau^2\lambda^3 k_2^2}}{1+\tau} \quad (7\text{-}14)$$

根据非线性系统理论，如果 $|Dg|_{N^*} > 1$，则该不动点 N^* 失稳；如果 $|Dg|_{N^*} < 1$，则该不动点渐近稳定；如果 $|Dg|_{N^*} = 1$，则该不动点临界稳定。

因此，对于映射 f 的不动点 N_1^*，则有下列结论：

$$N_1^* = \frac{(\lambda k_2 \tau - \tau) + \sqrt{(\lambda k_2 \tau - \tau)^2 + 4\mu\xi k_1 \tau^2 \lambda^3 k_2^2}}{2\mu\xi\tau\lambda^2 k_2^2} \text{ 是} \begin{cases} \text{渐近稳定的} & \mu < \frac{4(1+\tau)^2 - (\lambda k_1 \tau - \tau)^2}{4\xi k_1 k_2^2 \tau^2 \lambda^3} \\ \text{临界稳定的} & \mu = \frac{4(1+\tau)^2 - (\lambda k_1 \tau - \tau)^2}{4\xi k_1 k_2^2 \tau^2 \lambda^3} \\ \text{不稳定的} & \mu > \frac{4(1+\tau)^2 - (\lambda k_1 \tau - \tau)^2}{4\xi k_1 k_2^2 \tau^2 \lambda^3} \end{cases}$$

由上式可以看出，对于该类映射问题，随着参数的变化，映射的不动点可能会失稳。由非线性动力学理论可知，如果映射 f 的不动点失稳则将会出现倍周期分岔。因此，根据倍周期的定义，映射 f 的周期-2 解可以由下式确定：

$$N_{n+1} = N_n + \tau\{\lambda k_1 - N_{n+1} + \lambda k_2 N_n - \mu\xi[\lambda k_2 N_n]^2\} \tag{7-15}$$

$$N_{n+2} = N_{n+1} + \tau\{\lambda k_1 - N_{n+2} + \lambda k_2 N_{n+1} - \mu\xi[\lambda k_2 N_{n+1}]^2\} \tag{7-16}$$

$$N_{n+2} = N_n = N^* \tag{7-17}$$

根据非线性动力学相关理论可知，如果存在系列的倍周期分岔现象，那么系列倍周期分岔通向混沌。下面通过数值模拟分析，从直观上考察该类映射的不动点及其稳定性、分岔、混沌状况。

7.2.2.2 仿真模拟分析

在 7.2.1.2 节确定的数值算例参数的情况下，利用式（7-8）进行模拟实验，如图 7-7～图 7-10 所示。

图 7-7～图 7-10 反映了金融市场信用风险传染过程随参数 λ 和 μ 变化的 Hopf 分岔过程及其混沌行为。其中，图 7-7 和图 7-8 反映了在确定金融市场上信用风险所涉经济行为主体关系网络中个体之间的非线性阻力系数 μ 之后，信用风险的传染过程随信用风险有效传染率 λ 变化的 Hopf 分岔与混沌特征。图 7-7 反映了参数 λ 在[0, 0.175]时，金融市场信用风险传染过程有唯一稳定的定常态。当 $\lambda \geq 0.176$ 时，金融市场信用风险传染过程开始出现倍周期分岔，金融市场信用风险传染状态出现周期振荡。当 $\lambda \geq 0.207$ 时，金融市场信用风险传染过程开始出现第二次倍周期分岔，出现周期-4 振荡。在 $\lambda > 0.212$ 时，出现第三次倍周期分岔。随后，随着 λ 值的连续增加，金融市场信用风险传染过程逐渐进入混沌状态。图 7-8 反映了参数 λ 在[0, 0.169]时，

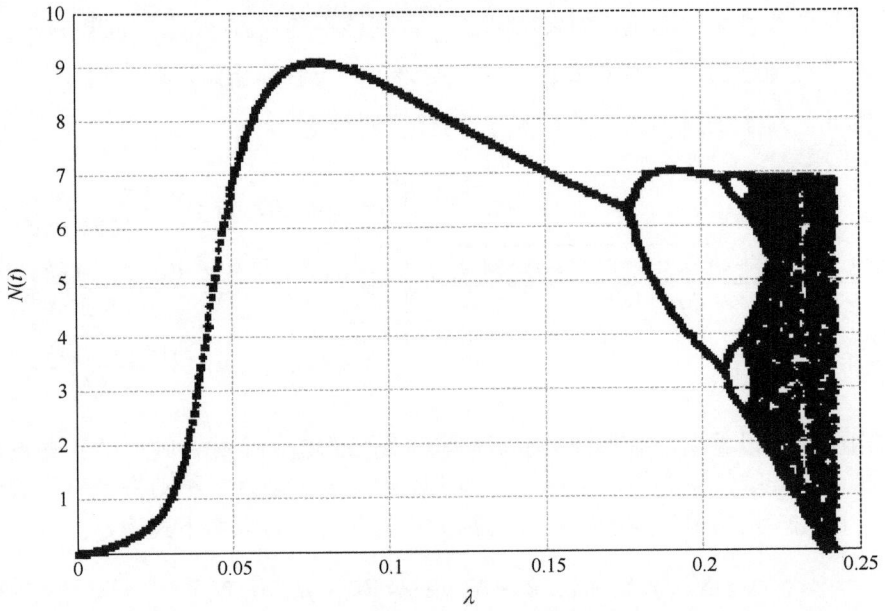

图 7-7　$\mu = 0.01$ 时金融市场信用风险传染过程随 λ 的分岔图

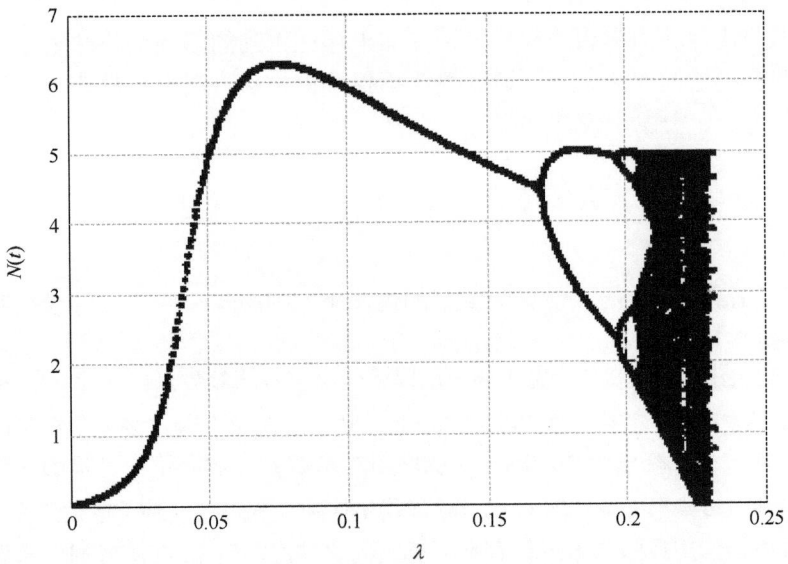

图 7-8　$\mu = 0.015$ 时金融市场信用风险传染过程随 λ 的分岔图

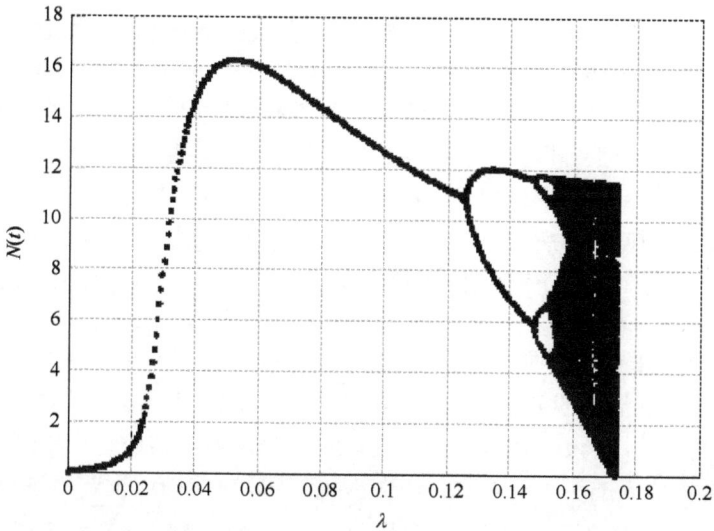

图 7-9　$\mu = 0.01$、$\tau = 1.5$ 时金融市场信用风险传染过程随 λ 的分岔图

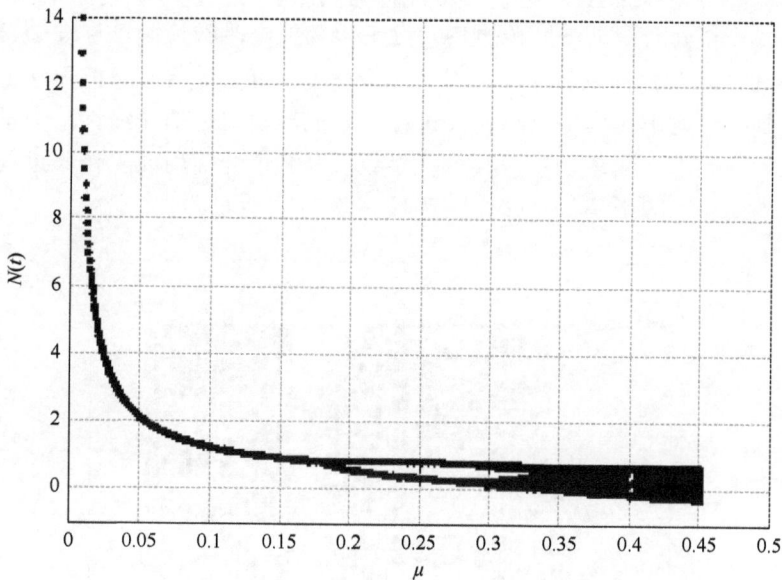

图 7-10　$\lambda = 0.1$ 时金融市场信用风险传染过程随 μ 的分岔图

金融市场信用风险传染过程有唯一稳定的定常态。当 $\lambda \geqslant 0.169$ 时，金融市场信用风险传染过程开始出现倍周期分岔。当 $\lambda \geqslant 0.197$ 时，金融市场信用风险传染过程开始出现第二次倍周期分岔。当 $\lambda \geqslant 0.203$ 时，金融市场信用风险传染过程开始出现第三次倍周期分岔。随后，随着 λ 值的连续增加，金融市场信用风险传染过程逐渐进入

混沌状态。对比图 7-7 和图 7-8 可知，信用风险有效传染率 λ 是导致金融市场信用风险传染过程发生 Hopf 分岔和混沌现象的主要决定性参数，而金融市场关系网络中参与者之间的非线性阻力系数 μ 只影响 Hopf 分岔发生的时间点，即随着 μ 的增加，出现 Hopf 分岔和混沌现象也随之提前。图 7-9 为将时滞参数 τ 增加到 1.5 时，金融市场信用风险传染过程随 λ 变化的 Hopf 分岔图。与图 7-7 和图 7-8 相比较，各次倍周期分岔时参数 λ 的值都有所减小，即随着时滞参数 τ 的增加，出现 Hopf 分岔和混沌现象也将随之提前。图 7-10 为信用风险有效传染率 $\lambda=0.1$ 时，金融市场信用风险传染过程随非线性阻力系数 μ 变化的 Hopf 分岔和混沌特征。μ 在[0, 0.1829]时，金融市场信用风险传染过程有唯一稳定的定常态。当 $\mu \geqslant 0.184$ 时，金融市场信用风险传染过程开始出现倍周期分岔。当 $\mu \geqslant 0.2895$ 时，金融市场信用风险传染过程出现第二次倍周期分岔。当 $\mu > 0.3155$ 时，金融市场信用风险传染过程出现第三次倍周期分岔。随着参数 μ 的进一步增加，金融市场信用风险传染过程开始进入混沌状态。

　　图 7-7～图 7-10 从不同角度主要反映了信用风险有效传染率 λ 和金融市场上信用风险所涉经济行为主体关系网络中个体之间的非线性阻力系数 μ，对金融市场信用风险传染过程的 Hopf 分岔及混沌行为的影响。经过实验模拟和对比分析可知，在参数 λ 和 μ 对应的区间范围内，金融市场信用风险传染过程经历稳定的定常态、Hopf 分岔和混沌三种状态及其状态变化的区间及临界点，但无法更为直观地反映和刻画金融市场信用风险传染过程进入混沌窗口后的非线性动力学行为及变化特征。因此，下面进一步考察这些参数对金融市场信用风险传染过程的混沌状态及其周期窗口的影响，具体如图 7-11～图 7-13 所示。

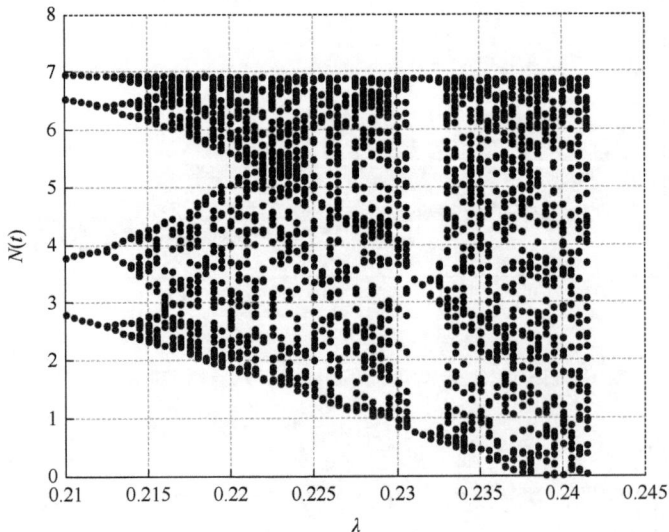

图 7-11　$\mu=0.01$ 时混沌区域内的分岔图

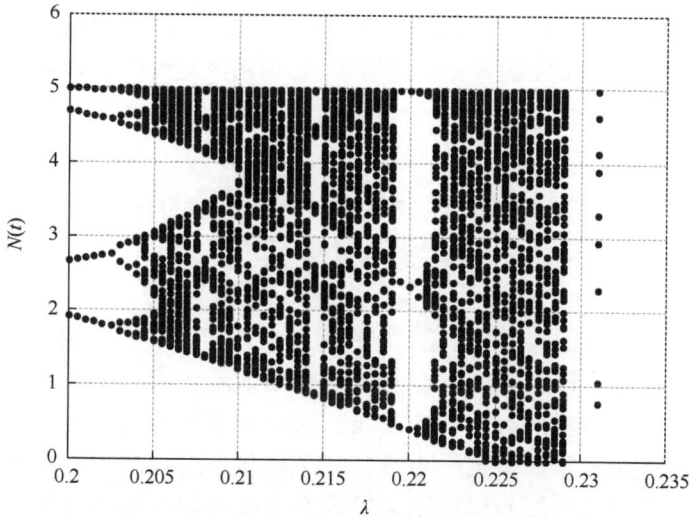

图 7-12　μ=0.015 时混沌区域内的分岔图

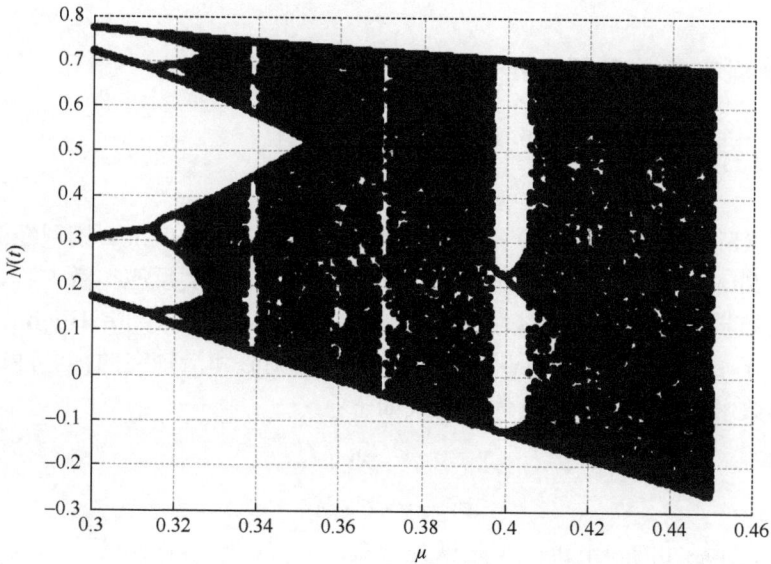

图 7-13　λ=0.1 时混沌区域内的分岔图

图 7-11～图 7-13 主要描述混沌区间内的 Hopf 分岔和混沌特征。实验模拟结果发现，在分岔参数一定的范围内仍然存在稳定的周期解，即周期窗口。图 7-11 和图 7-12 描述了在金融市场关系网络中参与者之间的非线性阻力系数 μ 确定时，混沌区间内部周期窗口随信用风险有效传染率 λ 的变化特征，两者均表明在金融市场信用风险传染过程中存在 Hopf 分岔、倒分岔及混沌三种状态交织的明显特征。但

是随着 μ 的增加，混沌区间内出现 Hopf 分岔、倒分岔及混沌现象也随之提前。由图 7-13 可知，在 $\lambda=0.1$ 时，随着 μ 的连续增加，信用风险过程中混沌状态较为显著，而 Hopf 分岔和倒分岔特征相对于图 7-11 和图 7-12 来说变得较为模糊。

7.3 基于 FHN 模型的金融市场信用风险传染的非线性动力学演化模型

在 7.2 节作者运用非线性理论、混沌经济学等，探讨了非线性阻力及时间延迟等内在固有的非线性因素，对金融市场信用风险传染演化动态的影响机制。但忽略了系统外部随机扰动因素的影响。因此，本节将进一步从非线性动力学和混沌理论的视角着重探索金融市场信用风险传染过程中的时间延迟、延迟反馈、噪声、弱周期信号及非线性阻力等内在固有的非线性因素和外部随机扰动因素的协作效应，对金融市场信用风险传染的动力学行为和演变动态的作用机理与影响机制。

7.3.1 金融市场信用风险传染的 FHN 演化模型构建

7.3.1.1 FHN 系统描述

FHN（FitzHugh-Nagumo）系统是由著名的 Hodgkin-Huxley 模型经简化后得到的，以 FitzHugh 和 Nagumo 的名字命名的系统，是一类反应扩散方程，在电路理论及生物学和种群遗传学领域中有着重要的意义。它是由 FitzHugh（1961）、Nagumo 等（1962）引入的，用来描述神经表层刺激和沿轴突的神经冲动传播的最简单的数学模型之一，其具体表达式如下：

$$\dot{v}=v-v^3-w+I_{\text{ext}} \tag{7-18}$$

$$\tau\dot{w}=v-a-bw \tag{7-19}$$

式中，v 是神经元的膜电压；w 是恢复变量；I_{ext} 是外部刺激电流大小的量；τ、a 和 b 均为常数。

该系统描述了神经表层刺激和沿轴突的神经冲动传播的最基本原理，揭示了生物系统中利用噪声放大信号的机制。它能够很好地描述噪声和信号的协作效应对生物系统的影响。在过去 30 年中一直被深入研究，有学者近年来对高斯噪声、非高斯噪声及简谐噪声激励下 FHN 系统的动力学行为进行了大量研究（Wu and Zhu, 2008；宋艳丽, 2010；徐超和康艳梅, 2011），发展了一些含有时间延迟的 FHN 动力学方程（Wu and Zhu, 2008）。

在金融市场上，噪声对金融市场信用风险传染的放大机制，以及噪声和其他非线性因素的协作效应与生物系统的信号传播原理具有相似的机理，这也为在 FHN 模型基础上构建金融市场上信用风险传染的 FHN 模型提供了科学的契机和基础。因此，根据 Tony（1994）、Wu 和 Zhu（2008）、Gao 和 Ma（2009）的研究，综合考虑金融市场信用风险传染过程中的时间延迟、延迟反馈、噪声、弱周期信号、非线性阻力（或非线性耦合）等内外因素对金融市场信用风险传染的影响，尝试性地构建金融市场信用风险传染的 FHN 模型。

7.3.1.2 金融市场信用风险传染的 FHN 演化模型构建

在金融市场上，信用风险所涉经济行为主体构成的复杂关系网络中，主要存在直接业务关系和间接业务关系两种主要的经济行为，而这两种经济行为也正是构成金融市场复杂的关系网络的连接方式。信用风险在这两种行为方式上的传染行为往往由于市场信息、流动性和噪声的影响而都具有时间延迟效应，但信用风险在间接业务关系上的传染行为，往往由于业务关联机制造成的信息和流动性传染还具有非线性耦合（或非线性阻力）特征。这些特征与复杂网络上信息传播的机理十分吻合。根据 7.2 节的研究，本节依然假设金融市场上信用风险所涉经济行为主体之间复杂的关系网络中直接业务关系为 Newman-Watts 长度连接，而间接业务关系为长距离连接。

在金融市场上，信用风险传染过程中信息传播的不对称性、信用风险所涉经济行为主体间关系的非均质性等，以及噪声和时间延迟的协同作用和影响处处存在，导致金融市场信用风险传染过程出现复杂的非线性动力学行为。除此之外，弱周期信号和延迟反馈也因为信用风险所涉经济行为主体的有限理性行为时刻影响着金融市场信用风险传染的整个过程。因此，考虑金融市场信用风险传染过程中的时间延迟、延迟反馈、弱周期信号及噪声等因素的协作影响，在 FHN 信号传播模型的基础上，结合金融市场上信用风险传染的内在本质和机理，构建金融市场信用风险传染的 FHN 演化模型，研究金融市场信用风险传染受时间延迟、延迟反馈、弱周期信号、噪声和非线性阻力等因素协作影响的动力学行为和演变动态的作用机理与影响机制。因此，含有时间延迟、延迟反馈、弱周期信号、噪声和非线性阻力协作影响的金融市场信用风险传染 FHN 演化模型为

$$\frac{dN(t)}{dt} = \lambda k_1 + \lambda k_2 N(t-\tau) - \mu \xi [N(t-\tau)]^2 - \mu \xi [N(t-\tau)]^3 - N(t) - R(t) \quad (7\text{-}20)$$

$$\frac{dR(t)}{dt} = \varepsilon - \mu \xi (R(t-\tau) + [R(t-\tau)]^2) + \eta(t) + A_s \cos\left(\frac{2\pi}{T_s}t\right) + K[R(t-\tau) - R(t)] \quad (7\text{-}21)$$

式中，$N(t)$ 表示金融市场上信用风险所涉经济行为主体中被信用风险传染的个体数量；$R(t)$ 表示恢复变量，被信用风险传染的个体数量 $N(t)$ 的变化速度远远大于恢复变量 $R(t)$ 的变化速度；ξ 为 Newman-Watts 长度标度；k_1 表示与被信用风险传染的个体连接距离为 Newman-Watts 长度标度的个体数量；k_2 表示与被信用风险传染的个体具有长距离连接的个体数量；λ 表示信用风险固有的传染率；μ 表示金融市场上信号、信息、资金流冲击等在信用风险所涉经济行为主体之间传播的非线性阻力系数；τ 表示信用风险在传染时间上的延迟；ε 为经济系统中受金融市场信用风险传染或冲击后固有的恢复参数，它反映了经济行为主体的风险承受能力和自我恢复能力；$\eta(t)$ 为高斯白噪声；A_s 为经济系统中弱周期信号的强度；T_s 为经济系统中的信号周期；K 为延迟反馈的强度。

事实上，金融市场信用风险传染的非线性动力学系统（7-20）和系统（7-21）是一个具有时间延迟和高斯白噪声的非线性延迟反馈控制系统。该非线性系统通过恢复变量的时间延迟反馈刻画了信用风险在经济行为主体之间传染过程中反馈控制的非线性动力学行为。

在非线性动力学系统（7-20）和系统（7-21）中，$\eta(t)$ 是均值为 0，标准差为 σ 的高斯白噪声，其统计性质满足：

$$E[\eta(t)] = 0 \tag{7-22}$$

$$D[\eta(t)] = \sigma^2 \tag{7-23}$$

$$E[\eta(t)\eta(t')] = 2D\delta(t - t') \tag{7-24}$$

式中，D 为高斯白噪声 $\eta(t)$ 的强度；$\delta(t - t')$ 为自相关函数。因此，金融市场信用风险传染的随机波动能够被 δ 相关高斯白噪声 $\eta(t)$ 表述（Ullner et al.，2003）。而且，在延迟反馈强度的一定范围内，时间延迟反馈能够让不稳定周期轨道变得较为平稳（Janson et al.，2004）。

7.3.2　金融市场信用风险传染的非线性动力学行为分析

根据一般定义，对于非线性动力学系统（7-20）和系统（7-21）所表示的二维自治系统，当非线性动力学系统（7-20）和系统（7-21）的左边均等于零时，可以得到金融市场信用风险传染过程的平衡位置及稳定点。但实际上，对于该类非线性动力学系统，随着各个参数的变化，其平衡位置失稳在所难免，系统会出现周期性振荡，发生分岔和混沌现象（Janson et al.，2004）。由袁国勇等（2005）、Wu 和 Zhu（2008）的研究可知，非线性动力学系统（7-20）和系统（7-21）的分岔与混沌问题由参数 μ、τ、ε、T_s 及 D 决定，它们将共同影响或决定金融市场信用风险传染的状态与运动轨迹。为了更好地理解时间延迟、弱周期信号强度、噪声及非线性阻力系数对 FHN 系统的影响，有必要研究系统的动力学行为。现取参数 $\xi=3$、$\lambda=0.12$、$k_1=10$、$k_2=25$、$A_s=0.04$、$K=0.25$，则金融市场信用风险传染的 FHN 演化模型简化为

$$\frac{dN(t)}{dt}=1.2+3N(t-\tau)-3\mu[N(t-\tau)]^2-3\mu[N(t-\tau)]^3-N(t)-R(t) \quad (7\text{-}25)$$

$$\frac{dR(t)}{dt}=\varepsilon-3\mu(R(t-\tau)+[R(t-\tau)^2]^2)+\eta(t)+0.04\cos\left(\frac{2\pi}{T_s}t\right)+0.25[R(t-\tau)-R(t)]$$

$$(7\text{-}26)$$

为了更加直观地描述非线性动力学系统（7-20）和系统（7-21）的动力学行为，利用非线性动力学系统（7-25）和系统（7-26），通过科学的实验方法分析弱周期信号、噪声、经济行为主体受风险冲击后的恢复能力及非线性阻力影响下，金融市场信用风险传染动力学系统的非线性动力学特征及其行为的时域演变，如图 7-14～图 7-16 所示。图 7-14 描述了金融市场信用风险传染受非线性阻力系数 μ 和高斯白噪声强度 D 影响的时间历程。由图 7-14（a）和图 7-14（b）可知，在高斯白噪声强度 $D=0.5$ 不变的情况下，当非线性阻力系数 μ 增加时，信用风险的传染规模和波动幅度逐渐缩小，但金融市场信用风险传染的波动频度却大幅度增加。而且，在初始一定时间内出现较大幅度的波动，随后，金融市场信用风险传染规模慢慢趋于平稳，然而，由于高斯白噪声存在，其在平稳过程中仍有微小幅度的波动。由图 7-14（c）和图 7-14（d）可知，在非线性阻力系数 $\mu=0.01$ 不变的情况下，高斯白噪声强度 D 减小时，金融市场信用风险传染的稳定性增加，金融市场信用风险传染的尾部更加平稳。对照图 7-14（a）和图 7-14（b）更容易发现，高斯白噪声强度 D 的增加会导致金融市场信用风险传染过程的非平稳性和尾部波动频度增加。图 7-15 充分描述了时间延迟变量对金融市场信用风险传染的影响。由图 7-15（a）～图 7-15（c）可知，传染时间延迟对金融市场信用风险传染波动的幅度和频度影响较为显著。随着传染时间延迟变量 τ 的增加，金融市场信用风险传染动力学系统的波动幅度和频度均逐渐增加，金融市场信用风险传染动力学系统的稳定性大幅度降低，而且动力学系统的波动频度增加更为显著。由图 7-15（d）～图 7-15（f）可知，恢复时间延迟对金融市场信用风险传染过程的影响甚微。图 7-16 主要描述了金融市场信用风险传染动力学系统受金融市场信用风险传染或冲击后固有的恢复参数影响的时间历程。对比分析图 7-16（a）～图 7-16（c）可知，经济行为主体受金融市场信用风险传染或冲击后固有的恢复参数的增加会降低金融市场信用风险传染动力学系统的波动幅度和频度。也就是说，经济行为主体的风险承受能力和自我修复能力的强弱，会对金融市场信用风险传染产生较为显著的影响。

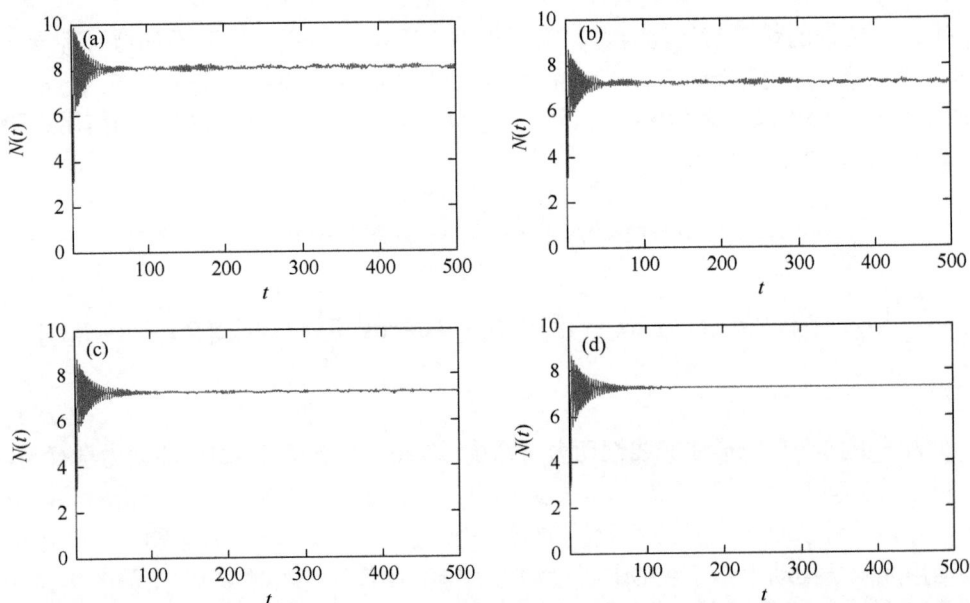

图 7-14　金融市场信用风险传染动力学系统受非线性阻力系数和高斯白噪声强度影响的时间历程图

取参数 $\varepsilon=0.3$、$T_s=2.5$、$\tau=1$。其中,(a)、(b)分别为高斯白噪声强度 $D=0.5$,非线性阻力系数 $\mu=0.008$ 和 $\mu=0.01$ 时金融市场信用风险传染动力学系统的时间历程;(c)、(d)分别为非线性阻力系数 $\mu=0.01$,高斯白噪声强度 $D=0.1$ 和 $D=0.04$ 时金融市场信用风险传染动力学系统的时间历程

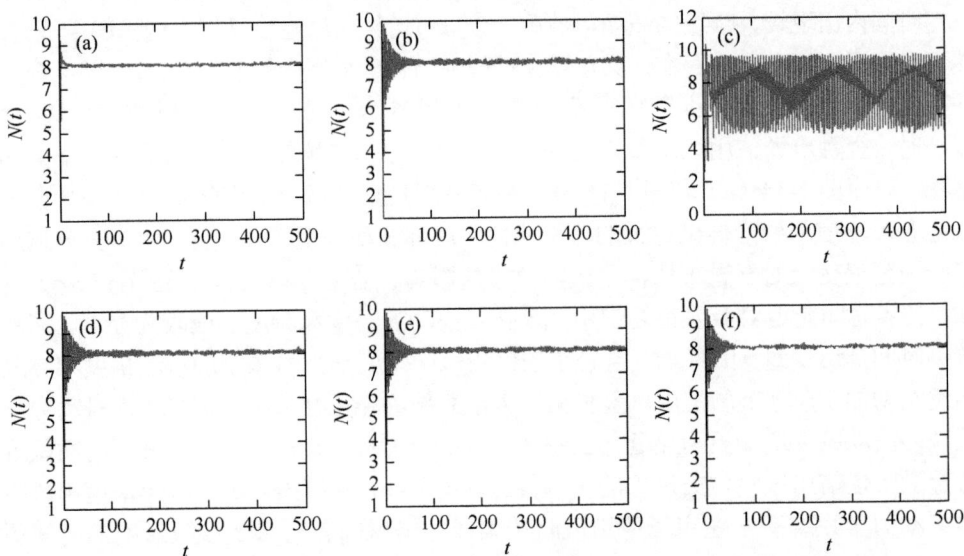

图 7-15　金融市场信用风险传染动力学系统受时间延迟影响的时间历程图

取参数 $\varepsilon=0.3$、$D=0.5$、$\mu=0.008$、$T_s=2.5$。其中,(a)～(c)为恢复时间延迟 $\tau=1$,金融市场信用风险传染时间延迟 $\tau=0.5$、$\tau=1$、$\tau=2$ 时金融市场信用风险传染动力学系统的时间历程;(d)～(f)为金融市场信用风险传染时间延迟 $\tau=1$,恢复时间延迟 $\tau=0.5$、$\tau=1$、$\tau=2$ 时金融市场信用风险传染动力学系统的时间历程

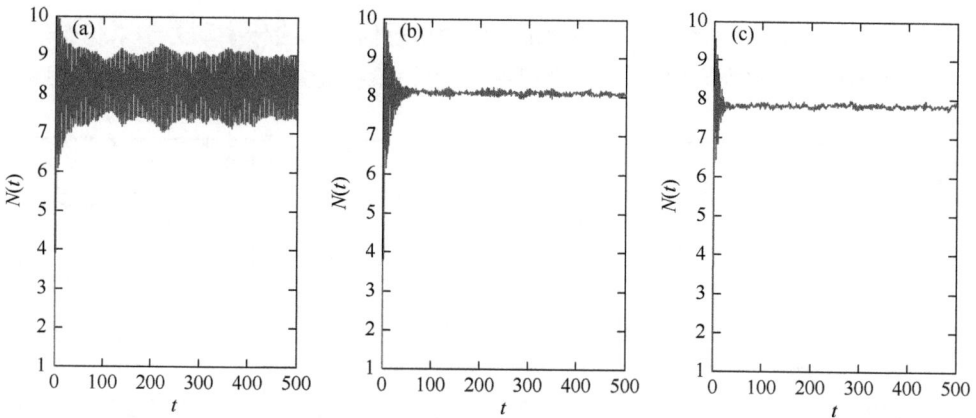

图 7-16 金融市场信用风险传染动力学系统受传染或冲击后固有的恢复参数影响的时间历程图

取参数 $\tau=1$、$D=0.5$、$\mu=0.008$、$T_s=2.5$。其中，（a）～（c）为恢复参数 $\varepsilon=0.2$、$\varepsilon=0.3$、$\varepsilon=0.45$ 时金融市场信用风险传染动力学系统的时间历程

图 7-14～图 7-16 充分描述了非线性阻力系数 μ、高斯白噪声强度 D、信用风险的传染时间延迟 τ 及恢复参数 ε，对金融市场信用风险传染动力学系统时域演化的显著影响，但图 7-14～图 7-16 只能刻画金融市场信用风险传染动力学系统受某一参数影响时的状态演变过程及趋势，无法描述这种状态的归宿。而对于动力学系统，人们最关心的往往就是状态的归宿。实际上，相位图能够从一定程度上刻画动力学系统状态的归宿。图 7-17 描述了金融市场信用风险传染的非线性动力学系统受非线性阻力系数 μ、高斯白噪声强度 D、时间延迟 τ 及恢复参数 ε 影响的相位图。其中，图 7-17（a）～图 7-17（c）描述了非线性阻力系数 μ 对金融市场信用风险传染动力学系统相位图的影响。从实验仿真结果可以发现，随着非线性阻力系数 μ 的逐渐增加，金融市场信用风险传染动力学系统开始振荡，金融市场信用风险传染动力学系统吸引域的极环半径逐渐增加，极环的形状越来越不规则，系统开始出现分岔和混沌现象。图 7-17（d）～图 7-17（f）刻画了在其他条件不变的情况下，随着高斯白噪声强度 D 的增加，金融市场信用风险传染动力学系统吸引域的半径逐渐增加，金融市场信用风险传染动力学系统慢慢出现分岔和混沌现象。图 7-17（g）～图 7-17（i）进一步考察了金融市场信用风险传染时间延迟对金融市场信用风险传染动力学系统的影响，仿真结果发现了与上述相类似的动力学行为。图 7-17（j）～图 7-17（l）描述了经济行为主体的风险冲击后的恢复参数，对金融市场信用风险传染动力学系统的影响，经过实验仿真可以发现，随着恢复参数 ε 的增加，金融市场信用风险传染动力学系统的振荡会逐渐减弱，吸引域的半径逐渐减小，系统越来越稳定。图 7-17 表明，非线性阻力系数 μ、高斯白噪声强度 D、时间延迟 τ 及恢复参数 ε 的变化，都会对金融市场信用风险传染动力学系统的稳定性和演化产生显著影响，并导致金融市场信用风险传染动力学系统出现分岔和混沌现象。图 7-18 主要刻画了弱周期信号的周期 T_s 对金融市场信用风险传染动力学系统的影响。由图 7-18（a）～图 7-18（c）

可知，随着弱周期信号的周期 T_s 的增加，金融市场信用风险传染动力学系统振荡加剧，当弱周期信号的周期 T_s 较大时会出现周期性振荡。由图 7-18（d）～图 7-18（f）

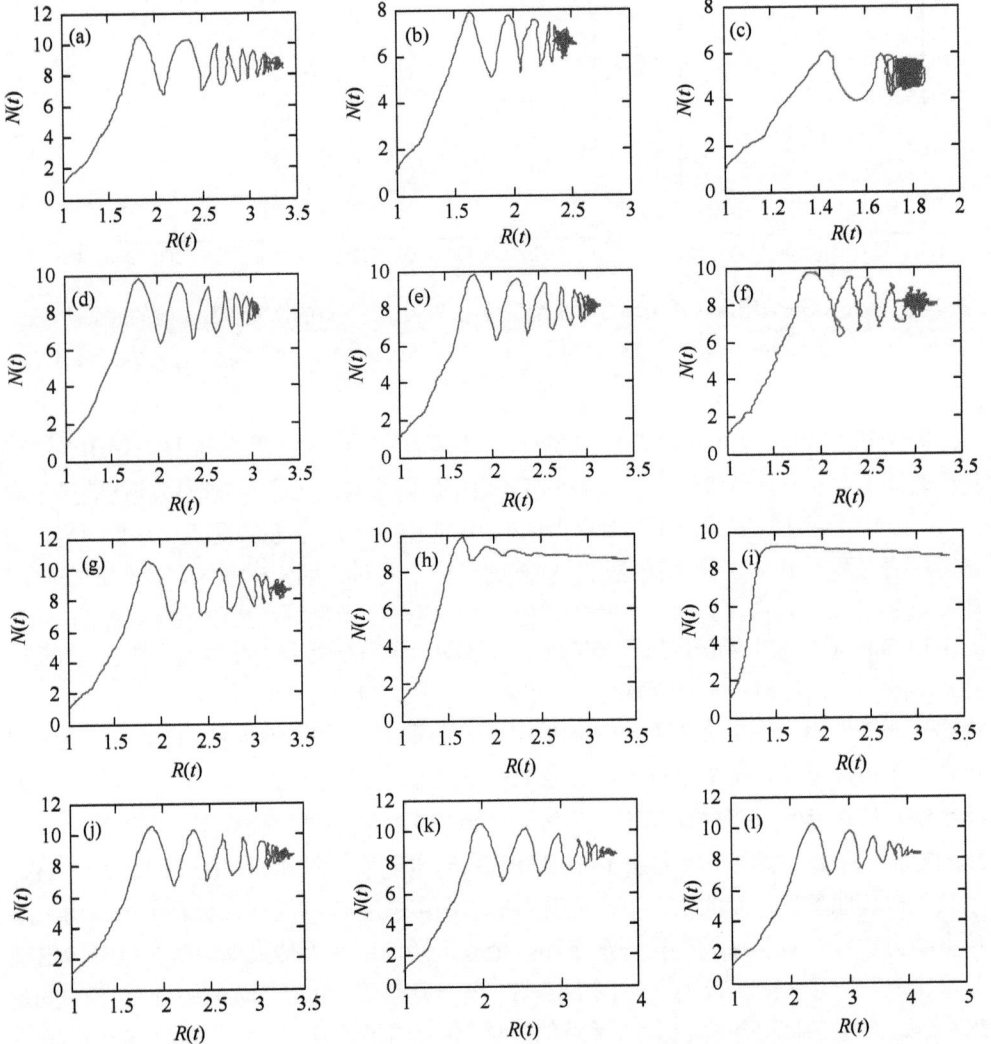

图 7-17　金融市场信用风险传染受非线性阻力系数、高斯白噪声强度和时间延迟影响的相位图

取参数 T_s=2.5。（a）～（c）为时间延迟 τ=1、高斯白噪声强度 D=0.09、恢复参数 ε=0.3 的情况下，非线性阻力系数 μ=0.007、μ=0.012、μ=0.02 时金融市场信用风险传染动力学系统的相位图；（d）～（f）为时间延迟 τ=1、非线性阻力系数 μ=0.008、恢复参数 ε=0.3 的情况下，高斯白噪声强度 D=0.01、D=0.1、D=0.5 时金融市场信用风险传染动力学系统的相位图；（g）～（i）为非线性阻力系数 μ=0.007、高斯白噪声强度 D=0.09、恢复参数 ε=0.3 的情况下，时间延迟 τ=1、τ=0.5、τ=0.01 时金融市场信用风险传染动力学系统的相位图；（j）～（l）为非线性阻力系数 μ=0.007、高斯白噪声强度 D=0.09、时间延迟 τ=1 的情况下，恢复参数 ε=0.3、ε=0.35、ε=0.45 时金融市场信用风险传染动力学系统的相位图

可知，随着弱周期信号的周期 T_s 的增加，金融市场信用风险传染动力学系统的振荡会逐渐增强，吸引域的半径逐渐增大，系统迈入混沌振荡状态。

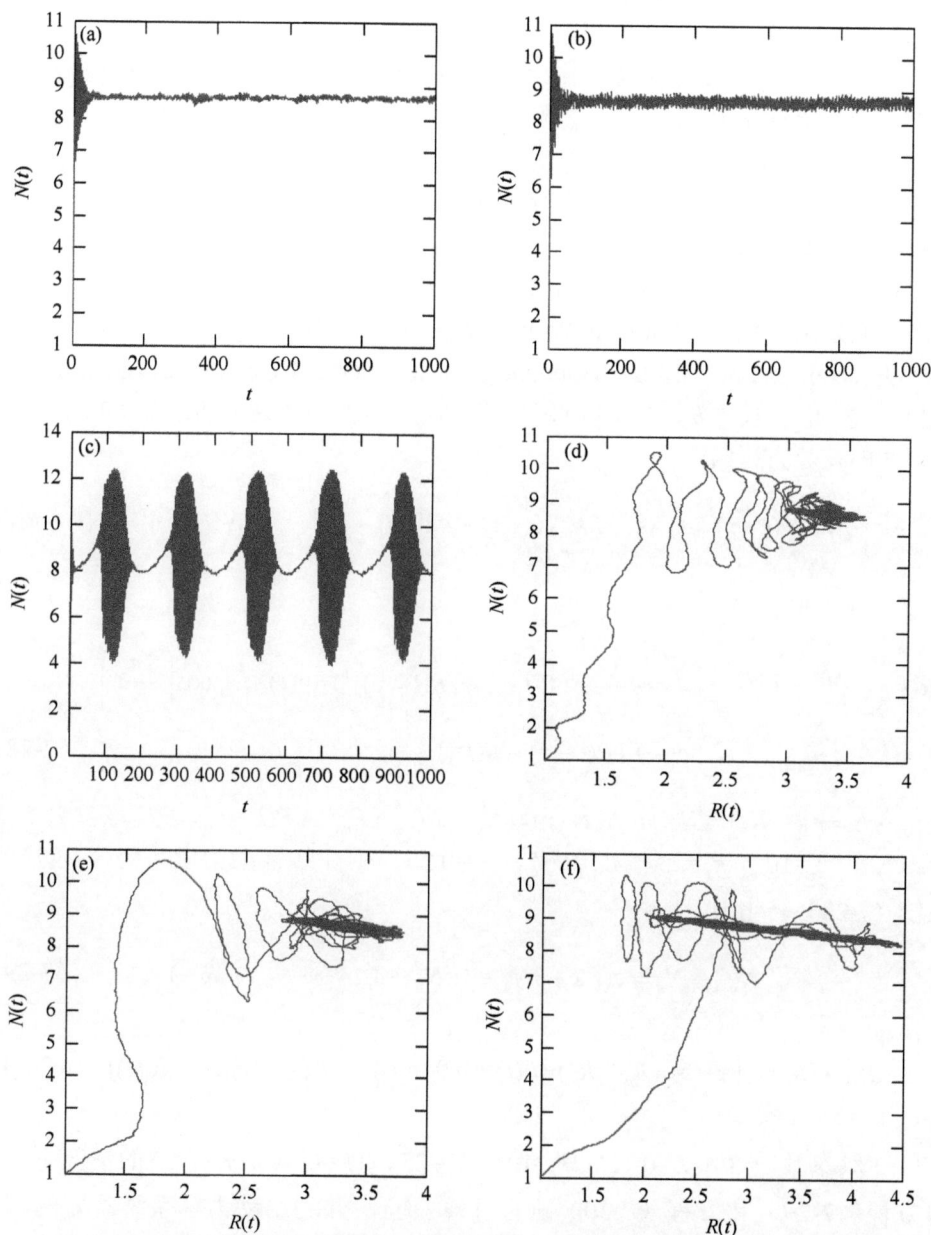

图 7-18　金融市场信用风险传染受弱周期信号的周期 T_s 影响的时间历程和相位图

取参数 $D=0.5$、$\tau=1$、$\mu=0.007$、$\varepsilon=0.3$。（a）～（c）分别为 $T_s=1$、$T_s=5$、$T_s=200$ 时金融市场信用风险传染动力学系统的时间历程图。（d）～（f）分别为 $T_s=1$、$T_s=5$、$T_s=200$ 时金融市场信用风险传染动力学系统的相位图

7.3.3 金融市场信用风险传染的分岔与混沌分析

7.3.2 节图形具有不直观、不容易识别等特点，导致其对扰动极为敏感的非线性动力学系统的分析存在诸多困难，如倍周期轨迹差异性问题等。而映射具有直观性、易识别、几何性等方面的优点，在研究中经常会通过数值逼近手段将连续的非线性问题离散化为映射问题，对非线性动力学系统的倍周期和分岔问题进行直观分析。

目前，对于时滞微分方程数值逼近中的倒分岔、Hopf 分岔、周期解及混沌现象的研究采用欧拉法（Ford and Wulf，1999；Koto，2001；Peng，2004）和龙格-库塔法（Hairer et al.，1992；Hout and Lubich，1998；Uçar，2002，2003）。根据欧拉公式，取步长为 h，则可以将非线性动力学系统（7-20）和系统（7-21）转化为下面的差分方程组：

$$N(t-\tau+h)-N(t-\tau)=h\{\lambda k_1+\lambda k_2 N(t-\tau)-\mu\xi[N(t-\tau)]^2-\mu\xi[N(t-\tau)]^3-N(t)-R(t)\} \tag{7-27}$$

$$R(t-\tau+h)-R(t-\tau)=h\{\varepsilon-\mu\xi(R(t-\tau)+[R(t-\tau)]^2)+\eta(t)+A_s\cos\left(\frac{2\pi}{T_s}t\right)$$
$$+K[R(t-\tau)-R(t)]\} \tag{7-28}$$

令 $h=\tau$，$N(t)=N_{n+1}$，$N(t-\tau)=N_n$，$R(t)=R_{n+1}$，$R(t-\tau)=R_n$。取参数 $\xi=3$，$\lambda=0.12$，$k_1=10$，$k_2=25$，$A_s=0.04$，$K=0.25$，则非线性动力学系统（7-27）和系统（7-28）转化为

$$N_{n+1}-N_n=\tau(1.2+3N_n-3\mu N_n^2-3\mu N_n^3-N_{n+1}-R_{n+1}) \tag{7-29}$$

$$R_{n+1}-R_n=\tau[\varepsilon-3\mu(R_n+R_n^2)+\eta(t)+0.04\cos\left(\frac{2\pi}{T_s}t\right)+0.25(R_n-R_{n+1})] \tag{7-30}$$

在取参数 $\xi=3$，$\lambda=0.12$，$k_1=10$，$k_2=25$，$A_s=0.04$，$K=0.25$的情况下，利用方程（7-29）和方程（7-30）进行计算实验，并利用动力学系统映射的相空间图形（图 7-19）进一步研究了金融市场信用风险传染动力学系统在参数 μ、τ、ε、T_s 及 D 影响下，是否存在分岔和混沌现象。

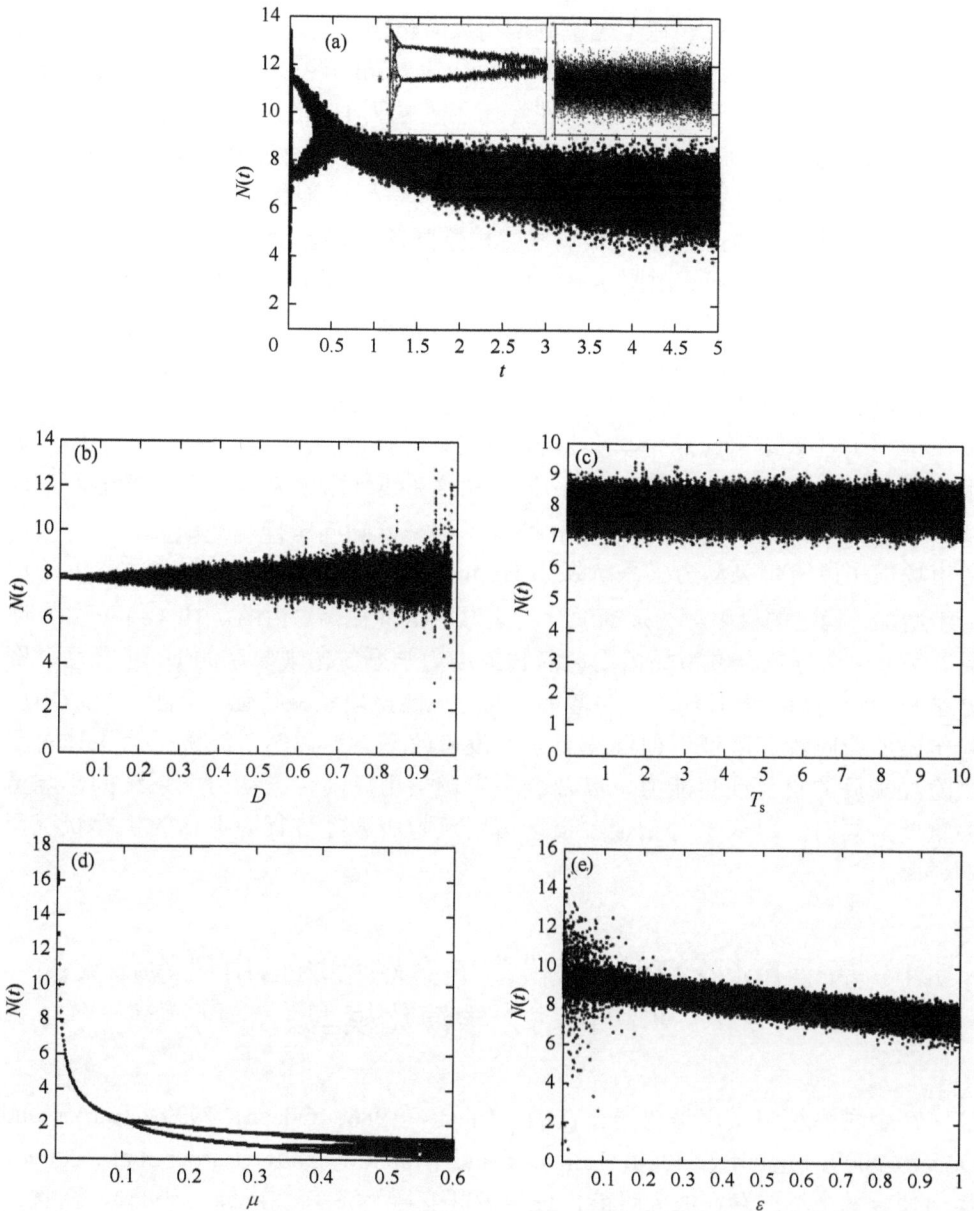

图 7-19 金融市场信用风险传染动力学系统在参数 μ、τ、ε、T_s 及 D 影响下分岔和混沌现象

（a）在参数 μ=0.008、ε=0.4、T_s=2.5 及 D=0.5 时，金融市场信用风险传染动力学系统受时间延迟 τ 作用的分岔图；（b）在参数 μ=0.008、ε=0.4、T_s=2.5 及 τ=1 时，金融市场信用风险传染动力学系统受高斯白噪声强度 D 作用的混沌图；（c）在参数 μ=0.008、ε=0.4、τ=1 及 D=0.5 时，金融市场信用风险传染动力学系统受弱周期信号的周期 T_s 作用的混沌图；（d）在参数 ε=0.4、T_s=2.5、τ=1 及 D=0.5 时，金融市场信用风险传染动力学系统受非线性阻力系数 μ 作用的分岔图；（e）在参数 μ=0.008、τ=1、T_s=2.5 及 D=0.5 时，金融市场信用风险传染动力学系统受恢复参数 ε 作用的混沌图

由图 7-19（a）可知，在金融市场信用风险传染时间延迟变量 τ 影响下，金融市场信用风险传染动力学系统出现非常复杂的 Hopf 分岔、倒分岔及混沌现象。金融市场信用风险传染动力学系统在经历了一系列 Hopf 分岔、倒分岔后逐渐迈入衰减的混沌振荡，而且随着金融市场信用风险传染时间延迟变量 τ 的增加，混沌区域面积逐渐增加。这说明，随着金融市场信用风险传染时间延迟的增加，虽然金融市场信用风险传染的影响程度稍微降低，但金融市场信用风险传染的可预测性程度大大降低。由图 7-19（b）可知，高斯白噪声强度 D 会导致金融市场信用风险传染动力学系统出现不间断的、递增的混沌振荡，而且混沌区域的面积随高斯白噪声强度 D 的增加而增加，对金融市场信用风险传染的可预测程度大大降低。由图 7-19（c）可知，弱周期信号的周期 T_s 会导致金融市场信用风险传染动力学系统出现高水平、不间断的混沌振荡现象，而且混沌区域的面积不随 T_s 的变化而变化。由图 7-19（d）可知，非线性阻力系数 μ 会导致金融市场信用风险传染动力学系统出现 Hopf 分岔、倒分岔和间歇性混沌现象，而且在金融市场信用风险传染动力学系统发生 Hopf 分岔后，随着非线性阻力系数 μ 的进一步增加，稳定的极限环会逐渐演化为衰减的混沌振荡。由图 7-19（e）可知，恢复参数 ε 也会导致金融市场信用风险传染动力学系统出现复杂的 Hopf 分岔、倒分岔和混沌现象，而且随着 ε 的增加，混沌振荡呈现衰减特征，金融市场信用风险传染的影响程度降低，但混沌复杂性没有改变。这说明，经济行为主体对受风险冲击后的自我恢复能力，以及金融市场信用风险传染动力学系统的影响至关重要，同时，对未来时刻金融市场信用风险所涉经济行为主体的生存状况影响显著。

7.4　基于 Fokker-Planck 模型的金融市场信用风险传染的非线性动力学演化模型

在金融系统中噪声是普遍存在的（Black，1986；Odean，1999；Barber and Odean，2000；Schleifer，2000；Tumarkin and Whitelaw，2001；Barber et al.，2009），噪声使金融市场的存在成为可能，但也使其变得不完美（Black，1986），而且，噪声的存在是系统性的（Barber et al.，2009）。因此，在金融研究中，噪声不能被忽视。在过去的几年中，加性和乘性噪声间的相关性对随机系统的影响吸引了许多研究者的关注（Liang et al.，2004；Jin and Xu，2005；Wu and Zhu，2007；Zhang et al.，2009；Shao and Chen，2008）。在现实信用风险传染中，关联噪声的存在及其相互作用也是普遍的，通常也是主要信用活动参与者随机违约的主要原因。然而，鲜有文献对由关联噪声驱动的金融系统进行研究。鉴于此，由关联噪声驱动的信用风险传染研究非常必要。研究关联加性和乘性噪声对信用风险传染的影响具有重要的理论和实际意义。

本节主要研究考虑时滞和关联噪声的信用风险传染的复杂随机动态现象，通过扩展 Frank（2005a，2005b）、Wu 和 Zhu（2007）、Zhang 等（2009）的方法，应用到由关联高斯白噪声驱动的信用风险传染的随机时滞模型中，运用诺维科夫定理构建信用风险传染的时滞 Fokker-Planck 模型，运用数值仿真研究刻画信用风险传染的确定性 Hopf 分岔和混沌行为，综合运用近似时滞法、路径积分法及一阶微扰理论，得到金融市场中信用风险传染的近似稳态概率分布，并利用数值模拟检验分析结果的有效性。

7.4.1　金融市场中信用风险传染的 Fokker-Planck 模型

在本节，我们将引入金融市场中考虑时滞和关联噪声的信用风险传染的微观模型。它旨在刻画复杂的经济和社会现象及通过考虑时滞及关联噪声的影响，研究信用风险传染过程中复杂的非线性动力学行为。

在金融系统中，信息收集、识别和传输过程中时滞的存在是不可避免的。特别是信息在远距离传输的过程中，时滞现象会更加明显（Chen et al.，2013a，2013b）。此外，噪声和时滞的交互作用在金融市场中是普遍存在的，这也促进了复杂非线性动力学行为的产生（Chen et al.，2013a，2013b；Guégan，2007）。因此，我们假设信贷活动参与者之间复杂的网络连接是 Newman-Watts 长度连接和远程连接，分别代表直接业务关系和其他间接关系。Chen 等（2013a）研究了非线性随机系统的时滞特性，但忽略了噪声的干扰。因此，我们将信用风险传染与时滞和关联噪声模型表示如下：

$$\frac{\mathrm{d}N(t)}{\mathrm{d}t} = \lambda_1 N(t) + \lambda_2 N(t-\tau) - \mu\xi[\lambda_2 N(t-\tau)]^2 + N(t)\psi(t) + \eta(t) \quad （7\text{-}31）$$

式中，$N(t)$ 表示信用风险传染的状态变量，即在金融市场中被信用风险所感染的信贷活动参与者；λ_1 和 λ_2 分别表示金融市场中直接业务关系和其他间接关系信贷活动参与者的信用风险的有效传染率；τ 表示金融市场中信用风险传染在不同信贷活动参与者之间相应的其他间接关系的时滞；ξ 表示 Nelength 规模；μ 表示参与金融市场的信贷活动关系网络中的非线性阻力系数，主要反映信贷活动参与者之间的异质性，包括产品和心理行为；$\psi(t)$ 和 $\eta(t)$ 表示噪声项。假设式（7-31）中 $\lambda_1 > \lambda_2$。事实上，$\frac{\mathrm{d}N(t)}{\mathrm{d}t} = \lambda_1 N(t) + \lambda_2 N(t-\tau) - \mu\xi[\lambda_2 N(t-\tau)]^2$ 是信用风险传染的漂移函数，也是式（7-31）的决定项。显然，式（7-31）是 Stratonovich 随机微分方程。

在现存金融研究文献中，许多研究分析了高斯白噪声对经济和金融系统的影响，如 Guégan（2007）、Aase 等（2000）的研究。因此，本节还采用高斯白噪声研究其对信用风险传染的影响。我们假设噪声项 $\psi(t)$ 和 $\eta(t)$ 与关联高斯白噪声是零均值，而且满足：

$$\langle\psi(t)\psi(t)'\rangle = 2\sigma\delta(t-t')$$

$$\langle\eta(t)\eta(t)'\rangle = 2\rho\delta(t-t')$$

$$\langle\psi(t)\eta(t)'\rangle = \langle\eta(t)\psi(t)'\rangle = 2\alpha\sqrt{\sigma\rho}\delta(t-t') \tag{7-32}$$

式中，α 是噪声项 $\psi(t)$ 和 $\eta(t)$ 之间的关联程度；σ 和 ρ 分别表示噪声项 $\psi(t)$ 和 $\eta(t)$ 的强度；δ 是一个自相关函数。因此，α 相关高斯白噪声 $\psi(t)$ 和 $\eta(t)$，δ 与高斯白噪声 $\psi(t)$ 自相关，δ 与高斯白噪声 $\eta(t)$ 自相关。这样可以描述信用风险传染的随机波动。

根据式（7-31）的定义，令 $p(N,t) = \langle\delta(N(t)-N'(t))\rangle$ 表示信用风险传染的概率密度。因此，一般采用信用风险传染延迟效应可以描述微分 $p(N,t)$，具体如下：

$$\begin{aligned}
\frac{\partial p(N,t)}{\partial t} &= -\left\langle\frac{\partial}{\partial N}\delta(N(t)-N'(t))\frac{\mathrm{d}N(t)}{\mathrm{d}t}\right\rangle \\
&= -\frac{\partial}{\partial N}\left\langle[\lambda_1 N(t)+\lambda_2 N(t-\tau)-\mu\xi[\lambda_2 N(t-\tau)]^2]\times\delta((N(t)-N'(t))\right\rangle \\
&\quad -\frac{\partial}{\partial N}\langle N(t)\psi(t)\delta(N(t)-N'(t))\rangle - \frac{\partial}{\partial N}\langle\eta(t)\delta(N(t)-N'(t))\rangle
\end{aligned} \tag{7-33}$$

我们假设 $P(N,t;N_\tau,t-\tau)$ 是联合概率密度。为方便起见，将 t 去掉，因为对所有变量 $N(t)$ 和 $N'(t)$ 都是一样的。N_τ 表示时滞状态变量 $N(t-\tau)$。因此，式（7-33）可以写成：

$$\begin{aligned}
\frac{\partial p(N,t)}{\partial t} &= -\frac{\partial}{\partial N}\int_0^\infty[\lambda_1 N+\lambda_2 N_\tau-\mu\xi[\lambda_2 N_\tau]^2]\times P(N,t;N_\tau,t-\tau)\mathrm{d}N_\tau \\
&\quad -\frac{\partial}{\partial N}\int_0^\infty N\langle\psi(t)\delta(N-N')\delta(N_\tau-N_\tau')\rangle\mathrm{d}N_\tau \\
&\quad -\frac{\partial}{\partial N}\int_0^\infty\langle\eta(t)\delta(N-N')\delta(N_\tau-N_\tau')\rangle\mathrm{d}N_\tau
\end{aligned} \tag{7-34}$$

根据诺维科夫定理（Zhang et al., 2009；Konotop and Vázquez, 1994；Goldenfeld, 1992），我们可以计算 $\langle\psi(t)\delta(N-N')\delta(N_\tau-N_\tau')\rangle$ 和 $\langle\eta(t)\delta(N-N')\delta(N_\tau-N_\tau')\rangle$，具体如下：

$$\langle \psi(t)\delta(N-N')\delta(N_\tau-N'_\tau)\rangle = 2\sigma \int_0^t \delta(t-t') \times \left\langle \frac{\partial(\delta(N-N'))\delta(N_\tau-N'_\tau)}{\partial N}\frac{\partial N}{\partial \psi(t)}\right\rangle \mathrm{d}t'$$

$$+2\sigma\int_0^t \delta(t-t') \times \left\langle \frac{\partial(\delta(N-N'))\delta(N_\tau-N'_\tau)}{\partial N_\tau}\frac{\partial N_\tau}{\partial \psi(t)}\right\rangle \mathrm{d}t'$$

$$+2\alpha\sqrt{\sigma\rho}\times\int_0^t \delta(t-t') \times \left\langle \frac{\partial(\delta(N-N'))\delta(N_\tau-N'_\tau)}{\partial N}\frac{\partial N}{\partial \eta(t)}\right\rangle \mathrm{d}t'$$

$$+2\alpha\sqrt{\sigma\rho}\times\int_0^t \delta(t-t') \times \left\langle \frac{\partial(\delta(N-N'))\delta(N_\tau-N'_\tau)}{\partial N_\tau}\frac{\partial N_\tau}{\partial \eta(t)}\right\rangle \mathrm{d}t'$$

$$(7\text{-}35)$$

根据 Zhang 等（2009）的研究，因为全部 $\alpha>0$，所以我们可以得到：

$$\frac{\partial N_\tau}{\partial \psi(t)}=\frac{\partial N_\tau}{\partial \eta(t)}=0$$

$$\frac{\partial N}{\partial \psi(t)}=\frac{1}{2}N$$

$$\frac{\partial N}{\partial \eta(t)}=\frac{1}{2} \qquad (7\text{-}36)$$

因此，式（7-35）可以化简为

$$\langle \psi(t)\delta(N-N')\delta(N_\tau-N'_\tau)\rangle$$

$$=-\sigma\frac{\partial}{\partial N}N\langle\delta(N-N')\delta(N_\tau-N'_\tau)\rangle-\alpha\sqrt{\sigma\rho}\frac{\partial}{\partial N}\langle\delta(N-N')\delta(N_\tau-N'_\tau)\rangle \quad (7\text{-}37)$$

$$=-\sigma\frac{\partial}{\partial N}Np(N,t;N_\tau,t-\tau)-\alpha\sqrt{\sigma\rho}\frac{\partial}{\partial N}p(N,t;N_\tau,t-\tau)$$

同理，我们可以得到：

$$\langle \eta(t)\delta(N-N')\delta(N_\tau-N'_\tau)\rangle=-\rho\frac{\partial}{\partial N}p(N,t;N_\tau,t-\tau)-\alpha\sqrt{\sigma\rho}\frac{\partial}{\partial N}Np(N,t;N_\tau,t-\tau)$$

$$(7\text{-}38)$$

令 $h(N,N_\tau)=\lambda_1 N(t)+\lambda_2 N(t-\tau)-\mu\xi[\lambda_2 N(t-\tau)]^2$，$g_1(N,N_\tau)=N(t)$，$g_2(N,N_\tau)=1$。将式（7-37）和式（7-38）代入式（7-34），可以得到由关联高斯白噪声驱动的时滞 Fokker-Planck 方程：

$$\frac{\partial p(N,t)}{\partial t} =$$

$$\int_0^\infty \left[\begin{array}{l} -\dfrac{\partial}{\partial N}h(N,N_\tau) + \sigma\dfrac{\partial}{\partial N}g_1(N,N_\tau)\dfrac{\partial}{\partial N}g_1(N,N_\tau) + \alpha\sqrt{\sigma\rho}\,\dfrac{\partial}{\partial N}g_1(N,N_\tau)\dfrac{\partial}{\partial N}g_2(N,N_\tau) \\[3mm] +\rho\dfrac{\partial}{\partial N}g_2(N,N_\tau)\dfrac{\partial}{\partial N}g_2(N,N_\tau) + \alpha\sqrt{\sigma\rho}\,\dfrac{\partial}{\partial N}g_2(N,N_\tau)\dfrac{\partial}{\partial N}g_1(N,N_\tau) \end{array} \right]$$

$$p(N_\tau,t-\tau\,|\,N,t)\mathrm{d}N_\tau p(N,t)$$

$$（7\text{-}39）$$

式中，$p(N_\tau,t-\tau\,|\,N,t)$ 是条件概率密度。

令

$$H(N,N_\tau) = h(N,N_\tau) + \sigma g_1(N,N_\tau)\frac{\partial g_1(N,N_\tau)}{\partial N} + \alpha\sqrt{\sigma\rho}\,g_2(N,N_\tau)\frac{\partial g_1(N,N_\tau)}{\partial N}$$

$$+ \rho g_2(N,N_\tau)\frac{\partial g_2(N,N_\tau)}{\partial N} + \alpha\sqrt{\sigma\rho}\,g_1(N,N_\tau)\frac{\partial g_2(N,N_\tau)}{\partial N} \qquad （7\text{-}40）$$

$$G(N,N_\tau) = \sigma g_1^2(N,N_\tau) + 2\alpha\sqrt{\sigma\rho}\,g_1(N,N_\tau)g_2(N,N_\tau) + \rho g_2^2(N,N_\tau)$$

即

$$H(N,N_\tau) = \lambda_1 N(t) + \lambda_2 N(t-\tau) - \mu\xi[\lambda_2 N(t-\tau)]^2 + \sigma N$$

$$G(N,N_\tau) = \sigma N^2 + 2\alpha\sqrt{\sigma\rho}\,N + \rho \qquad （7\text{-}41）$$

因此，由关联高斯白噪声驱动的时滞 Fokker-Planck 方程可以表达为

$$\frac{\partial p(N,t)}{\partial t} = \int_0^\infty \left[-\frac{\partial}{\partial N}H(N,N_\tau) + \frac{\partial^2}{\partial N}G(N,N_\tau) \right] p(N_\tau,t-\tau\,|\,N,t)\mathrm{d}N_\tau p(N,t) \qquad （7\text{-}42）$$

7.4.2　金融市场信用风险传染的 Hopf 分岔和混沌行为

式（7-31）的决定项可以写成：

$$\frac{\mathrm{d}N(t)}{\mathrm{d}t} = \lambda_1 N(t) + \lambda_2 N(t-\tau) - \mu\xi[\lambda_2 N(t-\tau)]^2 \qquad （7\text{-}43）$$

式（7-43）是一个随机微分系统，也是金融市场信用风险传染的漂移函数。当时滞 $\tau > 0$ 时，式（7-43）可以被数值计算。通过对式（7-43）进行数值计算，我们可以描述没有噪声影响的信用风险动态行为演化过程并分析其影响因素。令 $\lambda_1 = 0.12$、$\lambda_2 = 0.07$、$\xi = 3$ 及初始值 $N_0 = 1$，分析参数 τ 和 μ 对没有噪声影响的信用风险传染演化动态行为的影响。当 $\tau = 0.04$ 时，分析参数 τ 和对信用风险传染演化动态行为的影响。在 τ 改变时，时间进程图和信用风险传染的确定性 Hopf 分岔图如图 7-20 和图 7-21 所示。图 7-20 刻画了在时滞 τ 的影响下信用风险传染的时间过程，随着时滞 τ 的增大，信用风险的传染规模和范围逐渐增大，信用风险传染的波动率剧烈增加。这也表明，时滞 τ 的增大会导致信用风险传染系统的稳定性降低。图 7-21 为当时滞 τ

为一个变量时信用风险传染的确定分岔图，能够直观地刻画信用风险传染系统的混沌行为。当 $\tau < 4.055$ 时，信用风险的传染规模达到均衡状态的值 $N = 323$。当 $4.055 < \tau < 4.856$ 时，信用风险传染的规模和范围出现跳跃和分岔。当 $\tau > 4.856$ 时，随着时滞 τ 的增大，信用风险传染的动力学系统会出现 Hopf 分岔、逆分岔和混沌现象。此外，随着时滞 τ 的增大，混沌的范围会逐渐增大。图 7-21 显示，随着时滞 τ 的增大，信用风险传染影响程度的可预测性严重减小。

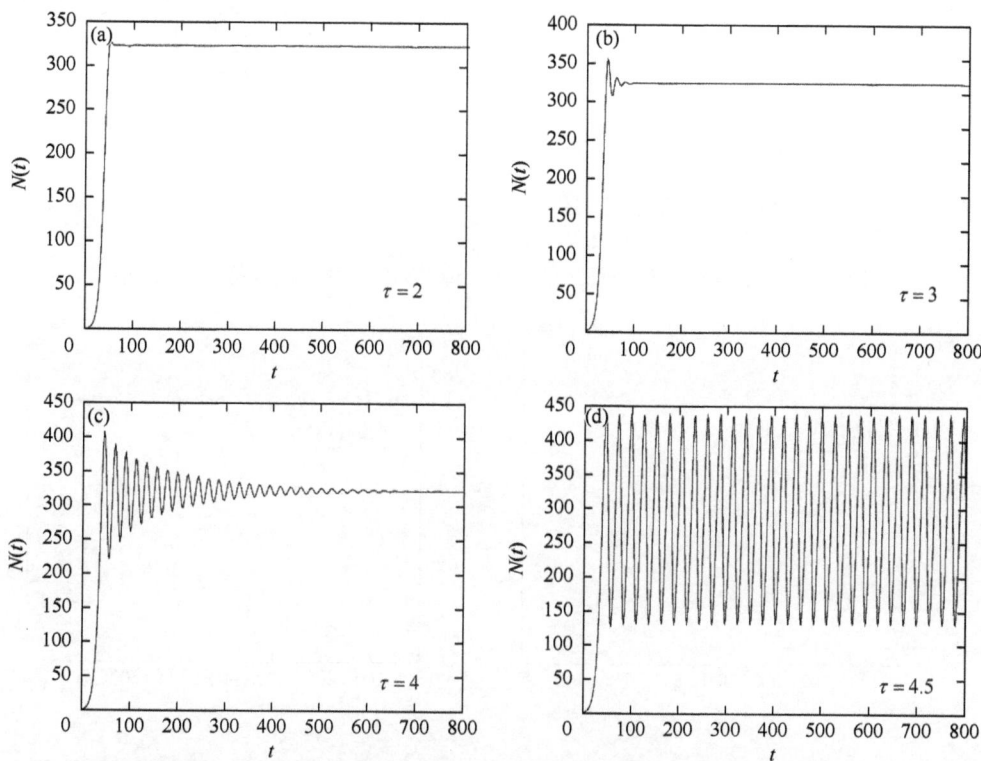

图 7-20　时滞 τ 影响下金融市场中信用风险传染的时间过程图

在现实金融市场中，非线性阻力系数对信用风险的传染规模和范围有着决定性作用。图 7-22 显示了当 $\tau = 4$ 时，非线性阻力系数 μ 对信用风险传染演化的影响。随着非线性阻力系数 μ 的增大，信用风险的传染规模和范围逐渐增大，这也与 Chen 等（2013b）的研究结果相一致。然而，信用风险传染的波动率保持连续状态。图 7-23 刻画了非线性阻力系数 μ 对信用风险传染动力学系统的 Hopf 分岔和混沌行为的影响机制。在图 7-23 中，随着非线性阻力系数 μ 的增大，信用风险的传染规模和范围的均衡状态及混沌区域逐渐减小。但是，信用风险的传染规模和范围出现跳跃和分岔的临界点是固定不变的。而且，信用风险传染的动力学系统会出现 Hopf 分岔、逆分岔和混沌现象。

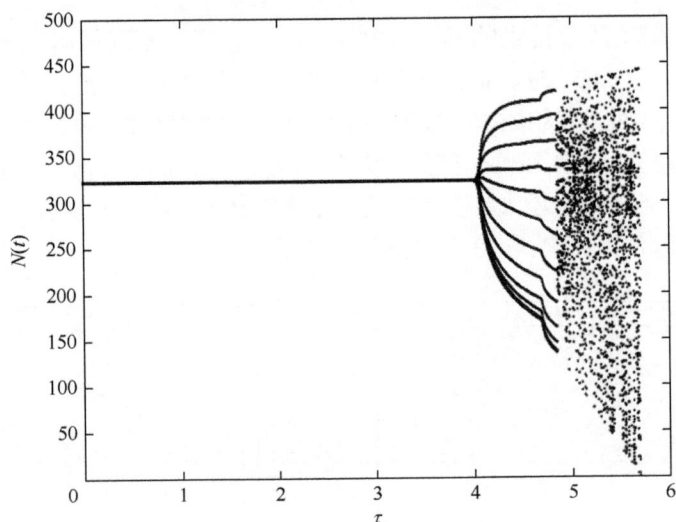

图 7-21　时滞 τ 改变时金融市场中信用风险传染动力学系统的分岔和混沌特性图

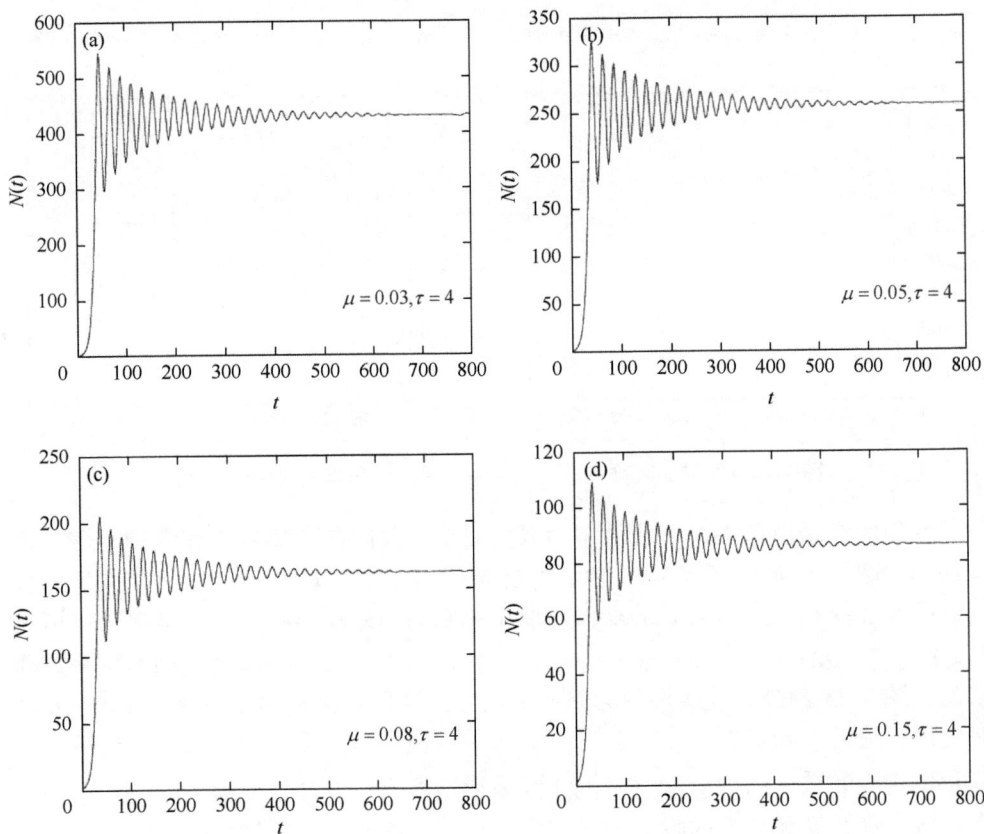

图 7-22　非线性阻力系数 μ 影响下金融市场中信用风险的时间过程图

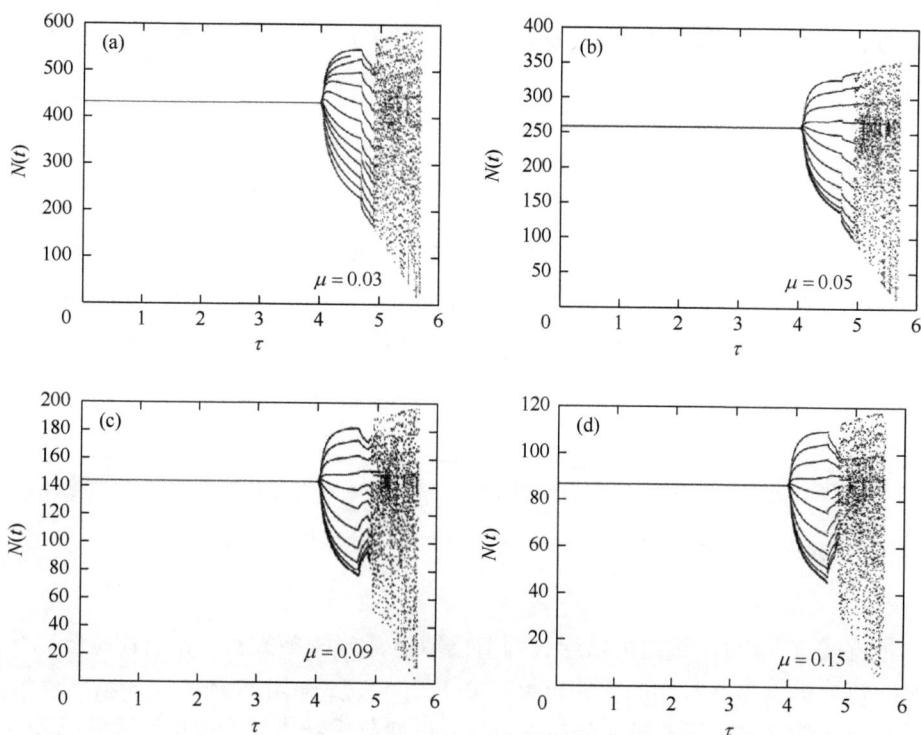

图 7-23 非线性阻力系数 μ 影响下时滞 τ 改变时金融市场中信用风险传染动力学系统的分岔和混沌特性图

7.4.3 金融市场中信用风险传染的稳态概率分布

在式（7-42）中我们可以得到由关联高斯白噪声驱动的金融市场中信用风险的时滞 Fokker-Planck 方程。这是一个考虑时滞的不确定随机系统。根据 Frank（2005a，2005b）、Zhang 等（2009）的研究，并由式（7-31）和式（7-42）可得到确定系统的 Fokker-Planck 方程为

$$\frac{\partial p(N,t)}{\partial t} = -\frac{\partial}{\partial N}[H(N,N)p(N,t)] + \frac{\partial^2}{\partial N}[G(N,N)p(N,t)] \qquad （7-44）$$

其中，金融市场中信用风险传染的漂移和扩散系数为

$$H(N,N) = \lambda_1 N(t) + \lambda_2 N(t-\tau) - \mu\xi[\lambda_2 N(t)]^2 + \sigma N$$
$$G(N,N) = \sigma N^2 + 2\alpha\sqrt{\sigma\rho}N + \rho \qquad （7-45）$$

假设方程的稳态解为 $P_{st}(N,t)$。因此，式（7-31）的稳态解 $P_{st}(N,t)$ 可以变形为

$$P_{st}(N,t) = \frac{c}{A_a(N)} e^{\int_0^N (B_a(N')/A_a^2(N'))dN'} \qquad (7-46)$$

式中，$A_a(N) = \left[\sqrt{\sigma N^2 + 2\alpha\sqrt{\sigma\rho}N + \rho} / (1 + \mu\xi\lambda_2^2 N) \right][1 + \tau(2\mu\xi\lambda_2^2 N - \lambda_2)/(1 + \mu\xi\lambda_2^2 N)]$；$B_a(N) = [(\lambda_1 N + \lambda_2 N - \mu\xi\lambda_2^2 N^2)/(1 + \mu\xi\lambda_2^2 N)][1 + \tau(2\mu\xi\lambda_2^2 N - \lambda_2)/(1 + \mu\xi\lambda_2^2 N)]$；$c$ 是归一化常数。因此，信用风险传染的稳态概率分布由式（7-31）和式（7-44）计算得到，具体如下：

$$P_{st}(N,t) = \frac{c}{\left[\sqrt{\sigma N^2 + 2\alpha\sqrt{\sigma\rho}N + \rho} / (1 + \mu\xi\lambda_2^2 N) \right][1 + \tau(2\mu\xi\lambda_2^2 N - \lambda_2)/(1 + \mu\xi\lambda_2^2 N)]}$$
$$e^{(\lambda_1 N + \lambda_2 N - \mu\xi\lambda_2^2 N^2)(1 + \mu\xi\lambda_2^2 N)/(\sigma N^2 + 2\alpha\sqrt{\sigma\rho}N + \rho)[1 + \tau(2\mu\xi\lambda_2^2 N - \lambda_2)/(1 + \mu\xi\lambda_2^2 N)]}$$

$$(7-47)$$

根据式（7-47），我们可以通过数值模拟仿真分析参数 τ、μ、σ、ρ 对信用风险传染的稳态概率分布的影响机制。因此，图 7-24 和图 7-25 表示的是当参数 τ、μ、σ、ρ 改变时，稳态概率分布 $P_{st}(N)$ 的近似分析结果作为信用风险的感染规模和范围 N 的函数。在图 7-24 中，当参数 τ 和 μ 不变时，随着信用风险感染规模和范围 N 的增大，稳态概率分布 $P_{st}(N)$ 逐渐减小。由图 7-24（a）可知，当 $N < 200$ 时，随着时滞 τ 的增大，稳态概率分布 $P_{st}(N)$ 也随之逐渐增大；而当 $N = 200$ 时，随着时滞 τ 的增大，稳态概率分布 $P_{st}(N)$ 没有变化；当 $N > 200$ 时，随着时滞 τ 的增大，稳态概率分布 $P_{st}(N)$ 随之逐渐减小。因此，图 7-24（a）显示了时滞 τ 对稳态概率分布 $P_{st}(N)$ 的影响存在一个临界值 N^*。此外，当信用风险感染规模和范围 N 达到临界值 N^* 时，时滞 τ 将不会影响稳态概率分布 $P_{st}(N)$ 的变化。在图 7-24（b）中，当 $N < 15$ 时，随着非线性阻力系数 μ 的增大，稳态概率分布 $P_{st}(N)$ 也随之逐渐增大；但当 $N > 15$ 时，随着非线性阻力系数 μ 的增大，稳态概率分布 $P_{st}(N)$ 随之逐渐减小。因此，非线性阻力系数 μ 对稳态概率分布 $P_{st}(N)$ 的影响也存在一个临界值 $N^{*'}$。

图 7-25 显示的是噪声强度 σ、ρ 及高斯白噪声 $\psi(t)$ 和 $\eta(t)$ 之间的关联程度 α 对信用风险传染的稳态概率分布 $P_{st}(N)$ 的影响机制。在图 7-25（a）中，随着噪声项 $\psi(t)$ 的强度 σ 的增加，稳态概率分布 $P_{st}(N)$ 随之逐渐减小。由图 7-25（b）和图 7-25（c）可以很明显地看出，噪声项 $\eta(t)$ 的强度 ρ 及高斯白噪声 $\psi(t)$ 和 $\eta(t)$ 之间的关联程度 α 对稳态概率分布 $P_{st}(N)$ 的影响十分轻微。图 7-26 是信用风险感染规模和范围 $N = 450$ 时，以高斯白噪声 $\psi(t)$ 和 $\eta(t)$ 的噪声强度 σ、ρ 为变量的稳态概率分布 $P_{st}(N)$ 的

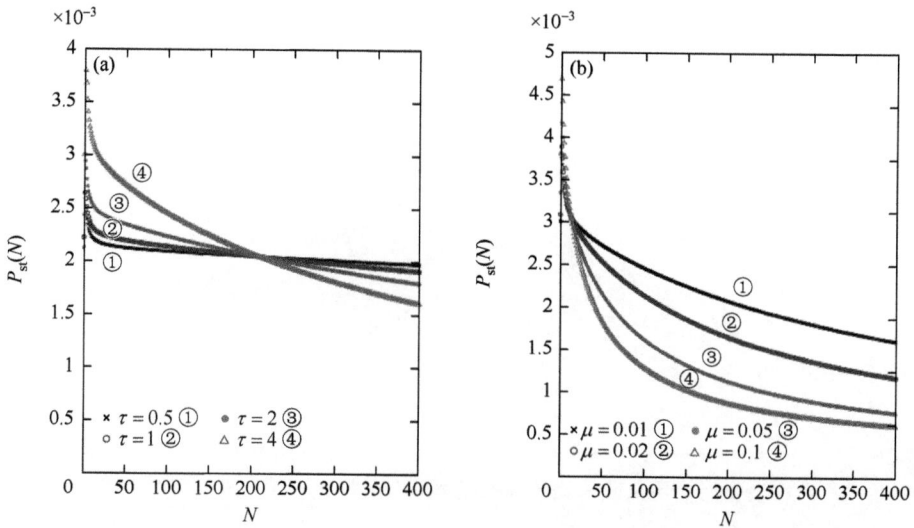

图 7-24　当参数 τ 和 μ 改变，N 作为变量时信用风险传染的稳态概率分布函数 $P_{st}(N)$ 图

$\sigma=0.5$，$\rho=0.6$，$\alpha=0.3$，$\xi=3$，$\lambda_1=0.15$，$\lambda_2=0.08$；（a）$\mu=0.01$；（b）$\tau=4$

三维仿真图。图 7-26 显示，当高斯白噪声 $\eta(t)$ 的噪声强度 ρ 增大时，稳态概率分布 $P_{st}(450)$ 的曲线轻微改变；而当高斯白噪声 $\psi(t)$ 的噪声强度 σ 增大时，稳态概率分布 $P_{st}(450)$ 的曲线变化明显。

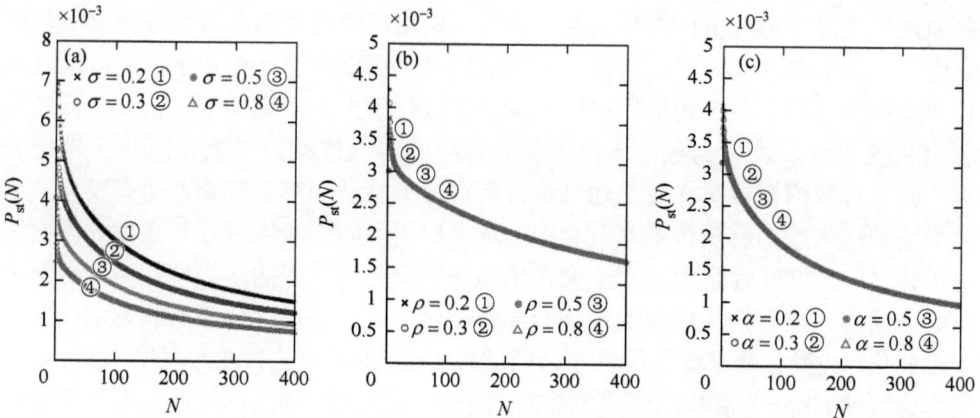

图 7-25　当参数 σ、ρ 和 α 改变，N 作为变量时信用风险传染的稳态概率分布函数 $P_{st}(N)$ 图

$\tau=4$，$\mu=0.03$，$\xi=3$，$\lambda_1=0.15$，$\lambda_2=0.08$；（a）$\rho=0.6$，$\alpha=0.4$；（b）$\sigma=0.5$，$\rho=0.6$

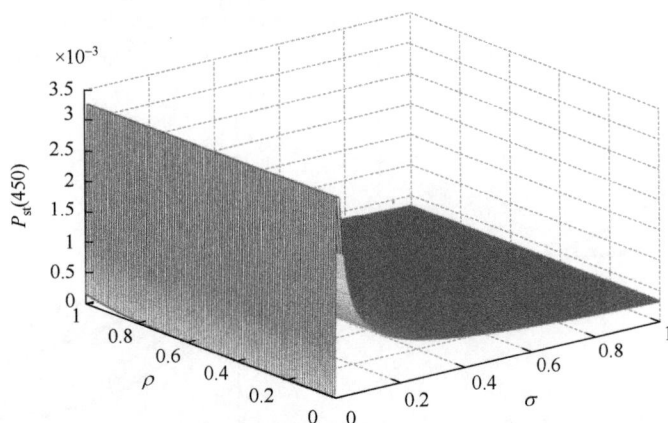

图 7-26　当 $N = 450$、$\tau = 4$、$\mu = 0.03$、$\xi = 3$、$\lambda_1 = 0.15$、$\lambda_2 = 0.08$、$\alpha = 0.4$，以 σ、ρ 为变量时信用风险传染的稳态概率分布函数 $P_{st}(N)$ 三维仿真图

7.5　本章小结

　　金融市场信用风险传染的混沌行为严重影响了金融市场监管者对信用风险的度量和管理，因而对金融市场信用风险传染的非线性动力学行为及混沌行为的研究，能够让金融市场监管者清晰地认识到金融市场信用风险传染演化动态过程的本质问题，有助于更有效地运用信用风险管理工具、方法和措施。本章主要利用非线性动力学相关理论构建了金融市场信用风险传染的非线性动力学演化模型，并通过理论推导和数值模拟仿真对金融市场信用风险传染的非线性动力学演化机制进行了系统深入的分析。首先，利用非线性时滞微分方程构建了含有时间延迟和非线性阻力的金融市场信用风险传染的非线性动力学演化模型，借助于向量场理论和庞加莱映射对金融市场信用风险传染的非线性动力学演化进行了理论分析，并通过数值模拟仿真对上述理论分析进行了验证和直观刻画。研究发现，金融市场信用风险的有效传染率及金融市场上信用风险所涉经济行为主体关系网络中个体之间的非线性阻力，对金融市场信用风险传染过程的动力学行为具有显著影响，信用风险有效传染率的增加会导致金融市场信用风险传染的状态曲线发生本质变化，使得金融市场信用风险传染过程出现 Hopf 分岔和混沌现象，而非线性阻力会致使 Hopf 分岔和混沌现象提前。同时，在混沌区间内部存在一系列周期窗口，呈现 Hopf 分岔、倒分岔和混沌三种状态相互交织。其次，进一步考虑了延迟反馈、弱周期信号及自身的自我修复等因素的影响，以 FHN 模型为基础，根据金融市场信用风险传染的现实情况，构建了含有时间延迟、噪声、非线性阻力、经济行为主体受风险冲击后的恢复能力及弱周期信号等因素协同作用下的金融市场信用风险传染的 FHN 演化模型，通过理论推导和数值模拟仿真技术，对时间延迟、

高斯白噪声、非线性阻力、经济行为主体受风险冲击后的恢复能力及弱周期信号等因素协同作用下，金融市场信用风险传染的非线性动力学演化动态与机理进行了深入分析。研究发现，金融市场信用风险传染系统对初始敏感性较显著，信用风险传染动力学系统的稳定性与金融市场信用活动主体之间的非线性阻力和经济行为主体受信用风险传染后固有的恢复能力呈正相关关系，信用风险传染动力学系统的稳定性与信用风险传染时间延迟、高斯白噪声强度和弱周期信号长度呈负相关关系。而且，随着各个参数的变化系统出现了 Hopf 分岔、倒分岔及不同程度的混沌振荡现象。最后，构建了由关联高斯白噪声驱动的信用风险传染复杂随机时滞动力学模型；运用诺维科夫定理得到由关联高斯白噪声驱动的信用风险传染时滞 Fokker-Planck 模型；综合运用近似时滞法、路径积分法及一阶微扰理论得到信用风险传染动态系统的稳态概率分布函数，分析了信用风险传染的 Hopf 分岔和混沌行为。研究表明，随着时滞的增大，信用风险的传染规模和范围逐渐增大，信用风险传染的波动率剧烈增加。而且随着时滞的增大，信用风险传染系统的稳定性降低，其动态系统产生混沌现象并且混沌的区域逐渐增加。另外，通过数值模拟研究了时滞、非线性阻力、噪声强度、关联高斯白噪声的关联程度等因素对信用风险传染稳态概率分布的影响。研究发现，当时滞、非线性阻力、噪声强度、关联高斯白噪声的关联程度等参数增大时，稳态概率分布的曲线单调递减。

8 总结与研究展望

本书针对金融市场信用风险传染的非线性本质，将经典金融经济学理论中信用风险传染源自于外部随机扰动因素的假设，扩展到金融市场信用风险传染是由金融市场信用风险传染系统的非线性相互作用，以及由此产生的内部不稳定性和系统外部随机扰动的交互影响与作用而产生的。因此，本书突破经典金融经济学理论的线性范式的标准分析框架的约束，将非线性科学的理论方法和工具应用到金融市场信用风险传染研究中，并在新的非线性分析方法下，探索内部不稳定性因素和外部随机扰动因素交互影响下，金融市场信用风险传染演化动态的影响因素与非线性行为特征，得到了一些有理论价值和现实意义的结论。但是，整个研究中作者也发现了一系列不足及值得进一步完善之处，下面分别从总结和研究展望两个角度对其进行阐述和分析。

8.1 总　　结

本书在现有研究的基础上，针对金融市场信用风险传染的非线性本质特征，考虑金融市场银行和投资者之间的空间距离与非线性耦合、信用风险投资者的行为因素、异质性与网络结构特性，以及市场流动性、噪声扰动等因素，运用行为金融、熵空间理论、复杂网络及非线性动力学研究了非线性分析框架下，金融市场信用风险传染的非线性演化动态模型，并借助投资组合理论、随机占优理论、欧拉数值求解法及数值模拟仿真技术，从理论和仿真验证等角度深入探讨了金融市场信用风险传染演化动态的复杂性及其影响因素与作用机制。上述理论研究主要包含以下十个方面：

1）对金融市场信用风险传染的相关概念进行了界定，对其复杂性与非线性机制及其分析原理进行了深入分析。

在对现有信用风险传染理论研究的文献分析及信用风险传染概念界定的基础上，考虑金融市场信用风险传染的多主体性、交互性、复杂性、动态性、有限时空性、涌现性等，从信用风险转移的角度对金融市场信用风险传染的概念进行了界定，对金融市场信用风险传染的传染源、传染对象、传染条件、传染力度和传染效应进行了深入分析，并从经济渠道、金融渠道及其他传染渠道等方面，对金融市场信用风险的传染渠道进行了深入、系统的分析和探讨。针对金融市场信用风险传染演化动态的非线性本质特性，结合金融系统的实际情况和 2008 年的美国次贷危机及其后的欧债危机等，对金融市场信用风险传染的非线性行为进行了深入的理论分析和经济学解释，从行为金融、信息经济学、非线性动力学、混沌经济学等角度，提出了金融市场信用风险传染的非线性分析原理和研究框架。

2）以 CDS 为例，对金融市场信用风险传染的影响因素进行了深入剖析。

首先，以 CDS 为研究媒介，对 CDS 交易对手信用风险传染特征进行了简要分析。其次，从道德风险、财务分析、交易对手情绪、CDS 产品的复杂性等方面，对 CDS 交易对手信用风险传染的影响因素进行了剖析。再次，从 CDS 交易对手的信息不对称性、CDS 创新扩散、CDS 交易等角度，深入分析和探讨了 CDS 交易对手信用风险的传染机制。最后，借助博弈分析方法，针对 CDS 交易对手信用风险形成过程中交易对手双方的博弈行为，构建了 CDS 交易对手信用风险传染的博弈模型，探讨了 CDS 买方对标的资产监管行为、CDS 买方监管成本、CDS 买方放松监管所受惩罚、违约资产回收率、CDS 产品票息率等因素，对 CDS 交易对手信用风险传染的影响机制。

3）根据 CRT 网络中银行和投资者之间的空间距离与非线性耦合，以及债务人、债权人和投资者的行为特征，建立了 CRT 网络信用风险传染的熵空间模型。

考虑银行向 CRT 市场的投资者转移信贷风险，债务人对信贷状况的变化对投资者的影响，基于熵空间交互理论探讨了 CRT 网络中信用风险的传染效应，将 CRT 网络中银行和投资者之间的空间距离与非线性耦合、银行的信用风险转移能力与投资者的风险偏好相结合，建立了 CRT 网络信用风险传染的熵空间模型。通过数值模拟和敏感性分析，研究了债务人信贷违约对 CRT 市场投资者违约率的影响。

4）考虑 CRT 市场上经济行为主体的空间距离因素、行业因素、区域间金融发展因素及 CRT 市场个体因素，构建了 CRT 市场信用风险传染的熵空间模型。

考虑 CRT 市场中银行和投资者之间的空间因素对 CRT 市场信用风险传染的影响，同时加入行业因素、区域间金融发展因素及 CRT 市场个体因素，构建了 CRT 市场信用风险传染的熵空间模型。通过数值仿真分析，探究了银行节点与投资者节点之间的空间距离和传输能力、银行的资产质量、银行的信用风险转移能力、投资者的资产规模、投资者的风险偏好程度、投资者所处区域的金融发展水平，以及银行和投资者所处区域间金融发展的趋同性等因素，对 CRT 市场信用风险传染效应的影响和作用机制。

5）结合行为金融理论的前沿研究，基于复杂网络构建了含有经济行为主体行为因素及金融网络结构特性的信用风险传染的网络演化模型。

在对金融市场信用风险传染过程中信用风险持有者的心理和行为机制分析

的基础上，通过将金融市场信用风险传染的经济行为主体行为因素引入其建模中，利用复杂网络建立了金融市场信用风险传染的网络演化模型。借助随机占优理论和数值模拟仿真技术，分别探讨了经济行为主体之间的关联程度、经济行为主体的风险态度、经济行为主体的风险抵御能力、金融市场监管者的监控强度和经济行为主体的网络结构特性，对金融市场信用风险传染非线性演化动态的影响机制。

6）考虑市场流动性和经济行为主体行为的交互影响，基于复杂网络构建了含有经济行为主体行为因素和市场流动性交互作用的信用风险传染的网络演化模型。

在上述研究的基础上，以信用风险持有者情绪和市场流动性的交互驱动对金融市场信用风险传染演化动态的影响为切入点，利用复杂网络构建了金融市场信用风险传染的网络演化模型。借助随机占优理论和数值模拟仿真技术，通过理论推导和数值模拟仿真系统分析了经济行为主体情绪和市场流动性的交互作用、经济行为主体之间的关联程度、经济行为主体的网络结构特性等，对金融市场信用风险传染非线性演化动态的影响机制。

7）考虑市场参与者行为与网络结构变化的影响，构建了具有择优删除机制的信用风险传染的网络演化模型。

考虑金融市场信用风险传染的适应度、投资者风险规避情绪及金融网络节点的择优删除行为，设计了具有择优删除机制的信用网络风险传染算法，构建了具有节点择优删除机制的信用风险传染的网络演化模型，研究了金融市场信用风险的传染效应及其网络演化行为。

8）结合金融市场信用风险传染的非线性本质特性，基于时滞微分方程构建了含有非线性阻力和时间延迟等内在固有的非线性因素的金融市场信用风险传染的非线性动力学演化模型。

为了对金融市场信用风险传染演化动态中的非线性动力学演化行为及其机制进行刻画和分析，结合金融市场信用风险传染所涉经济行为主体之间的关联程度及风险传染的非线性机制，利用非线性理论中的时滞微分方程构建了含有时间延迟和非线性阻力的金融市场信用风险传染的非线性动力学演化模型，并从向量场和庞加莱映射两个角度，通过理论推导和数值模拟仿真，对金融市场信用风险传染中的非线性动力学演化行为及其机制进行了深入探讨和分析。

9）考虑金融市场信用风险传染过程中时间延迟、延迟反馈、非线性阻力、噪声强度和弱周期信号等内在固有的非线性因素和外部随机扰动因素的协作效应，基于FHN模型构建了含有内在固有的非线性因素和外部随机扰动因素的金融市场信用风险传染的非线性动力学演化模型。

依据金融市场信用风险传染的实际情况，考虑除时间延迟和非线性阻力以外的内部其他非线性因素和外部随机扰动因素的协作影响，基于 FHN 模型构建了含有时间延迟、非线性阻力、延迟反馈、噪声强度和弱周期信号等因素协作影响的金融市场信用风险传染的非线性动力学演化模型，通过理论推导和数值模拟仿真探讨了内在固有的非线性因素和外部随机扰动因素的协作影响下，金融市场信用风险传染的非线性动力学演化行为及其作用机制。

10）考虑信用风险传染延迟效应及关联噪声的相互影响，构建了由关联高斯白噪声驱动的信用风险传染随机时滞模型，运用诺维科夫定理、时滞近似法、路径积分法及一阶摄动理论，分析了金融市场中信用风险传染的 Fokker-Planck 模型及其稳态概率分布函数，并运用数值模拟方法，探讨了信用风险传染的时间延迟、非线性阻力、噪声强度、关联高斯白噪声的关联程度等因素对信用风险传染稳态概率分布的影响及其非线性行为的演化动态。

8.2　研　究　展　望

本书运用行为金融、空间结构理论、信息经济学、复杂网络、非线性动力学、混沌经济学、随机占优理论及计算机仿真技术，从不同角度构建了金融市场信用风险传染演化模型，对金融市场信用风险传染的非线性机制及其动态演化进行了深入分析和探讨，得到了一些富有理论价值和实践意义的结论。但是，本书只是在一定程度上进行了初步的探索性研究，仍然存在一定的缺陷和不足，另外金融市场信用风险传染是一个非常复杂的系统性问题，因此还有很多问题有待进一步深入研究：

1）金融市场信用风险传染实际是一个含有诸多异质性经济行为主体的复杂系统，对其可以抽象为网络，运用网络演化博弈对该复杂系统具有异质性经济行为主体的信用风险传染行为及其演化动态展开研究。网络演化博弈拓展了传统演化博弈所有个体全部相互接触的前提假设，使其更加接近现实金融市场，更能较为真实地反映金融市场信用风险传染中，具有较强异质性的经济行为主体之间的行为动态及其演化机制。

2）结合现有理论研究，利用现实金融市场运行的数据对金融市场信用风险传染问题进行实证研究。目前对金融市场信用风险传染的研究，主要是从理论上对其进行定量与定性分析，也包括本书的研究，整体上缺乏利用金融市场运行的真实数据进行实证研究。这也使得理论的研究结果仅出自于理论研究，缺乏实证的检验和支撑。因此，应结合金融市场信用风险的实际历史数据对其非线性行为及其动态演化进行实证分析，检验理论的研究结果。

　　金融市场表现为虚拟金融规模巨大、内部结构复杂、耦合度高、信息对称性和透明性低、参与主体数量多且属性复杂、动态开放的复杂的非线性巨系统。其信用风险传染问题也是这些诸多固有因素和不确定因素交互作用的结果，对其进行研究具有很强的理论意义和实际应用参考价值。但本书对金融市场信用风险传染的复杂性及其演化研究只是拘泥于一个细小的理论角度。事实上，对金融市场信用风险传染研究的价值远不局限于此，还有很多值得继续深入挖掘的价值，对其非线性行为的理论分析和实证检验也将是作者在今后学习和科研中继续奋斗的方向。

参 考 文 献

埃德加·E. 彼得斯. 1999. 资本市场的混沌与秩序[M]. 王小东译. 北京：经济科学出版社.

巴曙松, 曾智, 朱元倩. 2014. 交易对手信用风险的度量及其防范[J]. 金融与经济, （5）:
    8-14.

白云芬, 胡新华, 叶中行. 2007. 关于双曲衰减的违约相关模型及 CDS 定价[J]. 应用数学和力学,
    28 （12）: 1468-1474.

曹建福, 韩崇昭, 方洋旺. 2006. 非线性系统理论及应用[M]. 西安：西安交通大学出版社.

昌忠泽. 2006. 非线性动力学在宏观经济学领域中的运用——文献综述[J]. 经济研究, 9:
    117-128.

车欣薇, 部慧, 梁小珍, 等. 2012. 一个金融集聚动因的理论模型[J]. 管理科学学报, 15 （3）:
    16-29.

陈斌. 2010. 美国信用违约互换市场动荡的机理与启示[J]. 金融市场, （1）: 56-59.

陈国进, 马长峰. 2010. 金融危机传染的网络理论研究述评[J]. 经济学动态, （2）: 116-120.

陈林, 周宗放. 2009. 基于股权比重的企业集团内母子公司之间信用风险传递研究[J]. 管理工程
    学报, 23 （3）: 80-84.

陈平. 2004. 文明分岔、经济混沌和演化经济动力学[M]. 北京：北京大学出版社.

陈收. 2004. 行为金融理论与实证[M]. 长沙：湖南大学出版社.

陈田, 秦学志. 2008. 债务抵押债券（CDO）定价模型研究综述[J]. 管理学报, 5 （4）: 616-624.

陈田, 秦学志, 杨瑞成, 等. 2010. 考虑回收率随机特征的 CDO 定价模型[J]. 系统管理学报,
    19 （6）: 618-624.

陈庭强, 何建敏. 2013. CRT 市场信用风险传染机制研究[J]. 金融发展研究, （10）: 28-33.

陈庭强, 何建敏. 2014a. 基于复杂网络的信用风险传染模型研究[J]. 软科学, 28 （2）: 111-117.

陈庭强, 何建敏. 2014b. 基于复杂网络的信用风险传染模型研究[J]. 中国管理科学, 22 （11）:
    1-10.

陈庭强, 王冀宁. 2011. 基于认知心理学的证券投资者认知与行为偏差形成机理研究[J]. 系统科
    学学报, 19 （2）: 42-46.

陈庭强, 何建敏, 李心丹. 2016a. 基于熵空间交互理论的 CRT 网络信用风险传染模型[J]. 中国
    管理科学, 24 （6）: 10-18.

陈庭强, 李心丹, 王冀宁. 2016b. 多因素耦合下 CRT 市场信用风险传染的熵空间模型[J]. 系统
    工程理论与实践, 36 （1）: 1-14.

陈庭强, 何建敏, 尹群耀, 等. 2011a. 基于银行信贷行为的 CRT 市场信用风险传染评述[J]. 金
    融理论与实践, （11）: 95-99.

陈庭强, 何建敏, 尹群耀. 2011b. 博弈学习理论下 BCRT 策略选择的演化动态[J]. 系统工程,
    29 （11）: 22-27.

陈庭强，王杰朋，王冀宁. 2017. 基于 CDS 的交易对手信用风险传染机理研究[J]. 金融理论与
　　实践，（4）：35-38.

陈晓红，王小丁，曾江洪. 2008. 债权治理机制、企业特征与成长性——来自中国中小上市公司
　　的经验证据[J]. 管理工程学报，22（4）：19-24.

陈秀花. 2006. 信用衍生品对金融稳定性的影响及政策建议[J]. 辽宁大学学报（哲学社会科学版），
　　34（5）：128-132.

陈以平. 2006. 时滞微分方程中点欧拉法的渐进稳定性[J]. 湖北民族学院学报（自然科学版），
　　24（2）：117-121.

陈哲，刘延平，张榕. 2010. 国外信用风险转移市场宏观作用理论研究[J]. 金融评论，（5）：
　　114-121，126.

陈正声，秦学志. 2011. 多因素时变 Markov 链模型下考虑信用风险的互换期权定价[J]. 系统工
　　程理论与实践，31（6）：993-1003.

陈正声，秦学志. 2017. 考虑交易对手间三种违约相关情景下的 CDS 定价——基于单因子
　　Copula 模型的模拟[J]. 系统管理学报，26（3）：512-517.

池丽旭，庄新田. 2011. 投资者的非理性行为偏差与止损策略[J]. 管理科学学报，14（10）：54-66.

邓斌，张涤新. 2011. 金融危机背景下信用违约互换道德风险研究[J]. 经济评论，（1）：5-14.

董建卫，党自华，陈蓉. 2012. 风险投资机构的网络位置与退出期限：来自中国风险投资业的经
　　验证据[J]. 管理评论，24（9）：49-56.

菲尔·亨特，朱尼·肯尼迪. 2007. 金融衍生工具理论与实践[M]. 朱波译. 成都：西南财经大
　　学出版社.

龚朴，高原. 2010. 非理性预期对信用衍生产品定价的影响——美国次贷危机的启示[J]. 管理科
　　学学报，13（9）：55-67.

桂学文，娄策群. 2006. 信息经济学[M]. 北京：科学出版社.

郭晨，宋清华. 2010. 宏观经济变量冲击与我国银行间市场风险传染[J]. 湖北经济学院学报，
　　8（3）：36-44.

郭谦. 2003. 时滞微分方程 Hopf 分歧分析、周期解的计算及其数值动力系统[D]. 上海大学博士
　　学位论文.

韩剑. 2009. 流动性冲击与金融危机传染[J]. 上海金融，（4）：52-55.

韩立岩，陈文丽. 2006. 贷款组合中违约传染的机理研究[J]. 金融研究，（7）：143-150.

韩琳，胡海鸥. 2005. 国外信用风险转移市场作用机制研究述评[J]. 外国经济与管理，27（12）：
　　37-43.

韩平，席酉民. 2001. 违约相关性分析[J]. 统计研究，18（5）：52-56.

何建敏，李守伟，周伟. 2012. 金融市场中传染风险建模与分析[M]. 北京：科学出版社.

胡晓华，虞敏. 2005. 上海股市日成交量服从（或近似服从）对数正态分布[J]. 应用概率统计，
　　（1）：101-105.

克里斯·莫里森. 2009. 金融风险度量概论[M]. 汤大马，李松译. 北京：清华大学出版社.

李国荣，刘启贵，唐晓. 2010. 基于信息的违约传染[J]. 重庆科技学院学报（自然科学版），
　　12（3）：137-139.

李红权，马超群. 2005. 风险度理论及其实证研究[J]. 管理工程学报，19（3）：158-161.

李红权，马超群. 2006. 金融市场的复杂性与风险管理[M]. 北京：经济科学出版社.

李丽，周宗放. 2015. 企业集团信用风险动态传染机理研究[J]. 管理评论，27（1）：48-56.

李守伟，何建敏，庄亚明，等. 2010. 银行同业拆借市场的网络模型构建及稳定性[J]. 系统工程，（5）：20-24.

李守伟，何建敏，庄亚明，等. 2011. 基于复杂网络的银行同业拆借市场稳定性研究[J]. 管理工程学报，25（2）：195-199.

李昊，曹宏铎，邢浩克. 2012. 基于复杂网络少数者博弈模型的金融市场仿真研究[J]. 系统工程理论与实践，32（9）：1882-1890.

李心丹. 2004. 行为金融学：理论及中国的证据[M]. 上海：上海三联书店.

李旭. 2009. 社会系统动力学——政策研究的原理、方法和应用[M]. 上海：复旦大学出版社.

李永奎，周一懋，周宗放. 2017. 基于不完全免疫情景下企业间关联信用风险传染及其仿真[J]. 中国管理科学，25（1）：57-64.

李永奎，周宗放. 2015. 基于无标度网络的关联信用风险传染延迟效应[J]. 系统工程学报，30（5）：575-583.

梁丽珍. 2009. 投资者情绪、流动性和资产收益[M]. 北京：中国财政经济出版社.

林福永，孙凯. 2007. 复杂网络关系流与行为关系定理[J]. 系统工程理论与实践，（9）：136-141.

林琳，曹勇，肖寒. 2016. 中国式影子银行下的金融系统脆弱性[J]. 经济学：季刊，（3）：1113-1136.

刘强，方锦清，李永，等. 2005. 探索小世界特性产生的一种新方法[J]. 复杂系统与复杂性科学，2（2）：13-19.

刘晓星，夏丹. 2014. 基于复杂网络的银企间信贷风险传染机制研究[J]. 金融监管研究，（12）：37-53.

刘亚，张曙东，黄亭亭. 2008. 信用违约互换与债券发展市场[J]. 财经理论与实践，29（2）：42-46.

刘作仪. 2008. 复杂网络理论及相关管理复杂性研究的资助进展[J]. 中国科学基金，（1）：13-17.

露西·F. 阿科特，理查德·迪弗斯. 2012. 行为金融：心理、决策和市场[M]. 戴国强等译. 北京：机械工业出版社.

马英红，李慧嘉，张晓东. 2010. 赋权网络中的弱化免疫研究[J]. 管理科学学报，13（10）：32-39.

梅小华，俞建宁，张建刚. 2008. 一类混沌金融系统的线性与非线性反馈同步[J]. 天津师范大学学报（自然科学版），28（3）：49-51.

庞素琳，王立. 2016. 信用贷款风险中反向 CDS 协议设计与定价模型[J]. 管理科学学报，19（6）：114-124.

佘升翔，陆强，王振全. 2012. 环境风险知觉的空间折扣模型[J]. 系统工程理论与实践，32（12）：2712-2717.

石建军. 2009. 复杂网络的点强度相关研究及其复杂网络在生物领域的应用研究[D]. 扬州大学硕士学位论文.

石善冲，齐安甜. 2006. 行为金融学与证券投资博弈[M]. 北京：清华大学出版社.

史永东，赵永刚. 2007. 信用衍生品定价理论文献综述[J]. 世界经济，11：80-96.

史永东，赵永刚. 2008. 信用衍生品的国际发展机理研究[J]. 财经问题研究，（10）：54-60.

宋艳丽. 2010. 简谐噪声激励下 FitzHugh-Nagumo 神经元的动力学行为[J]. 物理学报，59（4）：2334-2338.

宋泽芳，李元. 2012. 投资者情绪与股票特征关系[J]. 系统工程理论与实践，32（1）：27-33.

孙艳霞，鲍勤，汪寿阳. 2015. 房地产贷款损失与银行间市场风险传染——基于金融网络方法的研究[J]. 管理评论，27（3）：3-15.

田军，周勇. 2012. 信用传染违约 Aalen 加性风险模型[J]. 应用数学学报，35（3）：408-420.

汪秉宏，周涛，王文旭，等. 2008. 当前复杂系统研究的几个方向[J]. 复杂系统与复杂性科学，（4）：21-28.

汪小帆，李翔，陈关荣. 2006. 复杂网络理论及其应用[M]. 北京：清华大学出版社.

王丹枫，梁丹. 2012. 从投资情绪角度看股票市场流动性[J]. 数理统计与管理，31（2）：363-373.

王倩. 2009. 信用风险传染模型对债务抵押债权定价影响的比较研究[J]. 辽宁师范大学学报（社会科学版），32（3）：35-39.

王倩，Hartmann-Wendels T. 2008. 信用违约风险传染建模[J]. 金融研究，（10）：162-173.

王倩，Hartmann-Wendels T，王煦逸. 2008. 信用风险传染综述[J]. 金融理论与实践，（4）：92-95.

王小丁. 2010. 基于违约相依的信用风险度量与传染效应研究[D]. 中南大学博士学位论文.

王晓枫，廖凯亮，徐金池. 2015. 复杂网络视角下银行同业间市场风险传染效应研究[J]. 经济学动态，（3）：71-81.

王长春，陈超. 2012. 基于复杂网络的谣言传播模型[J]. 系统工程理论与实践，32（1）：203-210.

王志军. 2003. 信用风险转移的工具、机构与市场[J]. 南开经济研究，（5）：77-80.

韦艳华，张世英. 2008. Copula 理论及其在金融分析上的应用[M]. 北京：清华大学出版社.

吴殿廷. 2003. 区域经济学[M]. 北京：科学出版社.

鲜于波，梅琳. 2009. 间接网络效应下的产品扩散——基于复杂网络和计算机经济学的研究[J]. 管理科学学报，12（1）：70-81.

谢尚宇，汪寿阳，周勇. 2011. 金融危机下带传染效应的违约预报[J]. 管理科学学报，14（1）：1-12.

辛宝贵，陈通，刘艳芹. 2011. 一类分数阶混沌金融系统的复杂性演化研究[J]. 物理学报，60（4）：797-802.

熊正德，冷梅. 2010. KMV 和 Apriori 算法在上市公司信用风险传染中的应用[J]. 湖南大学学报（社会科学版），24（3）：58-61.

徐超，康艳梅. 2011. 非高斯噪声激励下含周期信号 FitzHugh-Nagumo 系统的响应特征[J]. 物理学报，60（10）：742-749.

许丹，李翔，汪小帆. 2007. 复杂网络病毒传播的局域控制研究[J]. 物理学报，56（3）：1313-1317.

杨瑞成，秦学志，陈田. 2009. 随机相关结构下单因子混合高斯模型 CDO 定价问题[J]. 大连理工大学学报，49（4）：587-593.

杨绍普. 2011. 非线性动力学与控制的若干理论及应用[M]. 北京：科学出版社.

杨星，胡国强. 2013. 交易对手信用违约事件与信用违约互换公允价值[J]. 系统工程理论与实践，33（6）：1389-1394.

杨扬，周宗放，费文颖. 2014. 嵌入小世界网络的企业集团信用风险演化仿真[J]. 管理工程学报，28（1）：138-143.

尹虹潘. 2005. 对城市吸引区范围界定的理论分析[J]. 财经研究，31（11）：108-114.

余海斌，王慧琴. 2011. 金融创新产品风险的适应性监管机制探索——以 MBS、CDO、CDS 为例[J]. 南京审计学院学报，4：33-38.

袁国勇，杨世平，王光瑞，等. 2005. 两个延迟耦合 FitzHugh-Nagumo 系统的动力学行为[J]. 物理学报，54（4）：1510-1522.

张家忠. 2010. 非线性动力系统的运动稳定性、分岔理论及其应用[M]. 西安：西安交通大学出版社.

张乐才. 2011. 企业资金担保链：风险消释，风险传染与风险共享[J]. 经济理论与经济管理，（10）：57-65.

张维，喻颖，张永杰，等. 2008. 中国金融服务业的创新：新世纪的观察[J]. 系统工程理论与实践，28（8）：159-170.

张泽旭，李鹏翔，郭菊娥. 2012. 担保链危机的传染机制[J]. 系统工程，30（4）：25-31.

张志国，曹洋，孙平. 2008. 对数正态分布参数的精确估计及其应用[J]. 辽宁科技大学学报，31（3-4）：269-272.

赵俊强，韩琳，李湛. 2007. 信用风险转移与银行系统表现——基于美国信用衍生品交易市场面板数据的实证研究[J]. 金融研究，（5）：147-160.

赵微，刘玉涛，周勇. 2014. 金融风险中违约传染效应的研究[J]. 数理统计与管理，33（6）：983-990.

郑玉华，张涤新. 2009. 贷款组合中违约传染的 ACD 模型[J]. 中国科学技术大学学报，39（12）：1272-1276.

庄毓敏，孙安琴，毕毅. 2012. 信用风险转移创新与银行（体系）的稳定性——基于美国银行数据的实证研究[J]. 金融研究，（6）：83-94.

Bates D M，Watts D G. 1998. 非线性回归分析及其应用[M]. 北京：中国统计出版社.

Aase K，Øksendal B，Privault N，et al. 2000. White noise generalizations of the Clark-Haussmann-Ocone theorem with application to mathematical finance[J]. Finance & Stochastics，4（4）：465-496.

Acharya S N. 2011. Essays on Macroeconomic Policy and Growth in India[M]. Oxford：Oxford University Press.

Acharya V V，Johnson T C. 2007. Insider trading in credit derivatives[J]. Journal of Financial Economics，84（1）：110-141.

Acharya V，Bisin A. 2014. Counterparty risk externality：centralized versus over-the-counter markets[J]. Journal of Economic Theory，149（1）：153-182.

Alavian S，Ding J，Whitehead P，et al. 2008. Credit Valuation Adjustment（CVA）[R]. Social Science Electronic Publishing.

Albert R，Barabási A L. 2000. Topology of evolving networks[J]. Physical Review Letters，85：5234-5237.

Allen F，Carletti E. 2006. Credit risk transfer and contagion[J]. Journal of Monetary Economics，53（1）：89-111.

Allen F，Gale D. 2000. Financial contagion[J]. Journal of Political Economy，108（1）：1-33.

Allen F，Gale D. 2007. Systemic risk and regulation[M]//The Risks of Financial Institutions. Chicago：University of Chicago Press：341-376.

Amaral L A N，Scala A，Barthelemy M，et al. 2000. Classes of Small-World Networks[J]. Proceedings of the National Academy of Sciences of the United States of America，97（21）：11149.

Ang A，Longstaff F A. 2013. Systemic sovereign credit risk：Lessons from the U. S. and Europe[J]. Journal of Monetary Economics，60（5）：493-510.

Arora N, Gandhi P, Longstaff F A. 2012. Counterparty credit risk and the credit default swap market[J]. Journal of Financial Economics, 103 (2): 280-293.

Arping S. 2002. Playing hardball: relationship banking in the age of credit derivatives[R]. Amsterdam: University of Amsterdam: 1-33.

Augustin P, Subrahmanyam M G, Tang D Y, et al. 2016. Credit default swaps: past, present, and future[J]. Annual Review of Financial Economics, 8 (1): 175-196.

Awokuse T O, Christopoulos D K. 2009. Nonlinear dynamics and the exports-output growth nexus[J]. Economic Modelling, 26 (1): 184-190.

Azizpour S, Giesecke K. 2008. Self-Exciting corporate default[R]. Working Paper, Stanford University.

Babus A. 2006. The formation of financial networks[R]. Tinbergen Institute Discussion Paper, No. 2006-093/2.

Bailey N T J. 1975. The mathematical theory of infectious diseases and its applications[M]. London: Charles Griffin and Company.

Baker M, Stein J C. 2004. Market liquidity as a sentiment indicator[J]. Journal of Financial Markets, 7 (3): 271-299.

Baker M, Wurgler J, Yuan Y. 2012. Global, local, and contagious investor sentiment[J]. Journal of Financial Economics, 104 (2): 272-287.

Baker M, Wurgler J. 2006. Investor sentiment and the cross-section of stock returns[J]. Journal of Finance, 61 (4): 1645-1680.

Baker M, Wurgler J. 2007. Investor sentiment in the stock market[J]. Journal of Economic Perspectives, 21 (2): 129-151.

Bank for International Settlements. 2003. Credit risk transfer[R]. Committee on the Global Financial System, 1: 31-51.

Barabási A L, Albert R. 1999. Emergence of scaling in random networks[J]. Science, 286 (5439): 509-512.

Barabási A L, Bonabeau E. 2003. Scale-free networks[J]. Scientific American, 288 (5): 60.

Barber B M, Odean T, Zhu N. 2009. Do Retail Trades Move Markets?[J]. Review of Financial Studies, 22 (1): 151-186.

Barber B M, Odean T. 2000. Trading Is Hazardous to Your Wealth: The Common Stock Investment Performance of Individual Investors[J]. Journal of Finance, 55 (2): 773-806.

Barberis N, Shleifer A, Vishny R. 1998. A model of investor sentiment[J]. Journal of Financial Economics, 49 (3): 307-343.

Bargigli L, Gallegati M. 2013. Finding communities in credit networks[J]. Economics: The Open-Access, Open-Assessment E-Journal, 7 (17): 1-39.

Barro D, Basso A. 2010. Credit contagion in a network of firms with spatial interaction[J]. European Journal of Operational Research, 205 (2): 459-468.

Basso A, Barro D. 2005. Counterparty risk: a credit contagion model for a bank loan portfolio[J]. The ICFAI Journal of Financial Risk Management, 2 (4): 1-24.

Basso A, Gusso R. 2008. A credit contagion model for the dynamics of the rating transitions in a SME bank loan portfolio[R]. Working Papers.

Baur D G, Joossens E. 2006. The effect of credit risk transfer on financial stability[R]. EUR Working

Paper No. 21521 EN，1：1-24.

Beretta E，Del P S. 2013. Banking consolidation and bank-firm credit relationships：the role of geographical features and relationship characteristics[J]. Review of Economics & Institutions，4（3）：1-46.

Bianco M，Nicodano G. 2006. Pyramidal groups and debt[J]. European Economic Review，50（4）：937-961.

Black F. 1986. Noise[J]. Journal of Finance，41（3）：529-543.

Block W A，Hommes C H. 1997. A rational route to randomness[J]. Econometrica，65（5）：1059-1095.

Block W A，Hommes C H. 1998. Heterogeneous beliefs and routes to chaos in a simple asset pricing model[J]. Journal of Economic Dynamics and Control，22（8-9）：1235-1274.

Bluhm C，Overbeck L，Wagner C. 2002. An Introduction to Credit Risk Modeling[M]//Introduction to credit risk modeling. Chapman & Hall/CRC：127-137.

Bluhm C. 2003. CDO Modeling：techniques，examples and applications[R]. Manuscript. HypoVereinsbank，Munich.

Bo L，Capponi A. 2015. Counterparty risk for CDS：default clustering effects[J]. Journal of Banking & Finance，52：29-42.

Boissay F. 2006. Credit chains and the propagation of financial distress[R]. ECB Working Paper No. 573.

Bollobás B，Riordan O. 2004a. The diameter of a scale-free random graph[J]. Combinatorica，24（1）：5-34.

Bollobás B，Riordan O. 2004b. Coupling scale-free and classical random graphs[J]. Internet Mathematics，1（2）：215-225.

Bountis A. 1998. Dynamical Systems and Numerical Analysis[M]. Cambridge：Cambridge University Press.

Brigo D，Capponi A. 2010. Bilateral counterparty risk with application to CDSs[J]. Risk，23（3）：85-90.

Brigo D，Pallavicini A. 2008. Counterparty risk and CCDSs under correlation[J]. Risk Magazine，2：84-88.

British Bankers' Association. 2004. Credit derivatives report 2003/2004[R]. BBA Publications Department.

Burkart M，Ellingsen T. 2004. In-Kind Finance：A Theory of Trade Credit[J]. American Economic Review，94（3）：569-590.

Calomiris C W，Carlson M. 2017. Interbank networks in the National Banking Era：Their purpose and their role in the Panic of 1893[J]. Journal of Financial Economics，125（3）：434-453.

Canedo J M D，Jaramillo S M. 2009. A network model of systemic risk：stress testing the banking system[J]. Intelligent Systems in Accounting Finance & Management，16（1-2）：87-110.

Carling K，Lundberg S. 2005. Asymmetric information and distance：an empirical assessment of geographical credit rationing[J]. Journal of Economics & Business，57（1）：39-59.

Casu B，Dontis-Charitos P，Staikouras S，et al. 2016. Diversification，Size and Risk：the Case of Bank Acquisitions of Nonbank Financial Firms[J]. European Financial Management，22（2）：235-275.

Catullo E，Gallegati M，Palestrini A. 2015. Towards a credit network based early warning indicator for crises[J]. Journal of Economic Dynamics and Control，50：78-97.

Cebenoyan A S，Strahan P E. 2001. Risk management，capital structure and lending at banks[R]. Wharton School Center for Financial Institutions Working Paper No. 02-09，1-31.

Celik H M，Guldmann J M. 2007. Spatial interaction modeling of interregional commodity flows[J]. Socio-Economic Planning Sciences，41（2）：147-162.

Cetin U，Jarrow R，Protter P，et al. 2004. Modeling credit risk with partial information[J]. The Annals of Applied Probability，14（3）：1167-1178.

Chen T Q，Chen Y，Li X，et al. 2015a. An entropy model of credit risk contagion in the CRT market[J]. Discrete Dynamics in Nature and Society，（1）：1-8.

Chen T Q，Li X D，Wang J N. 2015b. Spatial interaction model of credit risk contagion in the CRT market[J]. Computational Economics，46（4）：519-537.

Chen T Q，He J M，Li X D. 2017. An evolving network model of credit risk contagion in the financial market[J]. Technological and Economic Development of Economy，23（1）：1-16.

Chen T Q，He J M，Wang J N. 2013a. Bifurcation and chaotic behavior of credit risk contagion based on FitzHugh-Nagumo system[J]. International Journal of Bifurcation and Chaos，23（7）：1-15.

Chen T Q，He J M，Yin Q Y. 2013b. Dynamics evolution of credit risk contagion in the CRT market[J]. Discrete Dynamics in Nature and Society，（6）：412-423.

Chen T Q，He J M. 2012. A network model of credit risk contagion[J]. Discrete Dynamics in Nature and Society，（3）：327-337.

Chen T Q，Li X D，He J M. 2014. Complex dynamics of credit risk contagion with time delay and correlated noises[J]. Abstract and Applied Analysis，（5）：1-10.

Chen W C. 2008a. Dynamics and control of a financial system with time-delayed feedbacks[J]. Chaos Solitons & Fractals，37（4）：1198-1207.

Chen W C. 2008b. Nonlinear dynamics and chaos in a fractional-order financial system[J]. Chaos Solitons & Fractals，36（5）：1305-1314.

Chen Y. 2006. Asymptotic stability of midpoint euler method for delay differential equations[J]. Journal of Hubei Institute for Nationalities，24：117-121.

Chian A C L，Rempel E L，Rogers C. 2006. Complex economic dynamics：chaotic saddle，crisis and intermittency[J]. Chaos，Solitons & Fractals，29（5）：1194-1218.

Chiesa G. 2008. Optimal credit risk transfer，monitored finance，and banks[J]. Journal of Financial Intermediation，17（4）：464-477.

Cifuentes R，Ferrucci G，Shin H S. 2005. Liquidity risk and contagion[J]. Journal of the European Economic Association，3（2-3）：556-566.

Clarke G，Langley R，Cardwell W. 1998. Empirical applications of dynamic spatial interaction models[J]. Computational Environmental and Urban Systems，22（2）：157-184.

Cocco J F，Gomes F J，Martins N C. 2009. Lending Relationship in the Interbank Market[J]. Journal of Financial Intermediation，18（1）：24-48.

Collin-Dufresne P，Goldstein R S，Hugonnier J. 2004. A general formula for valuing defaultable securities[J]. Econometrica，72（5）：1377-1407.

Collin-Dufresne P，Goldstein R，Helwege J. 2003. Is credit event risk priced？ Modeling contagion via the updating of beliefs[R]. Working Paper，Carnegie Mellon University.

Cooper C，Frieze A，Vera J. 2004. Random deletion in a scale-free random graph process[J]. Internet

Mathematics, 1 (4): 463-483.

Criado S, Rixtel A V. 2008. Structured finance and the financial turmoil of 2007-2008: an introductory overview[J]. SSRN Electronic Journal, (808): 1-45.

Das S R, Duffie D, Kapadia N. 2007. Common failings: how corporate defaults are correlated[J]. Journal of Finance, 62 (1): 93-117.

Dasgupta A. 2004. Financial contagion through capital connections: a model of the origin and spread of bank panics[J]. Journal of the European Economic Association, 2 (6): 1049-1084.

Davis M, Lo V. 2000. Modelling default correlation in bond portfolios[R]. London: Imperial College.

Davis M, Lo V. 2001. Infectious defaults[J]. Quantitive Finance, 1 (4): 382-387.

Day R H. 2001. Irregular Growth Cycles[J]. The American Economic Review, 72 (3): 406-414.

de Long B J, Shleifer A, Summers L H, et al. 1990. Noise trader risk in financial markets[J]. Journal of Political Economics, 98 (4): 703-738.

Debreu G. 1959. Theory of Value: An Axiomatic Analysis of Economic Equilibrium[M]. Yale: Yale University Press.

Degryse H, Nguyen G. 2007. Interbank exposures: an empirical examination of systemic risk in the Belgian banking system[J]. International Journal of Central Banking, 3 (2): 123-171.

Deng K, Zhao H, Li D. 2007. Effect of node deleting on network structure[J]. Physica A, 379 (2): 714-726.

Deo N, Cami A. 2007. Preferential deletion in dynamic models of web-like networks[J]. Information Processing Letters, 102 (4): 156-162.

Diamond D W. 1984. Financial intermediation and delegated monitoring[J]. Review of Economic Studies, 51 (3): 393-414.

Dickinson E. 2008. Credit default swaps: so dear to us, so dangerous[EB/OL]. http: //ssrn.com/ abstract= 1315535.

Dong L, Wang J. 2014. Credit risk measurement of the listed company based on modified KMV model[J]. Advances in Intelligent Systems and Computing, 281: 915-923.

Dorogovtsev S N, Mendes J F F, Samukhin A N. 2000. Generic scale of the "scale-free" growing networks[J]. Physical Review E, 63 (6): 138-158.

Dowrick S, Pitchford R, Turnovsky S J. 2004. Economic Growth and Macroeconomic Dynamics: Recent Developments in Economic Theory[M]. Cambridge: Cambridge University Press.

Duffee G R, Zhou C. 2001. Credit derivatives in banking: useful tools for managing risk[J]. Journal of Monetary Economics, 48 (1): 25-54.

Duffie D. 2005. Credit risk modeling with affine processes[J]. Journal of Banking & Finance, 29 (11): 2751-2802.

Duffie D, Lando D. 2001. Term structures of credit spreads with incomplete accounting information[J]. Econometrica, 69 (3): 633-664.

Duffie D, Saita L, Wang K. 2007. Multi-period corporate default prediction with stochastic covariates[J]. Journal of Financial Economics, 83 (3): 635-665.

Eboli M. 2004. Systemic risk in financial networks: a graph theoretic approach[Z]. Mimeo: Universita di Chieti Pescara.

Egloff D，Leippold M，Vanini P. 2007. A simple model of credit contagion[J]. Journal of Banking & Finance，31（8）：2475-2492.

El Karoui N，Jeanblanc M，Jiao Y. 2010. What happens after a default：the conditional density approach[J]. Stochastic Processes and their Applications，120（7）：1011-1032.

Elliott R J，Jeanblanc M，Yor M. 2000. On models of default risk[J]. Mathematical Finance，10（2）：179-195.

Engelborghs K，Lust K，Roose D. 1999. Direct computation of period doubling bifurcation points of large-scale systems of ODEs using a Newton-Picard method[J]. IMA Journal of Numberical Analysis，19（4）：525-547.

Engelborghs K，Luzyanina T，Roose D. 2000. Numerical bifurcation analysis of delay differential equations[J]. Journal of Computational & Applied Mathematics，125（1）：265-275.

Errais E，Giesecke K，Goldberg L R. 2007. Pricing credit from the top down with affine point processes[R]. Working Paper，Standford University.

Estrella A. 2002. Securitization and the efficacy of monetary policy[J]. Economic Policy Review，8（1）：243-255.

European Central Bank. 2004. Credit risk transfer by EU banks：activities，risks and risk management[R]. European Central Bank，5：11-20.

Finger K，Lux T. 2017. Network formation in the interbank money market：an application of the actor-oriented model[J]. Social Networks，48：237-249.

Fishburn B D. 1976. Some aspects of blast from fuel-air explosives[J]. Acta Astronautica，3（11-12）：1049-1065.

FitzHugh R. 1961. Impulses and physiological states in theoretical models of nerve membrane[J]. Biophysical Journal，1（6）：445-466.

Focardi S M，Fabozzi F J. 2005. An autoregressive conditional duration model of credit-risk contagion[J]. Journal of Risk Finance，6（3）：208-225.

Ford N J，Wulf V. 1999. The use of boundary locus plots in the identification of bifurcation points in numerical approximation of delay-differential equations[J]. Journal of Computational and Applied Mathematics，111（1-2）：153-162.

Frank T D. 2005a. Delay Fokker-Planck equations，Novikov's theorem，and Boltzmann distributions as small delay approximations[J]. Physical Review E Statistical Nonlinear & Soft Matter Physics，72（1）：011112.

Frank T D. 2005b. Delay Fokker-Planck equations，perturbation theory，and data analysis for nonlinear stochastic systems with time delays[J]. Physical Review E Statistical Nonlinear & Soft Matter Physics，71（1）：031106.

Freidlin M，Wentzell A. 1984. Randomly Perturbations of Dynamical Systems[M]. Berlin：Springer-Verlag.

Frey R，Backhaus J. 2004. Portfolio credit risk models with interacting default intensities：a Markovian approach[R]. Working Paper，Universität Leipzig.

Frey R，Backhaus J. 2003. Interacting defaults and counterparty risk：a markovian approach[R]. Leipzig，Germany：Department of Mathematics，University of Leipzig.

Friedman D. 1991. Evolutionary games in economics[J]. Econometrica, 59 (3): 637-666.

Fudenberg D, Levine D K. 1998. The Theory of Learning in Games[M]. Massachusetts: The MIT Press.

Fujita M, Krugman P, Venables A J. 2001. The spatial economy: Cites, regions and international trade[M]. Cambridge: MIT Press.

Gai P, Kapadia S. 2009. A network model of super-systemic crises[R]. Working Papers Central Bank of Chile.

Gai P, Kapadia S. 2010. Contagion in financial networks[J]. Proc. R. Soc. A, 466 (2120): 2401-2423.

Galbiati M, Soramäki K. 2012. Clearing networks[J]. Journal of Economic Behavior & Organization, 83 (3): 609-626.

Gao Q, Ma J. 2009. Chaos and Hopf bifurcation of a finance system[J]. Nonlinear Dynamics, 58 (1-2): 209-216.

Gatti D D, Gallegati M, Greenwald B, et al. 2010. Business fluctuations in a credit-network economy[J]. Physica A Statistical Mechanics & Its Applications, 370 (1): 68-74.

Georg C P, Poschmann J. 2010. Systemic risk in a network model of interbank markets with central bank activity[R]. Jena Economic Research Papers, No. 2010-033.

Georg C P. 2013. The effect of the interbank network structure on contagion and common shocks[J]. Journal of Banking & Finance, 37 (7): 2216-2228.

Gibson M S. 2007. Credit derivatives and risk management[R]. Working Paper, Economic Review, Federal Reserve Bank of Atlanta, Fourth Quarter: 25-41.

Giesecke K. 2002. A Simple Exponential Model for Dependent Defaults[J]. Social Science Electronic Publishing, 13 (3): 74-83.

Giesecke K. 2004. Correlated default with incomplete information[J]. Journal of Banking and Finance, 28 (7): 1521-1545.

Giesecke K. 2006. Default and information[J]. Journal of Economic Dynamics and Control, 30 (11): 2281-2303.

Giesecke K, Weber S. 2004. Cyclical correlations, credit contagion, and portfolio losses[J]. Sfb Discussion Papers, 28 (12): 3009-3036.

Giesecke K, Weber S. 2006. Credit contagion and aggregate losses[J]. Journal of Economic Dynamics and Control, 30 (5): 741-767.

Glushkov D. 2005. Sentiment betas[R]. Unpublished Working Paper, University of Texas, Austin.

Goldenfeld N. 1992. Lectures on Phase Transitions and the Renormalization Group[M]. Lausanne: Frontiers in Physics.

Golo N, Kelman G, Bree D S, et al. 2015. Many-to-one contagion of economic growth rate across trade credit network of firms[J]. EconPapers: 1506.01734.

Gomes O. 2006. Routes to chaos in macroeconomic theory[J]. Journal of Economic Studies, 33 (6): 437-468.

Gordon I. 2010. Entropy, variety, economics, and spatial interaction[J]. Geographical Analysis, 42 (4): 446-471.

Gorton G，Pennacchi G. 1990. Banks and loan sales：marketing non-marketable assets[J]. Journal of Monetary Economics，35（3）：389-411.

Gu Y，Sun J. 2008. A local-world node deleting evolving network model[J]. Physics Letters A，372（25）：4564-4568.

Guckenheimer J，Holmes P. 1985. Nonlinear Oscillations，Dynamical Systems，and Bifurcations of Vector Fields[M]. Berlin：Springer-Verlag.

Guégan D. 2007. Chaos in economics and finance[J]. Annual Reviews in Control，33（1）：89-93.

Hadar J，Russell W R. 1969. Rules for Ordering Uncertain Prospects[J]. American Economic Review，59（1）：25-34.

Hairer E，Iserles A，Sanz-Serna J M. 1990. Equilibria of Runge-Kutta methods[J]. Numerische Mathematik，58（1）：243-254.

Hairer E，Norsett S P，Wanner G. 1992. Solving Ordinary Differential Equations I[M]. Berlin：Springer-Verlag.

Hakenes H，Schnabel I. 2010. Credit risk transfer and bank competition[J]. Journal of Financial Intermediation，19（3）：308-332.

Haldane A G，May R M. 2011. Systemic risk in banking ecosystems[J]. Nature，469（7330）：351-355.

Hanoch G，Levy H. 1969. The efficiency analysis of choices involving risk[J]. Review of Economic studies，36：335-346.

Harrison J M，Kreps D M. 1979. Martingales and arbitrage in multiperiod securities markets[J]. Journal of Economic Theory，20（3）：381-408.

Harrison J M，Pliska S. 1981. Martingales and stochastic integrals in the theory of continuous trading[J]. Stochastics Processes and Their Applications，11（3）：215-260.

Hatchett P L，Kühn R. 2009. Credit contagion and credit risk[J]. Quantitative Finance，9（4）：373-382.

Haynes K E，Fotheringham A S. 1984. Gravity and spatial interaction models[M]. Beverly Hills：Sage Publications.

He J，Sui X，Li S. 2016. An endogenous model of the credit network[J]. Physica A：Statistical Mechanics and its Applications，441：1-14.

Heider F，Hoerova M，Holthausen C. 2015. Liquidity hoarding and interbank market rates：the role of counterparty risk[J]. Journal of Financial Economics，118（2）：336-354.

Heise S，Kuhn R. 2012. Derivatives and credit contagion in interconnected networks[J]. The European Physical Journal：B，85（4）：1-19.

Hertel G，Neuhof J，Theuer T，Kerr N. 2000. Mood effects on cooperation in small groups：does positive mood simply lead to more cooperation[J]. Cognition & Emotion 14（4）：441-472.

Holmes P J. 1979. A nonlinear oscillator with a strange attractor，Phil. Tran.（of the Royal Society）[J]. Math. Phys. and Engin. Sci. A，292（1394）：419-448.

Hong H，Stein J. 2007. Disagreement and the stock market[J]. Journal of Economic Perspectives，21（2）：109-128.

Horst U. 2007. Stochastic cascades，credit contagion，and large portfolio losses[J]. Journal of

Economic Behavior & Organization, 63 (1): 25-54.

Hout K I, Lubich C. 1998. Periodic orbits of delay-differential equations under discretization[J]. BIT Numerical Mathematics, 38 (1): 72-91.

Hsieh D A. 1989. Testing for nonlinear dependence in daily foreign exchange rates[J]. Journal of Business, 62 (3): 339-368.

Hsieh D A. 1991. Chaos and Nonlinear Dynamics: application to financial markets[J]. Journal of Finance, 46 (5): 1839-1877.

Hull J, White A. 2001. Valuing credit default swaps II: modeling default correlations[J]. Journal of Derivatives, 8: 12-22.

Instefjord N. 2005. Risk and hedging: do credit derivatives increase bank risk[J]. Journal of Banking & Finance, 29 (2): 333-345.

International Association of Insurance Supervisors. 2003. Credit risk transfer between insurance, banking and other financial sectors[R]. International Association of Insurance Supervisors, 3.

Iori G, Jafarey S, Padilla F. 2006. Systemic risk on the interbank market[J]. Journal of Economic Behavior & Organization, 61 (4): 525-542.

Iori G, Jafarey S. 2001. Criticality in a model of banking crises[J]. Physical A: Statistical Mechanics and its Applications, 299 (1-2): 205-212.

Iserles A, Nørsett S P. 1990. On the theory of parallel runge—Kutta methods[J]. Ima Journal of Numerical Analysis, 10 (4): 463-488.

Jackiewicz Z, Vermiglio R, Zennaro M. 1997. Regularity properties of multistage integration methods [J]. Journal of Computational & Applied Mathematics, 87 (2): 285-302.

Jackson J P, Manning M J. 2007. Comparing the pre-settlement risk implications of alternative clearing arrangements[J]. Bank of England Working Papers.

Jackson M O. 2006. The Economics of Social Networks[M]. Cambridge: Cambridge University Press.

Janson N B, Balanov A G, Scholl E. 2004. Delayed feedback as a means of control of noise-induced motion[J]. Phys. Rev. Lett., 93 (1): 010601.

Jarrow R A, Yu Fan. 2001. Counterparty risk and the pricing of default securities[J]. The Journal of Finance, 56 (5): 1765-1799.

Jarrow R, Protter P. 2004. Structural versus reduced form models: a new information based perspective[J]. Journal of Investment Management, 2 (2): 1-10.

Jeanblanc M, Le Cam Y. 2009. Progressive enlargement of filtrations with initial times[J]. Stochastic Processes and their Applications, 119 (8): 2523-2543.

Jin Y, Xu W. 2005. Mean first-passage time of a bistable kinetic model driven by two different kinds of coloured noises[J]. Chaos Solitons & Fractals, 23 (1): 275-280.

Jorion P, Zhang G Y. 2009. Credit contagion from counterparty risk[J]. The Journal o f Finance, 64 (5): 2053-2087.

Kahn C, Santos J. 2005. Liquidity, payment and endogenous financial fragility[R]. Working Paper, Federal Reserve Bank of New York.

Kahneman D, Tversky A. 1979. Prospect theory: an analysis of decision under risk[J]. Econometrica,

47（2）：263-291.

Karamata J. 1932. Sur une inégalité relative aux fonctions convexes [J]. Publications De Linstitut Mathématique，1：145-148.

Kchia Y，Larsson M. 2011. Credit contagion and risk management with multiple non-ordered defaults[R]. Working Paper，Ecole Polytechnique and Cornell University.

Kent D D，Hirshleifer D，Subrahmanyam A. 2001. Overconfidence，arbitrage，and equilibrium asset pricing[J]. Journal of Finance，56（3）：921-965.

Kiff J，Morrow R. 2000. Credit derivatives[R]. Working Paper，Bank of Canada Review，Autumn：3-11.

Kim B H，Min H G，Moh Y K. 2010. Nonlinear dynamics in exchange rate deviations from the monetary fundamentals：An empirical study[J]. Economic Modelling，27（5）：1167-1177.

Kleinberg J M. 2000. Navigation in a small world[J]. Nature，406（6798）：845.

Konotop V V，Vázquez L. 1994. Nonlinear Random Waves[M]. Singapore：World Scienticic.

Koto T. 2001. Periodic orbits in the Euler methods for a class of delay-differential equations[J]. Computers & Mathematics with Applications，42（12）：1597-1608.

Krapivsky P L，Majumdar S N. 2000. Traveling waves，front selection，and exact nontrivial exponents in a random fragmentation problem[J]. Physical Review Letters，85（1）：5492-5495.

Krause A，Giansante S. 2012. Interbank lending and the spread of bank failures：a network model of systemic risk[J]. Journal of Economic Behavior & Organization，83（3）：583-608.

Krawiecki A，Hołyst J A. 2003. Stochastic resonance as a model for financial market crashes and bubbles[J]. Physica A：Statistical Mechanics and its Applications，317（3）：597-608.

Krugman P. 1997. Development，Geography and Economic Theory[M]. Cambridge：MIT Press.

Kwan S H，Laderman E S. 1999 On the portfolio effects of financial convergence：a review of the literature[J]. Economic Review，（2）：18-31.

Levy H，Wiener Z. 1998. Stochastic dominance and prospect dominance with subjective weighting functions[J]. Journal of Risk and Uncertainty，16（2）：147-163.

Li D X. 2000. On default correlation：a copula function approach[J]. Journal of Fixed Income，9（4）：43-54.

Li J Y，Tang D Y. 2016. The leverage externalities of credit default swaps[J]. Journal of Financial Economics，120（3）：491-513.

Li S，He J，Zhuang Y. 2010 A network model of the interbank market[J]. Physica A：Statistical Mechanics and its Applications，（389）：5587-5593.

Li S，He J，Zhuang Y. 2010. Network efficiency analysis of Chinese interbank market[J]. Journal of Southeast University（English Edition），26（3）：494-497.

Li S，He J. 2011. Resilience of interbank market networks to shocks[J]. Discrete Dynamics in Nature and Society，（9）：3482-3494.

Li S，He J. 2012. Fitness model for tiered structure in the interbank market[J]. Complexity，17（5）：37-43.

Li S，Sui X. 2016. Contagion risk in endogenous financial networks[J]. Chaos Solitons & Fractals the Interdisciplinary Journal of Nonlinear Science & Non-equilibrium & Complex Phenomena，91：

591-597.

Li S. 2011. Contagion risk in an evolving network model of banking systems[J]. Advances in Complex Systems, 14（5）: 673-690.

Liang G Y, Cao L, Wu D J. 2004. Approximate Fokker–Planck equation of system driven by multiplicative colored noises with colored cross-correlation[J]. Physica A Statistical Mechanics & Its Applications, 335（3）: 371-384.

Lin C H, Huang W H, Zeelenberg M. 2006. Multiple reference points in investor regret[J]. Journal of Economic Psychology, 27（6）: 781-792.

Lipton A, Sepp A. 2009. Credit value adjustment for credit default swaps via the structural default model[J]. Journal of Credit Risk, 5（2）: 123-146.

Liu B, Duan Y, Luan S. 2012. Dynamics of an SI epidemic model with external effects in a polluted environment[J]. Nonlinear Analysis: Real World Applications, 13（1）: 27-38.

Liu M Z, Spijker M N. 1990. The Stability of the θ-methods in the numerical solution of delay differential equations[J]. Ima Journal of Numerical Analysis, 10（1）: 31-48.

Loewenstein G, Weber E, Hsee C, et al. 2001. Risk as feelings[J]. Psychological Bulletin, 127（2）: 267-286.

Loon Y C, Zhong Z K. 2014. The impact of central clearing on counterparty risk, liquidity, and trading: evidence from the credit default swap market[J]. Journal of Financial Economics, 112（1）: 91-115.

Lopez P D. 2008. Diffusion in complex social networks[J]. Games and Economic Behavior, 62（2）: 573-590.

Lux T. 2016. A model of the topology of the bank-firm credit network and its role as channel of contagion[J]. Journal of Economic Dynamics & Control, 66: 36-53.

Luzyanina T, Engelborghs K, Lust K, et al. 1997. Computation, continuation and bifurcation analysis of periodic solutions, of delay differential equations[J]. International Journal of Bifurcation & Chaos, 7（11）: 9700170.

Ma J H, Chen Y S. 2001a. Study for the bifurcation topological structure and the global complicated character of a kind of nonlinear finance system. I[J]. Appl. Math. Mech., 22: 1240-1251.

Ma J H, Chen Y S. 2001b. Study for the bifurcation topological structure and the global complicated character of a kind of nonlinear finance system. II[J]. Appl. Math. Mech., 23: 1375-1382.

Marrison C. 2002. The Fundamentals of Risk Measurement[M]. New York: The McGraw-Hill Companies, Inc.

Marrison C. 2005. The fundamentals of risk measurement[J]. Mathematical Intelligencer, 27（2）: 83.

Martin D, Marrison C. 2007. Credit risk contagion[J]. Risk Magazine, 20（3）: 90-94.

Masi G D, Fujiwara Y, Gallegati M, et al. 2011. An analysis of the Japanese credit network[J]. Evolutionary & Institutional Economics Review, 7（2）: 209-232.

Mengle D. 2007. Credit derivatives: an overview[R]. Economic Review, Federal Reserve Bank of Atlanta, Fourth Quarter: 1-24.

Minton B A, Stulz R, Williamson R. 2009. How much do banks use credit derivatives to hedge loans？[J]. Journal of Financial Services Research，35（1）：1-31.

Moore C，Ghoshal G，Newman M E J. 2006. Exact solutions for models of evolving networks with addition and deletion of nodes[J]. Physical Review E，74（3）：036121.

Morrison A D. 2005. Credit derivatives，disintermediation and investment decisions[J]. Journal of Business，78（2）：621-648.

Moukarzel C F. 1999. Spreading and shortest paths in systems with sparse long-range connections[J]. Physical Review E，60（6）：R6263.

Nagumo J，Arimoto S，Yoshizawa S. 1962. An active pulse transmission line simulating nerve axon[J]. Proceedings of the IRE，50（10）：2061-2070.

Neu P，Kühn R. 2012. Credit risk enhancement in a network of interdependent firms[J]. Physica A Statistical Mechanics & Its Applications，342（3）：639-655.

Newman M E J，Watts D J. 1999. Scaling and percolation in the small-world network model[J]. Physical Review E，60（6）：7332.

Newman M E J. 2003. The Structure and Function of Complex Networks[J]. Siam Review，45（2）：167-256.

Neyer U，Heyde F. 2010. Credit default swaps and the stability of the banking sector[J]. International Review of Finance，10（1）：27-61.

Nier E，Yang J，Yorulmazer T，et al. 2008. Network models and financial stability[J]. Journal of Economic Dynamics and Control，31（6）：2033-2060.

Nijskens R，Wagner W. 2011. Credit risk transfer activities and systemic risk：how banks became less risky individually but posed greater risks to the financial system at the same time[J]. Journal of Banking & Finance，35（6）：1391-1398.

O'Kelly M E. 2010. Entropy-based spatial interaction models for trip distribution[J]. Geographical Analysis，42（4）：472-487.

Odean T. 1999. Do investors trade too much?[J]. American Economic Review，89（5）：1279-1298.

Ogryczak W，Ruszczyfiski A. 1999. From stochastic dominance to mean-risk models：Semideviations as risk measures[J]. European Journal of Operational Research，116（1）：33-50.

Ongena S，Smith D C. 2000. What determines the number of bank relationships？cross-country evidence[J]. Journal of Financial Intermediation，9（1）：26-56.

Ozik J，Hunt B R，Ott E. 2004. Growing networks with geographical attachment preference：emergence of small worlds[J]. Physical Review E Statistical Nonlinear & Soft Matter Physics，69（2 Pt 2）：026108.

Park J Y，Son J B. 2011. Expression and connection：the integration of the reflective learning process and the writing process into social network sites[J]. Journal of Autism & Developmental Disorders，25（4）：381-396.

Parlour C A，Winton A. 2013. Laying off credit risk：loan sales versus credit default swaps[J]. Journal of Financial Economics，107（1）：25-45.

Pastor S R，Vázquez A，Vespignani A. 2001. Dynamical and correlation properties of the internet[J]. Physical Review Letters，87（25）：258701.

Pastor S R，Vespignani A. 2001. Epidemic dynamics and endemic states in complex networks[J].

Physical Review E, 63（6）: 066117.

Peng M. 2004. Bifurcation and chaotic behavior in the Euler method for a Uçar prototype delay model[J]. Chaos, Solitons & Fractals, 22（2）: 483-493.

Petrov L F. 2009. Nonlinear effects in economic dynamic models[J]. Nonlinear Analysis: Theory, Methods & Applications, 71（12）: e2366-e2371.

Puu T, Sushko I. 2004. A business cycle model with cubic nonlinearity[J]. Chaos Solitons & Fractals, 19（3）: 597-612.

Pykhtin M. 2009. Modeling credit exposure for collateralized counterparties[J]. Journal of Credit Risk, 5（4）: 3-27.

Raghunathan R, Corfman K P. 2004. Sadness as pleasure-seeking prime and anxiety as attentiveness prime: the "different affect-different effect" (DADE) model[J]. Motivation and Emotion, 28（1）: 23-41.

Reitz S, Taylor M P. 2006. The coordination channel of foreign exchange intervention: a nonlinear microstructural analysis[J]. European Economic Review, 52（1）: 55-76.

Rothschild M, Stiglitz J E. 1970. Increasing Risk: I. A Definition[J]. Journal of Economic Theory, 2（3）: 225-243.

Santomero A M, Trester J J. 1998. Financial innovation and bank risk taking[J]. Journal of Economic Behavior & Organization, 35（1）: 25-37.

Santos T. 2006. Comment on: Credit risk transfer and contagion[J]. Journal of Monetary Economics, 53（1）: 113-121.

Sarshar N, Roychowdhury V. 2004. Scale-free and stable structures in complex ad hoc networks[J]. Physical Review E, 69: 026101.

Satorras R P, Vespignani A. 2002. Immunization of complex networks[J]. Phys. Rev. E, 65（3）: 036104.

Schleifer A. 2000. Inefficient Markets[M]. Oxford: Oxford University Press.

Schönbucher P J. 2003a. Information-driven default contagion[R]. Working Paper, Department of Mathematics, ETH Zurich.

Schönbucher P J. 2003b. Credit Derivatives Pricing Models: Models, Pricing and Implementation[M]. West Sussex: John Wiley and Sons Ltd.

Schwarcz S L. 2009. Regulating complexity in financial markets[J]. Wash. UL Rev., 87: 211.

Serrano S, Barrio R, Dena A, et al. 2012. Crisis curves in nonlinear business cycles[J]. Communications in Nonlinear Science and Numerical Simulation, 17（2）: 788-794.

Seydel R. 1998. Practical Bifurcation and Stability Analysis: From Equilibrium to Chaos[M]. Berlin: Springer-Verlag.

Shao R H, Chen Y. 2008. Stochastic resonance in time-delayed bistable systems driven by weak periodic signal[J]. Physica A Statistical Mechanics & Its Applications, 388（6）: 977-983.

Shin H S. 2008. Risk and liquidity in a system context[J]. Journal of Financial Intermediation, 17（3）: 315-329.

Shreve S E. 2005. Stochastic Calculus for Finance I: the Binomial Asset Pricing Model[M]. New York: Springer-Verlag.

Skinner F，Diaz A. 2002. An empirical study of credit default swaps[J]. Icma Centre Discussion Papers in Finance，28-38.

Song R，Sowers R B，Jones J. 2014. The topology of central counterparty clearing networks and network stability[J]. Stoch Models，30（1）：16-47.

Stuart A M，Peplow A T. 1991. The Dynamics of the Theta Method[M]. Society for Industrial and Applied Mathematics.

Stulz R M. 2010. Credit Default Swaps and the Crisis[R]. Journal of Economic Perspectives.

Subrahmanyam M G，Tang D Y，Wang S Q. 2017. Credit default swaps，exacting creditors and corporate liquidity management[J]. Journal of Financial Economics，124（2）：395-414.

Teteryatnikova M. 2010. Resilience of the interbank network to shocks and optimal bailout strategy：advantages of "tiered" banking systems[R]. Working Paper，University of Vienna.

Thurenr S，Hanel R，Pichler S. 2003. Risk trading，network topology，and banking regulation[J]. Quantitative Finance，3（4）：306-319.

Tony B. 1994. Chaos and risk management[J]. Risk management，41（4）：54-61.

Torelli L. 1989. Stability of numerical methods for delay differential equations[J]. Journal of Computational & Applied Mathematics，25（1）：15-26.

Tumarkin R，Whitelaw R F. 2001. News or noise? Internet message board activity and stock prices[J]. Financial Analysts Journal，57（3）：41-51.

Uçar A. 2002. A prototype model for chaos studies[J]. International Journal of Engineering Science，40（3）：251-258.

Uçar A. 2003. On the chaotic behavior of a prototype delayed dynamical system[J]. Chaos，Solitons and Fractals，16（2）：187-194.

Ullner E，Zaikin A，Garea-Ojalvo J，et al. 2003. Noise-induced excitability in oscillatory media[J]. Phys. Rev. Lett.，91（18）：180601.

Wagner W，Marsh I W. 2004. Credit risk transfer and financial sector performance[R]. CEPR Working Paper No. 4265：1-30.

Wagner W，Marsh I W. 2007. Credit risk transfer and financial sector stability[J]. Journal of Financial Stability，2（2）：173-193.

Wagner W. 2008. The homogenization of the financial system and financial crises[J]. Journal of Financial Intermediation，17（3）：330-356.

Wagner W. 2010. Diversification at financial institutions and systemic crises[J]. Journal of Financial Intermediation，19（3）：373-386.

Walker M B. 2006. Credit default swaps with counterparty risk：a calibrated markov model[J]. Journal of Credit Risk，2（1）：31-49.

Wang L Q. 2006. A study of risk assessment related to information security based on combined objects[J]. Computer Engineering & Applications，42（26）：17-19.

Wang X F，Chen G R. 2003. Complex networks：small world，scale free and beyond[J]. IEEE Circuits and Systems Magazine，3（1）：6-20.

Wang Y，Zhai Y H，Wang J. 2010. Chaos and Hopf bifurcation of a finance system with distributed time delay[J]. Nonlinear Dynamics，6（20）：1-13.

Watts D J, Strogatz S H. 1998. Collective dynamics of 'small-world' networks [J]. Nature, 393: 440-442.

Wiggins S. 1990. Introduction to Applied Nonliner Dynamical System and Chaos[M]. New York: Springer Verlag Academic Press.

Wilson A. 2010a. Entropy in urban and regional modelling: retrospect and prospect[J]. Geographical Analysis, 42 (4): 364-394.

Wilson A G. 2010b. Interregional commodity flows: Entropy maximizing approaches[J]. Geographical Analysis, 2 (3): 255-282.

Wilson J, Rugh D. 1981. Nonlinear System Theory[M]. Beltimore: The John Hopkins University Press.

Wu D, Luo X, Zhu S. 2007. Stochastic system with coupling between non-Gaussian and Gaussian noise terms[J]. Physica A Statistical Mechanics & Its Applications, 373 (36): 203-214.

Wu D, Zhu S. 2007. Stochastic resonance in a bistable system with time-delayed feedback and non-Gaussian noise[J]. Physics Letters A, 363 (3): 202-212.

Wu D, Zhu S. 2008. Stochastic resonance in FitzHugh-Nagumo system with time-delayed feedback[J]. Physics Letters A, 372 (32): 5299-5304.

Wu W, Chen Z, Ip W H. 2010. Complex nonlinear dynamics and controlling chaos in a Cournot duopoly economic model[J]. Nonlinear Analysis: Real World Applications, 11 (5): 4363-4377.

Wu W, Chen Z. 2009. Hopf bifurcation and intermittent transition to hyperchaos in a novel strong four-dimensional hyperchaotic system[J]. Nonlinear Dynamics, 60 (4): 615-630.

Wu W, Chen Z, Yuan Z. 2009. The evolution of a novel four-dimensional autonomous system: among 3-torus, limit cycle, 2-torus, chaos and hyperchaos[J]. Chaos Solitons & Fractals, 39 (5): 2340-2356.

Xin B G, Chen T, Ma J H. 2010. Neimark-sacker bifurcation in a discrete-time financial system[J]. Discrete Dynamics in Nature and Society, 405639: 12.

Xin B G, Ma J H, Gao Q. 2009. The complexity of an investment competition dynamical model with imperfect information in a security market[J]. Chaos, Solitons & Fractals, 42 (4): 2425-2438.

Yamai Y, Yoshiba T. 2002. On the validity of value-at-risk: comparative analyses with expected shortfall[J]. Monetary & Economic Studies, 20 (1): 57-85.

Yang J, Zhou Y. 2013. Credit risk spillovers among financial institutions around the global credit crisis: firm-level evidence[J]. Management Science, 59 (10): 2343-2359.

Yang X S. 2001. Chaos in small-world networks[J]. Physical Review E (S1539-3755), 63 (2): 046206.

Yook S H, Jeong H, Barabási A L, et al. 2001. Weighted evolving networks[J]. Physical Review Letters, 86 (25): 5835-5838.

Yu F. 2004. Correlated defaults and the valuation of defaultable securities[R]. Working Paper, California University.

Yuen K S L, Lee T M. 2003. Could mood state affect risk-taking decisions[J]. Journal of Affective Disorders, 75 (1): 11-18.

Zhang H，Xu W，Xu Y. 2009. The study on a stochastic system with non-Gaussian noise and Gaussian colored noise[J]. Physica A Statistical Mechanics & Its Applications，388（6）：781-788.

Zhang R. 2012. Bifurcation Analysis for a Kind of Nonlinear Finance System with Delayed Feedback and Its Application to Control of Chaos[J]. Journal of Applied Mathematics，（3）：1083-1091.

Zouaoui M，Nouyrigat G，Beer F. 2011. How does Investor sentiment affect stock market crises? evidence from panel data[J]. The Financial Review，46（4）：723-747.